U0113353

"十三五"国家重点出版物出版规划项目
《一带一路沿线国家法律风险防范指引》系列丛书

一带一路沿线国家法律风险防范指引

Legal Risk Prevention Guidelines of One Belt One Road Countries

（波 兰）

The Republic of Poland

《一带一路沿线国家法律风险防范指引》系列丛书编委会 编

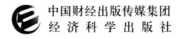

中国财经出版传媒集团

经济科学出版社

图书在版编目（CIP）数据

一带一路沿线国家法律风险防范指引．波兰/
《一带一路沿线国家法律风险防范指引》系列丛书编委
会编．—北京：经济科学出版社，2017.11
（《一带一路沿线国家法律风险防范指引》系列丛书）
ISBN 978 - 7 - 5141 - 8750 - 2

Ⅰ.①—⋯ Ⅱ.①—⋯ Ⅲ.①法律 - 汇编 - 世界
②法律 - 汇编 - 波兰 Ⅳ.①D911.09②D951.3

中国版本图书馆 CIP 数据核字（2017）第 295912 号

责任编辑：孙丽丽
责任校对：郑淑艳　王肖楠
版式设计：齐　杰
责任印制：潘泽新

一带一路沿线国家法律风险防范指引（波兰）
《一带一路沿线国家法律风险防范指引》系列丛书编委会　编
经济科学出版社出版、发行　新华书店经销
社址：北京市海淀区阜成路甲 28 号　邮编：100142
总编部电话：010 - 88191217　发行部电话：010 - 88191522
网址：www. esp. com. cn
电子邮件：esp@ esp. com. cn
天猫网店：经济科学出版社旗舰店
网址：http：//jjkxcbs. tmall. com
固安华明印业有限公司印装
710×1000　16 开　21 印张　270000 字
2017 年 12 月第 1 版　2017 年 12 月第 1 次印刷
ISBN 978 - 7 - 5141 - 8750 - 2　定价：53.00 元
（图书出现印装问题，本社负责调换。电话：010 - 88191510）
（版权所有　侵权必究　举报电话：010 - 88191586
电子邮箱：dbts@ esp. com. cn）

《一带一路沿线国家法律风险防范指引》系列丛书

编委会名单

（波兰）

主　任：肖亚庆

副主任：王文斌　郭祥玉

委　员：（按姓氏笔画为序）

于腾群　王书宝　卢新华　衣学东　李宜华

肖福泉　吴道专　张向南　欧阳昌裕

周永强　周法兴　高　洁　傅俊元

本书编写人员：（按姓氏笔画为序）

王军民　韦令余　齐广卿　吴　茵

陆敬阳　杨旭潮　侯社中　赵萌琦

编　者　按

习近平总书记统筹国内国际两个大局、顺应地区和全球合作潮流，提出了"一带一路"重大倡议。这一重大倡议引起世界各国特别是沿线国家的广泛共鸣，60多个国家响应参与，"一带一路"建设取得了丰硕成果，为促进全球经济复苏和可持续健康发展注入了新的活力和动力。中国企业积极投身"一带一路"沿线国家基础设施建设、能源资源合作、产业投资和园区建设等，取得积极进展。中央企业充分发挥技术、资金、人才等方面的优势，先后参与合作项目近2 000个，在创造商业价值的同时为当地经济社会发展作出了重要贡献。

党的十九大指出，要以"一带一路"建设为重点，坚持"引进来"和"走出去"并重，遵循共商共建共享原则，加强创新能力开放合作，形成陆海内外联动、东西双向互济的开放格局。习近平总书记在"一带一路"国际合作高峰论坛上提出，要推进"一带一路"建设行稳致远，迈向更加美好的未来。《"一带一路"国际合作高峰论坛圆桌峰会联合公报》明确了法治在"一带一路"建设中的重要地位和作用，强调本着法治、机会均等原则加强合作。中国企业参与"一带一路"建设的实践充分证明，企业"走出去"，法律保障要跟着"走出去"，必须运用法治思维和法治方式开展国际化经营，进一步熟悉了解沿线国家的政策法律环境，妥善解决各类法律问题，有效避免法律风险。

为此，我们组织编写了《一带一路沿线国家法律风险防范指引》系列丛书，系统介绍了"一带一路"沿线国家投资、贸易、工程承包、劳务合作、财税金融、知识产权、争议解决等有关领域法律制度，提示了法律风险和列举了典型案例，供企业参考借鉴。

在丛书付印之际，谨向给予丛书编写工作支持和帮助的有关中央企业领导、专家及各界朋友表示衷心的感谢。

《一带一路沿线国家法律风险防范指引》
系列丛书编委会
2017 年 12 月 20 日

目　　录

第一章　波兰法律概况 ·········· 1

第一节　国家简介 ·········· 1

第二节　波兰的政治环境 ·········· 5

第三节　波兰的经济环境 ·········· 10

第四节　波兰的社会文化环境 ·········· 17

第五节　波兰的法律体系 ·········· 21

第二章　波兰投资法律制度 ·········· 29

第一节　波兰投资政策 ·········· 29

第二节　波兰投资法律体系及基本内容 ·········· 39

第三节　波兰的企业机构 ·········· 46

第四节　波兰投资风险与防范 ·········· 55

第五节　典型案例 ·········· 57

第三章　波兰贸易法律制度 ·········· 61

第一节　中波贸易概况 ·········· 61

第二节　波兰贸易管理体制 ·········· 67

第三节　波兰对外贸易法律体系及基本内容 ·········· 78

第四节　波兰贸易法律风险与防范 ·········· 82

第五节　典型案例 ·········· 85

波

兰

第四章　波兰工程承包法律制度 …………… 90

第一节　波兰工程承包市场概况 …………… 90

第二节　波兰工程承包相关管理机构及规定 ………… 93

第三节　波兰工程承包主要法律及相关制度介绍 …… 104

第四节　波兰承包工程法律风险与防范 ……… 117

第五节　典型案例 …………… 122

第五章　波兰劳动法律制度 ……………… 128

第一节　波兰劳动用工的政策与法律 …………… 128

第二节　劳动法律法规主要内容简介 …………… 133

第三节　外籍人士的就业政策 …………… 143

第四节　社会保障制度 …………… 162

第五节　关于劳动用工的法律风险防范 ……… 169

第六节　其他劳动用工问题 …………… 173

第七节　典型案例 …………… 181

第六章　波兰财税金融法律制度 …………… 183

第一节　波兰财税政策及法律制度 …………… 183

第二节　波兰金融政策及法律制度 …………… 195

第三节　波兰会计制度 …………… 207

第四节　波兰财税金融法律风险与防范 ……… 213

第五节　典型案例 …………… 217

第七章　波兰争议解决法律制度 …………… 221

第一节　波兰争议解决法律制度概述 …………… 221

第二节　诉讼制度 …………… 223

第三节　仲裁制度 …………… 233

第四节　调解与和解 …………… 245

第五节　中国与波兰之间司法裁决和仲裁裁决的
　　　　承认和执行……………………………… 251
第六节　争议解决的国际法机制………………………… 255
第七节　争议解决风险与预防…………………………… 256
第八节　典型案例………………………………………… 258

第八章　波兰其他法律制度…………………………… 261
第一节　波兰环境保护法………………………………… 261
第二节　波兰市场竞争法………………………………… 276
第三节　波兰能源法……………………………………… 286
第四节　波兰知识产权法………………………………… 293

附录一　相关领域主要法律法规………………………… 306
附录二　相关服务机构…………………………………… 314
附录三　政府机构………………………………………… 318
附录四　中介机构………………………………………… 321
后记……………………………………………………… 323

波兰法律概况

第一节　国家简介

　　波兰全称为波兰共和国（The Republic of Poland），民主共和制国家，国庆日为 5 月 3 日，全国共 16 个省；国旗由红、白两色构成，象征波兰人民对自由、和平、民主的渴望和革命斗争取得的胜利。波兰国徽为红色盾徽上绘一只头戴金冠的白鹰，象征着波兰人民不屈的爱国精神。国歌为《波兰没有灭亡》，由爱国军人维比茨基作词，采用肖邦的《马祖卡》舞曲为主旋律。

一、波兰历史简况

　　波兰最初为西斯拉夫人中的波兰、维斯瓦、西里西亚、东波美拉尼亚、马左夫舍等部落联盟。在 10 世纪中叶是欧洲强国，但之后国力衰退。波兰在历史上的第一共和国存在于 15 世纪中叶到 1795 年之间。1772～1795 年，波兰三次受到俄罗斯、奥地利和普鲁士的瓜分，灭亡了 123 年之久。1918 年，苏俄政府废除与奥地利及普鲁士瓜分波兰的所有协定，波兰随即宣布独立，重建国家。1921 年 3 月，波兰议会通过宪法，宣布成立议会制共和国，即历史上的第二共和国。1939～1944 年，波兰在第二次世界大战期间再次被苏联和德国瓜分，仅剩流亡政府。随着第二次世界大战结束，1944～1989 年，波兰走上了社会主义发展道路，于 1952 年 7 月 22 日正式定名为波兰人民共和国。1989 年 12 月 29 日，波兰议会通过宪法修正案，改国名为波兰共和国，史称波兰第三共和国。波兰从此在政治上走参议会民主的道路，经济上实行以私有化为基础的市场经济的制度。1999 年，波兰加入北约，2004 年加入欧盟，2007 年成为申根会员国。2017 年 6 月，联合国大会选举波兰为 2018 年和 2019 年安理会非常任理事国。

二、波兰的地理环境

（一）波兰的地理位置

波兰地处欧洲大陆中部，中欧东北部，北邻波罗的海，与瑞典和丹麦遥遥相对，西邻德国，南接捷克和斯洛伐克，东北和东南部与俄罗斯"飞地"加里宁格勒、立陶宛以及乌克兰接壤。国土面积 31.27 万平方公里，边界线总长 3 538 公里，南北长 649 公里，东西相距 689 公里，全境地势平坦、广阔，湖泊密布，75% 的区域在海拔 200 米以下。境内较大的河流有维斯瓦河和奥德河，最大的湖泊是希尼亚尔德维湖。首都华沙属于东一区，比北京时间晚 7 个小时，每年的 3～10 月实行夏令时，比北京时间晚 6 小时。

（二）波兰的气候条件

波兰属海洋性向大陆性气候过渡的温带阔叶林气候。气候温和，冬季寒冷潮湿，平均气温 – 10℃ ~ 5℃；春秋季气候宜人、雨水充沛；夏季凉爽，平均温度为 15℃ ~ 24℃。

（三）波兰的自然资源

波兰拥有丰富的矿产资源。煤、硫黄、银的产量和出口量居世界前列。截至 2012 年，波兰电解铜年产量 58 万吨，已探明的铜储量达 17.93 亿吨，硬煤储量 453.62 亿吨，褐煤 139.84 亿吨，硫黄 5.04 亿吨。2016 年粗钢年产量 916 万吨。波兰天然气储量估计为 1 180 亿立方米，国内天然气产量占需求量的 37% 左右。另外，根据波兰地理协会评估，页岩气储量为 3 460 ~ 7 680 亿立方米。此外波兰的琥珀储量十分丰富，有数百年的开采历史，是世界琥珀生产大国，总价值达千亿美元。其他资源还有锌、铅、天然气、盐等。[①]

（四）波兰的人口分布

根据波兰国家统计局 2017 年公布的数据，截至 2016 年底，波兰总人口为 3 843.3 万人，其中男性 1 859.3 万人，女性 1 984.0 万人，男女比例约为 94∶100。城市人口为 2 313.6 万人，占人口总数的 60.2%，农村人口为 1 529.6 万人，占人口总数的 39.8%。人口分布比较集中的城市包括：华沙 185 万、克拉科夫

---

① 波兰国家统计局：《2017 详细统计数据年鉴》，波兰国家统计信息门户网，http：//stat. gov. pl/en/topics/statistical-yearbooks/statistical-yearbooks/concise-statistical-yearbook-of-poland – 2017, 1, 18. html，最后访问日期 2017 年 8 月 8 日。

71万、格但斯克三联城75万、罗兹70万、弗罗兹瓦夫64万、波兹南54万等。华人主要集中在华沙等大城市，共1万人左右。[①]

（五）波兰的行政区划

1999年1月1日起，波兰实行省（voivodeships）、县（powiats）、乡（gminas）三级行政划分。目前波兰共有16个省，314个县，65个县级市和2 479个乡。华沙是第一大城市，位于国内中部平原上，坐落于维斯瓦河中游，面积450平方公里，人口185万，是全国的工业、贸易及科学文化中心，也是全国最大的交通运输枢纽和中欧诸国贸易的通商要道，自古以来就是繁华之地。克拉科夫市位于波兰南部离华沙约300公里的维斯瓦河畔，人口71万，是波兰最大的文化、科学、工业与旅游中心。格但斯克市是波兰北部最大的城市，位于波罗的海沿岸维斯瓦河的入海口，人口46万，与索波特、格丁尼亚两市形成庞大的港口联合体城市。其他重要城市还有罗兹、卡托维茨、波兹南等。

（六）波兰的交通概况

波兰的交通主要有公路、铁路、水路、航空等几个方式。

根据波兰国家统计局2017年公布的数据，截至2015年，国内公路总长达42万公里，高速公路1 559公里，快速公路1 492公里。波兰运输的主要问题在于落后的高速公路和快速公路网，且低等级公路比例较高。目前波兰政府计划优先建设跨欧洲交通网络覆盖的国家交通线路。

截至2016年，波兰铁路运营总长达1.913万公里，密度为

---

① 波兰国家统计局：《2017人口统计数据年鉴》，波兰国家统计信息门户网，http://stat.gov.pl/en/topics/statistical-yearbooks/statistical-yearbooks/demographic-yearbook-of-poland－2017，3，11. html，最后访问日期2017年10月15日。

6.1公里/百平方米。波兰的铁路网络系统严重老化，有的运营线路的车速大部分时间低于60公里/小时。2015年，新政府提出新主张，要求兴建快铁和高铁，但还在概念阶段，可行性有待研究。有轨电车依然是城市交通的重要组成部分，华沙是波兰唯一有地铁的城市，且只有两条。

波兰共有13个国际机场，其中12个为地区级空港，2015年，波兰共开通航线108条，其中国际航线97条，2016年，波兰共开通航线121条，比上年增加2%，其中国际航线107条，航空货物运输40 000吨，各机场旅客吞吐量为3 376.5万人次。华沙直飞北京航线恢复通航，飞行时间约9个小时。[1]

波兰的主要港口包括格但斯克、格丁尼亚、什切青、希维诺乌伊西切等，2016年货物吞吐量为7 293.4万吨，客运吞吐量193.4万人次。各港提供服务有所侧重：格丁尼亚为北波罗的海最大集装箱港口，格胃克海港是波罗的海最大石油中转码头之一，伽青—希维诺乌伊西切海港组为波兰最大轮渡码头，其他地区级港口如科罗布塞格、达尔沃夫、埃尔布隆格主要发挥旅游和渔港的作用。[2]

第二节 波兰的政治环境

一、波兰的政治体制

波兰实行三权分立的政治制度，立法权、司法权和行政权相

---

[1] 波兰国家统计局，《2017详细统计数据年鉴》，波兰国家统计信息门户网，http://stat. gov. pl/en/topics/statistical-yearbooks/statistical-yearbooks/concise-statistical-yearbook-of-poland – 2017, 1, 18. html，最后访问日期2017年9月26日。

[2] 商务部：《波兰》，"走出去"公共服务平台网，http://fec. mofcom. gov. cn/article/gb-dqzn/，最后访问日期，2017年10月8日。

互独立、相互制衡。

（一）总统

总统是国家的最高代表，是国家元首兼武装部队总司令，和政府分享行政权力，负责维护宪法和国家的安全，由全民直接选举产生，任期 5 年，可连任一届。总统府为贝尔维得宫。

（二）议会

议会由众议院和参议院组成是国家最高立法机构，众议院设议员 460 名，参议员 100 名，均通过直接选举产生，任期 4 年。众议院和参议院组成国民大会，在议员中选出议长 1 人，副议长若干人，并选出各委员会。主席团是议会的最高领导机构，由议长、副议长组成的。议员可以根据所属党派组成议员团，无党派议员组成议员组或与其他议员团合作。

议会的主要职权是制定和颁布法律，通过关于规定国家活动基本方针的决定，对其他国家权力机关和管理机关的活动实行监督，任免部长会议或其个别成员，批准以若干年为期的国民社会经济计划，批准年度国家预算，通过同意政府执行上年度预算结果和国民社会经济计划结果的决议。议会也可组织特别委员会，对激起公众强烈反响的具体事件进行调查，并可通过不信任投票来体现对政府的不信任等。

（三）政府

总理由总统提名，议会任命。各部部长由总理提名，议会任命。本届政府于 2015 年 9 月组成，下设 19 个部。部长会议是国家权力的最高执行机构。在上届政府向新一届众议院辞职后两周之内，由在议会选举中获胜的政党提出总理人选并组成新政府；新总理被总统任命后两周内向众议院介绍政府的组成人选并提出施政纲领，要求众议院进行信任表决。新政府须获得众议院半数以上的支持。政府对议会负责并报告工作，议会有权监督政府施政。

（四）司法机构

司法机构在决策过程中有重要的作用，波兰最高法院是最高司法机构，法院法官由总统任命，终身任期，对下属法院的审批活动实行监督。宪法法官由议会选出，任期9年。1990年3月，波兰众议院通过检察院法，规定检察院隶属于司法部，由司法部长兼任总检察长。

（五）宪法

1997年4月，波兰国民大会通过新宪法，于1997年10月生效。新宪法确定了三权分立的政治制度和以社会市场经济为主的经济体制，规定众议院和参议院拥有立法权，总统和政府拥有行政权，法院和法庭行使司法权。经济自由化、私有制等原则是波兰经济体制的基础。波兰武装力量在国家政治事务中保持中立。根据新宪法的规定，如总统否决了议会或政府提交的法案，议会可以以五分之三的多数否决总统的决定。

二、波兰的主要党派和团体

根据1998年实施的新政党法，如要在波建立政党，必须获得1 000名以上成年人的同意和签名。目前登记在册的波兰政党有 200 余个，主要是：

目前的执政党为法律公正党（Prawo i Sprawiedliwość），成立于 2001 年 6 月，该党在政治政策与社会政策上主张实行政治家财产公开制度，建立反腐机构。

公民纲领党（Platforma Obywatelska），在野党，主要反对党，成立于 2001 年 1 月，纲领为发展教育和经济，与贪污腐败作斗争。

人民党（Polskie Stronnictwo Ludowe），在野党，曾经与公民纲领党结为执政联盟，目前在众议院占 16 席，在意识形态上具有中间主义、新平均地权主义、基督教民主主义和新凯恩斯主义的性质。主张国家扶持农业，提供免费教育和医疗，放缓私有化步伐，反对单一税制，支持欧洲一体化。

"库齐兹"运动（Kukiz 15），在野党，2015 年 7 月创立。波兰音乐家下西里西亚省议员保罗·库奇兹因参加 2015 年总统竞选，意外获得超过 20% 的选票，后组建政治组织"库齐兹"运动，并在 2015 年议会选举中获得 37 个议席，成为众议院第三大党派。政治主张偏右翼保守派，包括领导波兰政治变化、引进议会选举的单议席选区制度、主张经济自由。

农民党（Polskie Stronnictwo Ludowe），该党历史可追溯到 19 世纪，东欧剧变后，于 1990 年 5 月建立。该党主张国家扶持农业，提供免费教育和医疗，放缓私有化速度，反对单一税制，支持欧洲一体化。

民主"左"派联盟党（Sojusz Lewicy Demokratycznej），在野党，成立于 1999 年 4 月。主要纲领为把波兰建设成公正、平等、持久和均衡发展的国家。

团结工会（NSZZ Solidarność），1980 年成立，主张维护职工利益，反对国营企业私有化。

全波工会协议会（Ogolnopolskie Porozumienie Zwiazków Zawodowych），成立于 1984 年 11 月，主张提高超额工资累计税、

增加退休人员收入、解决职工住房困难等关系到职工切身利益的要求和主张。

（一）波兰的军事概况

波兰人民军于 1943 年 10 月 12 日建立，1990 年更名为波兰军队，每年 8 月 15 日为建军节。总统为武装力量最高统帅，国防委员会是最高国防决策机构，总统任该委员会主席。国防部作为最高军事行政机关，负责执行议会对军队的政治领导和行政保障，部长由文职人员担任。总参谋部是国防部领导下的最高军事指挥机构，负责军队的指挥和训练。波兰的武装力量由正规军和准军事部队组成，正规军分陆军、海军、空军防空军三个军种，其中陆军兵力有 16 万人，海军 1.7 万人，海军航空兵 2 460 人，空军防空军 5.61 万人。

（二）波兰的外交关系

波兰奉行"以亲美融欧为引擎，以睦邻周边和全方位外交为车轮"的外交政策。

波兰于 1999 年 3 月 12 日加入北约，2004 年 5 月 1 日加入欧盟，并于 2007 年 12 月加入申根协定，极力主张欧盟、北约的进一步扩大。积极强化与美战略伙伴关系，与美签署关于在波建立反导基地的协议。波兰充分利用"魏玛三角"合作机制，深化波、法、德三国合作，改善与各国之间的关系。波兰重视维谢格拉德集团（波兰、捷克、匈牙利、斯洛伐克）的区域合作，全面发展与波罗的海三国的关系，同时注意加强与中国、印度、日本等亚洲国家的合作。

与欧盟的关系：波兰高度重视欧盟单一市场建设、提倡建设更有竞争力、开放和安全的欧盟。

与西欧大国的关系：波兰把与德国的关系视为最重要的双边关系。

与北约和美国的关系：认为波美关系具有特殊重要意义，视美国为欧洲之外最重要的伙伴，视北约为波兰国家安全的重要支柱。

与中国的关系：重视与中国发展传统友谊，2016 年 9 月，两国政府签署了全面战略伙伴关系的联合声明。

与俄罗斯的关系：因为历史积怨太深，波兰社会普遍存在防范和削弱俄罗斯的心理。波兰在 20 世纪末和 21 世纪初加入北约和欧盟后，一直不遗余力地推动北约和欧盟东扩，其中首要目标就是乌克兰。北约东扩对俄罗斯影响很大，总体来讲，波兰的投资收益与风险并存。

第三节　波兰的经济环境

一、波兰的经济发展概况

（一）经济增长率

自 1992 年以来，波兰经济保持持续增长，特别是在 2009 年，波兰是欧盟唯一一个克服全球金融危机的负面影响并保持经济正增长的国家。截至 2017 年 8 月，波兰的经济增长率为 3.9%，2016 年 GDP 达 4 695 亿美元，人均 GDP 为 15 048 美元。[1]

---

[1]　波兰经济指标专题：《波兰 GDP 日历》，经济指标网，https://tradingeconomics.com/poland/gdp，最后访问日期 2017 年 10 月 12 日。

（二）产业结构

2014 年波兰第一、第二、第三产业占 GDP 的比例分别为 3%、22.27% 和 74.73%。2015 年投资、消费和出口占 GDP 的比例分别为 20.1%、76.7% 和 49.36%。2015 年度通货膨胀率为 −0.9%，失业率为 9.8%。

（三）财政赤字

2015 年波兰中央预算收入 2 891.37 亿兹罗提，支出 3 317.43 亿兹罗提，赤字 426.07 亿兹罗提，外汇储备为 949.21 亿美元，一般政府赤字占 GDP2.6%。

（四）主权信用等级

2017 年 5 月 13 日波通社报道，在穆迪公布的评级报告中，波兰评级为 A2，前景从负面上调至稳定。报告预计，波兰金融和投资风险将降低，政治不确定性下降，2017～2021 年公共债务占 GDP 比例约 55%，经济年均增速为 3.2%。波兰总理谢德沃表示，参照穆迪对波兰的评级，波兰经济状态非常好，法律与公正党执政以来政策效果明显，未来情况会更好。

二、波兰的优势产业

（一）农业

农业是波兰经济的重要组成部分，农用地面积达 1 840 万公顷，占国土面积的 58.8%，其中个体农户所有的农用地占 84.5%，平均每户拥有农业用地 7.1 公顷。2015 年农业就业人数达 233.1 万，占全国就业人数的 19%，农村地区就业人数约 550 万，占全国就业人数的 38.6%。

波兰是一个传统农业国家，与其他中东欧国家不同，波兰在第二次世界大战后一直保留土地私有化，并未完全实行集体化的农业合作社，个体经济在波兰农业中占有相当比重。波兰近几年出口的主要农产品有鲜冻肉、禽肉、奶制品、冷冻水果、巧克力、可可食品、苹果汁、冷冻蔬菜、鱼片及鱼加工产品等。主要进口农产品有咖啡、香蕉、豆油、烟草、小麦等。[①]

（二）汽车工业

波兰汽车工业通过大规模吸引外资、私有化和全面结构调整得到了迅速发展，汽车产量、技术水平和出口规模都有较大提高，使波兰在较短时间内成为欧洲第 8 大汽车生产国。目前，波兰汽车工业有企业 210 家，就业人数约 70 万。主要汽车生产企业包括意大利菲亚特、韩国大宇、美国通用和德国大众等国际知名汽车集团投资的企业。

（三）天然气和石油

波兰天然气行业包括天然气开采、运输、储存和贸易。目前波兰天然气自给率为 36% 左右，石油年产量 80 万吨左右。

---

① 波兰国家统计局：《2016 农业统计数据年鉴》，波兰国家统计信息门户网，http://stat. gov. pl/en/topics/statistical-yearbooks/statistical-yearbooks/statistical-yearbook-of-agriculture – 2016，6，11. html，最后访问时期 2017 年 8 月 22 日。

（四）采矿业

波兰矿产资源丰富，采矿业主要是对煤、铜、铅、锌、硫及银等资源的采掘，目前波兰已探明硬煤储量 509 亿吨、褐煤储量 141 亿吨，煤储量居世界第五位，硬煤储量居欧盟第一。波兰采煤技术比较先进，其综采机械、液压支架、采煤单机、选煤设备等有较强竞争力，波兰煤炭安全管理体系健全，采矿安全管理水平、采矿安全技术及设备处于国际领先地位。

（五）冶金工业

波兰冶金工业在工业中占重要地位，主要产品有钢铁、铜、银、锌、铅、铝等。波兰现有 69 家钢铁企业，其中国有企业 7 家。早在 2002 年，国有四家大型钢铁企业 Katowice、Sendzimira、Florian 和 Cdeler 联合组成波兰 PHS 大型钢铁集团。

（六）化学工业

化学工业是波兰优势产业之一，波兰化工企业数量多，小型企业占绝大多数。全国共有 1.62 万家化工企业，其中从事橡胶和塑料制品生产的有 1.3 万家，占 80%；从事化工原料、化工品生产有 3 200 家企业，占 20%。

（七）电力工业

波兰电力工业发达，供过于求，现有 17 座大型电厂以及 33 个送配电公司，电力从业人员 10.6 万人，占工业就业人数 5.3%。波兰为提高电力行业竞争力并向欧盟环保标准靠拢，近年来加大对电网建设的投入，主要是对现有电网进行现代化改造和建设通信系统。

（八）医药工业

医药工业是波兰发展最快的行业之一。波兰现有百余家医药生产企业，国内商场常见西药 2 000 余种，在波兰已注册外国药品 5 000 类。主要出口药品为西药，占出口比重 10% 以上。

（九）电信业

近年来，波兰电信业发展迅速，其中无线通讯领域发展得最快。2013 年波兰移动电话用户约为 2 400 万户，占总人口 60.5%；波兰有线电话用户约 1 300 万，占总人口 1/3。尽管波兰电信业发展迅速，但与欧盟国家相比，其线路饱和率仍然较低，仍有巨大发展空间，快速发展的电信服务市场对外国投资者具有很大吸引力。

（十）造船业

得益于波罗的海地理优势众多，波兰造船业发展良好。波兰造船工业有雇员 50 人以上的企业 57 家，最大的造船企业有 3 家，分别是：什切青造船有限公司、格但斯克造船有限公司和格丁尼亚造船有限公司。波兰造船工业生产船舶总吨位约 40 万吨，船舶品种包括大型货运和客运船、拖轮游艇等。

三、波兰的金融环境

1989 年以来，波兰的政治经济局势总体稳定，金融环境得到改善，外汇管制逐渐放宽，为外国投资营造了良好的环境。

（一）当地货币

波兰货币为兹罗提。波兰《外汇法》规定，兹罗提为可自由兑换货币。在金融机构，兹罗提和美元、欧元等自由兑换货币可相互买卖。2000 年 4 月开始，兹罗提汇率实行完全自由浮动，兹罗提汇率在市场自由形成，不再采取管定汇率、滚动贬值或浮动区间等形成机制。中央银行可以对外汇市场进行干预。2017 年 9 月 27 日，兹罗提兑欧元汇率为 4.2908：1，兑美元汇率为 3.6471：1。人民币不能与兹罗提直接兑换，可以用美元或欧元等可兑换货币搭桥进行结算。兹罗提自由兑换率非常高，波兰城市的主要商场中都有兑换货币的柜台。

（二）外汇管理

根据波兰外汇法，在波兰注册的外国企业可以在波兰银行开设外汇账户，用于进出口和资本结算。外汇进出波兰需要申报。汇出无须交纳特别税金。在波兰工作的外国人，其合法收入完税后可全部转往国外。如果外汇交易金额超过一万欧元或等值的其他货币，无论居民还是非居民均需通过银行办理。银行对居民与非居民之间的涉及外汇交易的资金转移负有监管义务。

（三）银行和保险公司

波兰国家银行（NBP）是波兰的中央银行，根据《宪法》《国家银行法》《银行法》执行职能。这三部法律确保了波兰国家银行相对于其他机构的独立性。波兰国家银行的组织结构分为总裁、货币政策委员会和董事会。波兰中央银行的主要职责是：

稳定货币、管理外汇储备、确保金融体系安全。近年来，因波兰考虑加入欧元区，波兰国家银行正在努力使波兰符合欧元区国家的相关标准，并逐步成为国家经济研究中心。

1. 政策性银行。

国民经济银行（Bank Gospodarstwa Krajowego，BGK）是波兰主要国有银行。该行的主要任务是：通过运作包括欧盟援助基金之内的公共基金，执行中央政府和地方政府的经济计划和发展项目。

2. 商业银行。

波兰主要商业银行有波兰邮政储蓄银行（Powszechna Kasa Oszczędności Bank Polski）、波兰援助银行（Pekao SA）、波兰出口发展银行（dawniej BRE Bank）、荷兰国际银行（Internationale Nederlanden Groep）、波兰西部银行（Bank Zachodni WBK）、千禧银行（Millennium）、华沙贸易银行（Bank Handlowy w Warsza-wie）、合作集团银行（SGB – Bank SA）、波兰合作银行（Bank Polskiej Spoldzielczosci SA）、花旗银行（City Bank）、汇丰银行（HSBC）。绝大多数银行是综合性银行，部分银行从事投资银行业务，提供咨询服务、股票和债券发行担保等。抵押银行发展较迅速。所有的大银行和越来越多的小银行开始提供网上银行服务。

3. 中资银行。

2012年6月，中国银行（卢森堡）有限公司波兰分行在华沙开业，成为首家在波兰正式运营的中资银行，经营本外币存贷款、汇款、外汇买卖、贸易融资及保函等业务。2012年11月，中国工商银行华沙分行在波兰开业，可提供账户管理、外汇汇款、国际结算、贸易融资、公司信贷等金融服务。中国国家开发银行股份有限公司波兰中心工作组和中国进出口银行中东欧工作组也入驻波兰。

4. 保险公司。

波兰保险市场最主要的监管部门是金融监管局。相关波兰法律包括《保险和再保险活动法》《保险经纪人法》《强制保险、保险保障基金和机动车保险局法》，此外波兰还需遵守欧盟相关法，欧盟保险市场最重要的法规是 2009 年 11 月 25 日颁布的第 2009/138/EC 号法令。

5. 信用卡使用。

波兰信用卡使用比较普遍，银行发行各类支付卡。中国境内的银行发行的 VISA 卡和万事达卡在波兰可以使用，部分商店也接受银联卡。

第四节　波兰的社会文化环境

一、波兰的社会文化

（一）民族

波兰族占人口的 98% 以上，少数民族主要有德意志、乌克兰、俄罗斯和白俄罗斯族，还有少量犹太、立陶宛和斯洛伐克族等。

（二）语言

官方语言为波兰语，英语日益普及，会讲俄语和德语的人也较多。对外国人来讲，精通波兰语很困难，但如果学会世界语，相对容易些，因为世界语是波兰人发明的。

波

兰

17

（三）宗教

波兰人当中有 95% 信仰罗马天主教，东正教或基督教新教也有少部分的人信仰。圣诞节是波兰人最重要、最喜爱的节日。波兰人特别珍惜其悠久而辉煌的宗教文化传统。总体上，波兰是今日欧洲对宗教仍然保持相当虔诚的国家，境内大小教堂林立，宗教气氛浓郁，每周去教堂仍是大多数居民重要的生活内容。

（四）习俗

波兰人真诚、豪爽、重感情，重视社交场合的衣着规范，穿衣整齐、得体。与客人相见时，要与被介绍过的人逐一握手，自报姓名。在亲朋好友之间相见时，习惯施拥抱礼，与女士见面还可施吻手礼。如与对方见面必须事先约好，贸然到访属不礼貌行为。波兰人喜欢送花，借以传达他们不同的感情，波兰人在送花的时候数量特别有讲究：按照惯例一般只送单数的花朵，送双数则有失礼仪。在波兰，人们见面交量也忌讳打探个人收入、年龄、宗教信仰、情感等隐私。波兰人饮食习惯上以西餐为主，也喜欢日餐和中餐，无论宴会是否正式都要祝酒以表示礼仪。

二、波兰的医疗教育

（一）医疗

波兰的医疗条件优秀，而且价格比西欧国家低很多，多数私人诊所针对外国人开展特种服务，吸引了越来越多外国人到波兰旅游看病。

（二）教育

从 1999 年 9 月 1 日开始，波兰实行新的教育体制。新体制将小学的长度定位 6 年，初中和高中分别为 3 年，高等教育分为 4 年和 5 年两种。

三、波兰的主要媒体

（一）通讯社

波兰的国家通讯社主要有波兰通讯社（Polish Press Agency, PAP）和广播新闻社。在众议院通过开办私营电台和电视台的法令之后，波兰境内近几年运营的广播电台有 300 家左右，其中全国性电台 8 家，电视台 20 家。2016 年 4 月，波兰新媒体法案提案经法律与公正党授权后提交众议院，根据提案的内容所述，波兰电视台、波兰广播电台及波兰通讯社将由现在的商业运作转为国家机构。

（二）报刊媒体

波兰全国出版发行的报刊有近 7 000 种。《事实》是全国性的综合性日报，也是发行量最大的报纸，其内容覆盖政治、经济、社会等各个方面，主要针对中产阶级读者，日发行量达 30 万份。其他报刊的发行量如下：《选举报》日发行量 10 万份，

《每日特快》14 万份，《共和国报》8 万份，《日报》2 万份。《时务报》和《论坛报》是颇具影响力的报纸。除上述报纸外，波兰还有地方性报刊 1 000 家左右。

（三）波兰媒体协会

波兰媒体协会成立于 2002 年，属于非政府组织，总部设在华沙，成员主要来自波兰各地方的媒体记者、编辑和出版商，与波兰许多媒体机构建立了合作关系。该协会连续举办的"地区和地方媒体大会"很好地促进了全国各地的上百名新闻工作者和中央及地方政府官员进行对话，起到了很大的反响，中国记协与波兰媒体协会自 2005 年开始派团互访。

四、社会治安

波兰治安状况总体较好，社会安定，不存在反政府武装，根据波兰政府公布的数据，近年来未发生恐怖袭击，同时刑事犯罪的数量也逐渐回落。波兰法律规定，符合条件的个人经批准可持有枪支。

五、节假日

法定假日包括：1 月 1 日为新年；1 月 6 日为三王节；春分月圆后的第一个星期日为复活节；5 月 1 日为劳动节；5 月 3 日为立宪纪念日；5 月或 6 月的第一个星期四为基督圣体节；8 月 15 日为圣母升天节；11 月 1 日为圣人纪念日；11 月 11 日为独立纪念日；12 月 25 日为圣诞节。每周六、日为公共假日。

第五节 波兰的法津体系

波兰共和国，以孟德斯鸠的分权原则为基础，立法权属于议会，分为众议院（Sejm）和参议院（Senate）；行政权属于波兰总统和部长会议；司法权属于法院和法庭。

波兰是单一制国家。根据1998年的行政改革，波兰被分为16个省，379个县和2 479个乡。波兰于2004年1月1日成为欧盟成员。

一、波兰的法源

波兰是大陆法系国家，同其他成文法国家一样，法律门类健全，具有较为完善稳定的诉讼、仲裁制度，与普通法系国家有很大的不同。从国外法律考虑，一方面，波兰的民事诉讼程序无论是在历史上还是在现在都深受德国和奥地利的影响，民事诉讼程序主要规定在1964年的《波兰民事诉讼法典》中，该法典自实施以来先后被修改了170多次；另一方面，在司法和法院制度上，其沿袭法国的传统模式，即由司法部负责法院的行政事务，由最高法院监督的国家三级法院系统。

波兰不是联邦制国家，所以全国实行统一的法院制度和民事诉讼程序制度。虽然判例在波兰并不被视为法律的渊源，但是最高法院和上诉法院的判决通常都作为下级法院的判例，甚至出现判决中对于法律的解释和法律的规定相去甚远的情况。另外，波兰法院保留很多登记制度，比如公司或者土地的国家法院登记，以及房地产抵押登记。波兰民事诉讼处理各类民事主体之间的各种纠纷，如前述所言，1964 年《波兰民事诉讼法》用其 1 000 多个条款对各类争议、非诉程序、强制执行和国内仲裁规则等进行了详细的规定。

总的来说，波兰的法源可以分为两类：通用法和行政法。

（一）通用法的法源

根据 1997 年 4 月 2 日颁布的最新宪法及其后续修正案，通用法的法源为：宪法本身（国家最高法）、成文法、国内合法化的国际协议和国际公约。

此外，在行政机关运行的过程中制定的法令构成制定主体的管辖范围内的通用法（地方法）。

地方的成文法、行政法规和地方法令必须得到颁布才能生效。上述的各种法由《波兰共和国官方法律期刊》公布，也可从其上查阅。此外，有一些省级官方期刊也会出版一些地方法律期刊。

（二）行政法的法源

所有其他法案构成国内法的一部分，这类法案只用于约束制定主体机关的下级公共行政机关和政府本身。这类法案的例子有：众议院、参议院和部长议会采纳的决议，总统、部长议会主席和部长公布的命令，非通用性的地方法案和未得到承认的国际协议。

有时这些法案会被公布在《波兰共和国官方法律期刊》上，大多数情况下在《波兰共和国官方期刊》上，可在地方官方期刊上查阅。

波兰国内的权力和义务还有一个来源，即欧盟法，这是一个分离的、独特的法律体系，拥有自己的法源、直接应用和直接的效力。在 2009 年 12 月 1 日里斯本条约生效后，欧盟法的法源如下：初级和次级法。欧盟和欧盟成员之间订立的国际协议也是欧盟法的法源，尽管他们的确切等级（初级还是次级）不清晰，没有被正统化的。

欧盟法在波兰实施之前需要先翻译成波兰语，并发布在波兰语版本的欧盟官方期刊上。参议院大臣负责的信息和欧洲文件中心也可以查询到波兰国内使用的欧盟法。

（三）具体法源

1. 宪法。

波兰在历史上拥有立宪的传统，留存有一些宪法。最新的宪法为上述的 1997 年 4 月 2 日宪法，由国民大会，即众议院和参议院共同制定。目前使用的宪法的英文版可在众议院的网页上找到。

2. 成文法。

成文法是波兰的通用适用法的基本形式，成文法可由众议员提出，由众议院讨论通过。总统、部长议会、15 名以上的参议员或 10 万名以上的居民皆有权提出成文法。

3. 条约。

受承认（合法化）的国际协议与成文法享有同等效力。此类协议一经发布即成为国内法律体系的一部分，可以直接使用。总统享有将协议合法化的权力。

有的协议在合法化之前需要取得同意并在成文法内明文体现。如果一项国际协议出于特定原因赋予某国际组织或机构以国家机关相当的权力，那么此种协议的合法化需要获得上众议院拥有特定资格的大多数议员的同意，或是得到全国公投结果的支持。若出现国际协议与成文法相矛盾的情形，以国际协议为准。

必须强调的一点是，尽管未经合法化的国际协议不能作为波兰法律的法源，其作为公共国际法的约束力依然有效。正如前文所述，它们仅作为内部法。

4. 行政法规。

行政法规的目的是为了实施明文法，必须基于明文法中的特定权力，并只能由宪法中指定的政府机构制定。没有基于明文法中的权力制定的行政法规没有正式效力。

有权制定行政法规的主体有：总统、部长议会、国家广播委员会、部长议会成员兼委员会主席、掌管特定公共事务的部长。以上主体受到明文指定，其他行政主体无权制定行政法规。

5. 地方性法规。

地方性法规只在制定主体的管辖区内有效。此类法规必须基于明文法，不能超出其范围。大多数情况下，此类法规由地方政府制定，并针对政府内部某一些拥有特定权力的人。

二、法律效力位阶

所谓法律效力位阶是指每一部规范性法律文本在法律体系中的纵向等级。下位阶的法律必须服从上位阶的法律，所有的法律必须服从最高位阶的法。

在波兰宪法是最高法，成文法的制定基于宪法，仅排在宪法之后，虽然合法化的国际协议需要取得同意并在成文法内明文体现，但出现国际协议与成文法相矛盾的情形，以国际协议为准。因此国际协议高于成文法。行政法规的目的是为了实施明文法，必须基于明文法中的特定权力，并只能由宪法中指定的政府机构制定。没有基于明文法中的权力制定的行政法规没有正式效力，因此低于明文法。地方性法规只在制定主体的管辖区内有效。此类法规必须基于明文法，不能超出其范围。大多数情况下，此类法规由地方政府制定，并针对政府内部某一些拥有特定权力的人。其范围受地理限制，因而更低一级。

三、主要现行法律

波兰的公法和私法涵盖许多领域：

（1）民法（Civil Law），主要基于波兰民法典。

（2）经济法（Economic Law），主要源于经济伙伴和公司法典。

（3）版权法（Copyright Law）。

（4）行政法（Executive Law）。

（5）宪法（Constitution）。

（6）私人国际法（Private International Law）。

（7）税法（Tax Law）。

（8）刑法（Criminal Law）。

（9）家庭法（Familiy Law）。

（10）劳动法（Labour Resources Law）。

（11）水利法（Water Law）。

（12）媒体法（Media Law）。

我国与波兰经贸联系密切，尤其需要关注这方面的法律条文，波兰与贸易投资相关的法律，有《商品和服务对外贸易法》《对外贸易管理法》《海关法》《经济活动自由法》《反倾销法》《防止商品过量进入波兰关境法》《防止某些纺织品和服装过量进入波兰关境法》《外汇法》《民法》《工业产权法》《商业公司法》等。其中，从事经济活动的主要法律依据是《民法》《商业公司法》《经济活动自由法》《工业产权法》《海关法》等。

四、波兰法律的制定

波兰的议员拥有立法权，1989 年之前的波兰议会属于单议院制，在 1989 年的全国公投后，第二院即参议院得到重新设立（波兰议会在"二战"之前也属于双议院制），众议院和参议院共同行使立法权。

（一）众议院

众议院和参议院共享立法职能，在宪法和成文法规定的范围内共同行使对部长议会活动的控制。众议院有 460 名议员。宪法规定议员任期 4 年，在特定条件满足的情况下，这个时间有可能会更短。众议院根据比例原则，以匿名投票的方式，普遍、平等、直接地选举出来。

（二）参议院

参议院与众议院共享立法职能，由 100 名议员组成。宪法规定，议员任期 4 年，但也和众议院议员的任期直接相关联：众议院的解除会导致参议院议员任期的终止。与众议院不同，参议院根据的是多数原则，以匿名投票的方式，普遍、平等、直接地选举出来。

五、律师体系

在波兰，律师职位从广义上可以包括检察官（Procurator）、国库律师（Treasury Lawyer）、出庭律师（Adwokat）、法律顾问（Legal Advisor）、公证人（Notary Public）、执行官（Bailiff）、税务顾问（Tax Advisor）和专利律师（Patent Attorney）8 类。

波兰律师从业采取法律协会制。律师要获取从业资格不但要参加执业资格考试合格，加入律师协会后还要根据执业种类的不同接受数年的培训，由具有经验的专业律师对新加入者进行指导和教育。

六、司法体系

波兰的法律属于大陆法系（民法传统），常见的法院有上诉法院、省级法院和地区法院，可受理刑事案件、民事案件、家庭和监护权案件、劳动法案件和社会保险案件。

军事法院分为军事省级法院和军事单位法院，对军队中的刑事案件以及明文法规定属于其管辖范围内的案件进行司法管理。

最高行政法院拥有行政司法权，对公共行政的运行进行管理，有权审判地方政府的决议以及区域行政机关的规范性法令是否遵从于成文法。最高行政法院拥有 10 个分院。

（一）最高法院

最高法院是波兰的最高中央司法机构，因此也是最高的上诉法院。其主要职责在于波兰境内的执法，与行政和军事法院一起，将中止作为特别上诉的一种形式，并对法律进行解释。

（二）宪法法庭

宪法法庭属于司法机构，但与法院体系相分离。宪法法庭有权决定制定的法律与宪法是否一致、中央行政机构之间的权力冲突、政党的行为与宪法是否一致以及听取公民的宪法诉愿。波兰宪法法庭的网页上可以找到英文版的宪法法庭法和其他相关法。

七、与欧盟的关系

波兰成为欧盟联系国后，开始根据欧盟的要求对其国内法进行修订，以便达到加入欧盟的标准。在 2004 年波兰正式加入欧盟后，欧盟法律对波兰的效力，特别是关于建立统一市场的相关法律也在波兰通过宪法、立法机构和法院判例等得到了确立。但是近年来由于波兰进行国内改革，其与欧盟之间的关系又起了新的风波。

2017 年 7 月，波兰议会通过了三项旨在进行波兰司法改革的法案，包括最高法院改革法案、国家司法委员会改革法案和地方法院改制法案。这些法案遭到波兰法律界和反对党派人士的强烈反对和批评。他们认为，这些法案将导致波兰司法系统的政治化，严重侵害司法的独立性。欧盟委员会也表示，如果波兰执意通过这些法案，欧盟将采取严厉的措施，甚至不排除使用欧盟条约第 7 条——暂停成员国资格来对波兰进行制裁。最终，波兰总统仅正式批准了关于地方法院改制的一项法案，从而缓和了与欧盟之间的紧张关系。但是他也同时表示对最高法院和国家司法委员会的改革仍然势在必行。而欧盟理事会的发言人也在声明中暗示欧盟已经做好对波兰采取制裁措施的准备。

波兰投资法律制度

根据世界银行《2016 年营商环境报告》，波兰在 189 个受统计国家中总体排名第 25 位，较前一年上升 3 位。根据安永咨询（Ernst Young，EY）的研究表明，波兰是欧洲最吸引外国投资者的五个国家之一，与波兰一道的还有英国、法国、德国与荷兰。2016 年，波兰超过 23% 的项目来自于外国直接投资（Foreign Direct Investment，FDI），共创造了 15 485 个工作岗位，外资创造岗位数量位居欧洲第三。[①]

第一节　波兰投资政策

一、产业发展目标

2016 年 2 月，波兰政府出台《负责任的发展计划》，检讨过

---

① World Bank Group, *Doing Business 2016*, *Measuring Regulatory Quality and Efficiency*, 2016, P. 5.

去十年经济和社会发展的弊端，归纳出制约发展的五大陷阱，相应提出促进发展五大支柱和 2020 年发展目标。该计划的主要目标是实现家庭收入稳步增长，以及经济、社会、环境和区域协调发展，实现计划的支柱主要是基于知识的经济持续增长、社会区域平衡发展，以及建设更高效的政府机构。希望到 2020 年，波兰家庭平均收入和人均 GDP 分别达到欧盟平均水平的 76% ~ 80% 和 75% ~ 78%，2030 年家庭平均收入达到欧盟平均水平，人均 GDP 提高到 95%。预计 2017 年波兰实际经济增长率为 3.6%，2018 年提高到 3.8%，2019 ~ 2020 年进一步增加到 3.9%。波政府将更加重视提升创新能力、再工业化水平，以及可持续发展，同时还将支持小城镇及农村地区发展。到 2020 年，公共和私人投资将分别达到 1.5 万亿和 6 000 亿兹罗提。

另外，波兰政府通过了劳动与社会政策部提交的《2014 ~ 2020 年国家社会经济发展计划》和《2014 ~ 2020 年减少贫困与社会排斥计划》。根据《2014 ~ 2020 年国家社会经济发展计划》，波兰将耗资 300 亿兹罗提促进社会发展。到 2020 年，计划新增 35 000 个工作岗位和 2 万个公民组织，支持 1 000 个地方项目，并资助 12 个省的青年人。根据《2014 ~ 2020 年减少贫困与社会排斥计划》，到 2020 年，社会边缘人群指数应从 2011 年的 27.3% 降至 22%，残疾人就业率从 20.3% 提高至 27%，5 岁以下儿童母亲就业率从 57.75% 提高至 63%。

波兰政府批准了《2020 年能源安全和环境战略》。该战略旨在创造条件发展先进的能源产业、确保高水平的生活质量并合理使用自然资源。

同时，波兰政府制定了《2014 ~ 2020 年农村发展计划》与欧盟 2014 ~ 2020 年预算相配套。波兰从欧盟预算中分得 1 140 亿欧元，其中包括融合基金 820 亿欧元、共同农业基金 318 亿欧元，另有 2 亿欧元用于解决年轻人失业。

二、五大发展支柱

根据波兰政府《负责任的发展计划》，为实现上述产业发展目标，主要依靠以下五大发展支柱产业：

（一）再工业化

政府将资源集中于波兰有竞争力、可能取得全球领导地位的产业，如航空、军火工业、汽车零部件、造船、IT、化学工业、家具、食品加工等。具体项目包括：

1. 航空项目。

设计和制造无人机，力争在无人驾驶航空器领域取得强势地位，促进航空谷快速发展。之后进一步发展军用和商用无人机。

2. 造船项目。

与外国合作伙伴合作建造波兰客运渡轮，使波兰造船业更强大和专业化，生产高附加值产品。未来，进一步发展液化天然气载运船（首先在希维诺乌依希切港）、液化石油气船。

3. 医药产品项目。

支持具有出口潜力的医药产品实现商业化，扭转医药产品外贸逆差。

4. 数码城项目。

促进企业和研究机构发展网络安全和数据分析，确保波兰在高水平专业化 IT 领域可参与欧盟市场竞争。

5. 城市公共交通项目。

设计制造城市公共交通工具，包括低碳交通工具，如地铁、地区铁路、华沙罗兹快铁。波兰获得的 2014～2020 年欧盟基础设施和环境项目基金中，用于铁路交通 58.9 亿欧元，用于城市低碳公共交通建设 27 亿欧元。

6. 生物技术开发项目。

支持企业发展生物仿制药并参与全球市场竞争，使波兰成为欧盟先进的基因和生物仿制药品枢纽。

7. 采矿机械项目。

提高波兰在全球采矿和建筑机械市场的地位，加强采矿业相关行业的合作。在此基础上，发展煤炭气化技术。

8. 服务外包中心项目。

支持企业发展高级商业服务，从而促进经济增长和中型学术中心收入增加，进而建立国家联合服务中心。

9. 欢迎外国投资者。

欢迎外国投资者建立研发中心，提供新的高薪岗位，使用雇用合同招募员工，参与地区合作，技术转让，投资于濒危产业。投资者可获得的优惠政策包括用人补助、技资补助、所得税豁免、财产税豁免、欧盟基金和员工培训补贴。

（二）推动企业创新

1. 制定新商业基本法。

消除企业的法律障碍、简化相关机构在创新项目方面的合作程序，减少企业活动成本，吸引更多创新企业落户波兰。

2. 促进商业与科学结合。

充分发挥现有的技术转让中心、企业孵化器等机构的作用；促进科研机构服务于经济；在企业发展局和国家研究发展中心采取"快车道"政策，简化决策程序；将创新支持政策纳入产业政策等其他战略。

3. 支持创业，制定创新法律政策。

为创业者实现创新成果商业化消除障碍，将 10 亿兹罗提欧盟基金用于创新项目，方便创业者从公共机构和地区政府寻求问题解决方案。对知识产权给予有利的税务政策，扩大研发经费抵扣税款的范围，对创业者给予现金返还。

（三）发展资本

未来几年，投资总额将超过 1 万亿兹罗提。资金来源包括：（1）波兰企业：国有企业投资 750 亿～1 500 亿兹罗提，其他企业 2 300 亿兹罗提。（2）银行融资：900 亿兹罗提。（3）发展基金：波兰投资基金 750 亿～1 200 亿兹罗提，BGK 银行发展项目 650 亿～1 000 亿兹罗提。（4）欧盟基金：4 800 亿兹罗提。（5）国际金融机构：500 亿～800 亿兹罗提。

（四）国际市场推广

立足于欧盟市场，但未来将积极开拓亚、非、北美市场。对亚洲市场主推食品、化学品、木材；对非洲市场主推自然资源、工程机械；对北美主推重型机械和家具。

（五）促进社会和地区发展

1. 促进人口增长。

波兰是欧盟婴儿出生率最低的国家之一，政府将采取政策提高出生率、增加就业人口。今年启动波兰家庭计划，之后将推出儿童照顾、孕妇照顾、入学政策、鼓励海外波兰人回国、医疗和养老金体系等政策。

2. 根据就业市场需求提供职业培训。

3. 推动地区发展。

提高地区政策的维度和有效性。使国民有获得公共服务的均等机会；加强地区合作，解决其面临的共同问题；激活本地资源，如鼓励创新、产业成长和私人投资。

4. 关注小城镇、农村地区、家族农场的发展。

促进农业多元化并增加效益；消除贫困和隔绝；有效管理自然资源和文化遗产。开发本地市场，如农产品本地加工和直销；促进农村地区创业和工作流动；利用农村基础设施建设增加就业；发展多层面的家族农场；使用可再生能源；复兴小城镇，加强其经济、社会、文化功能；培育地方市场（如农食品加工和直销）；确保农业企业食品生产安全；帮助家庭农场生产有利润、高品质的食品，特别是传统工艺、非转基因产品，如比亚韦沃维扎原始森林的蜂蜜。

5. 实现东波兰地区现代化。

建立基本的基础设施，特别是比亚维斯托克 – 卢布林 – 热舒夫 S19 快速路。之后适时建设维尔诺 – 比亚为斯托克 – 卢布林 – 热舒夫铁路。

三个主要地区的产业发展方向：

（1）比亚为斯托克：进一步发展东部建筑集群，建设成为现今的商业服务中心，是指具有较大城市的竞争力。

（2）卢布林：建设有机石品谷，发展清洁煤炭技术。

（3）热舒夫：进一步发展航空股，吸引小型创新企业并建立合作社；发展航空 IT 业，使之成为航空软件中心，特别是服务于无人机。

三、市场准入

（一）主管部门

波兰投资与贸易局（Polish Investment and Trade Agency, PAIZ）

是外商投资政策的具体执行机构和外资促进机构，负责为外国投资者提供法律和政策方面的咨询及信息服务，协助企业选择合适的投资目的地及申请获得大额投资所享受的优惠待遇，并协调解决投资中遇到的各种困难和问题。波兰各省省长办公室设地区投资服务中心，具体负责本地区外商投资服务。波兰驻外使领馆也负责提供相关投资咨询服务，并将重要投资项目向波兰外交部对外经济政策司和经济部促进与双边经济合作司报告。

（二）限制行业

根据波兰《经济活动自由法》（Economic Freedom Act），从2005年1月1日起，从事下列经济活动须获得特许权：矿藏勘探，矿物开采，在山体中（包括地下矿山巷道内）进行无容器的物质储藏或废料存放，炸药、武器、弹药以及军事和警用产品与技术的制造和经营，燃料和能源的生产、加工、储藏、运送、分拨以及销售，人身和财产的安保，航空运输，广播电视节目传播。上述活动必须获得相关政府主管部门颁发的特许，有效期一般不少于5年，不超过50年。

此外，部分经济活动需满足相应条件并申请许可或执照，如开设银行、保险公司、旅行社、投资基金、养老基金、国内或国际货运（包括客运及货运）、从事赌场、彩票、博彩业及在经济特区开设公司等，这些活动由单独法律做出规定，如银行法、投资基金法、关于戒酒和反酗酒法等。还有约20种经济活动受特殊管制，需满足相应条件并登记注册，如仓储、电信、制酒、劳动中介等。

根据波兰议会于1991年通过的《外资企业法》及此后的修改法案规定，外国投资者（自然人、法人及不具法人资格的其他公司）可以在波兰设立有限责任公司或股份公司，或者拥有和购买此类公司的股份或股票；除投资金融保险、港口、机场、法律服务等行业需事先申请许可外，其他各行业均可自由开展。

（三）鼓励行业

波兰政府鼓励外商投资的重点领域包括基础设施、能创造新就业机会的工业投资以及新兴行业等，具体包括：

（1）基础设施建设项目，主要是指高速公路建设、公路干线改造、原有铁路现代化改造和通讯网络更新换代等；

（2）能创造新就业机会的工业项目，包括投资设立新企业以及对现有企业并购和重组；

（3）对国有企业的私有化项目，主要包括金融机构、能源、电力、化工、造船、煤矿、冶金、机械、医药、食品等行业；

（4）新兴行业，如 IT 行业等；

（5）技术创新投资，指高科技人才培养及对大学、研发机构、科技园区、技术创新交流中心、企业家孵化中心和科研基础设施的投资；

（6）环保产业，包括为推行欧盟环保标准所需的投资，为提高再生能源比例、节约能源及原料等的投资；

（7）对贫困地区和高失业率地区的投资；

（8）农食品产业；

（9）绿色生物技术产业。

四、优惠政策

（一）总体原则和限额

自 2004 年加入欧盟后，波兰吸引外资的优惠政策与欧盟法律框架保持一致。根据欧盟地区发展补贴的有关规定，在欧盟内人均 GDP 低于欧盟平均水平 75% 的地区投资，可以得到公共补贴。波兰符合上述标准，可以对企业投资项目给予公共资助，但农业、渔业、矿业、运输、汽车、造船、钢铁、化纤领域的投资项目和投资额超过 5 000 万欧元的项目，不在该资助之列。

按照经济发展状况，波兰将国内各省的最高补贴比例划分为 50%、40%、30% 三档。自 2011 年起，最发达地区（首都华沙所在省）最高补贴比例为合格费用的 30%，中等发达地区共 5 个省为 40%，最落后地区共 10 个省为 50%。对于中型企业，最高补贴比例可提高 10%；对于小型企业，最高补贴比例可提高 20%。小型企业是指雇员少于 50 人，营业额不超过 1 000 万欧元或资产不超过 1 000 万欧元的企业；中型企业是指雇员少于 250 人，营业额不超过 5 000 万欧元或资产不超过 4 300 万欧元的企业。"合格费用"包括：土地购买费用，最高限额为项目总支出的 10%；新增固定资产价格或费用，即建筑、机器、设备、工具及基建费用；已使用过的固定资产购买费用；无形资产购买费用，最高限额为上述支出的 25%；固定资产的安装费用、材料和建设工程的费用等。

大型投资项目的补贴比例按地区补贴上限进行调整。其中：合格费用低于 5 000 万欧元的部分，补贴上限为地区补贴比例的 100%；合格费用在 5 000 万至 1 亿欧元之间的部分，补贴上限为地区补贴比例的 50%；合格费用超过 1 亿欧元的部分，补贴上限为地区补贴比例的 34%。

（二）投资优惠措施

波兰鼓励投资的政策措施适用于国内外投资企业。投资优惠政策主要有：对投资项目（新项目投资超过 1 000 万欧元，改造项目投资超过 50 万欧元）提供不超过其投资额 50% 的资助。

波兰目前有 14 个经济特区，面积 6 000 多公顷。根据波兰现行特区政策，特区企业按规模大小可获得不同幅度的政府资助，企业规模大小需在注册时予以确认。大型企业获得资助的总额不能超过投资总额的 50%，中小企业获得资助的总额不能超过投资总额的 65%。大型企业是指员工超过 250 人，年营业额在 4 000 万欧元以上的企业。

1. 特区税收优惠政策。

（1）免缴企业所得税。大型企业累计免税金额不超过总投资额的 50%，中小企业免税金额不超过总投资额的 65%。按所得税税率计算免税额，累计达到最大免税金额为止。

（2）免缴不动产税。在特区内购置不动产，企业全额免交不动产税，减半缴纳印花税。

（3）免缴交通工具购置税。免税购置交通工具是一项地方性优惠政策，由乡政府个案讨论决定。

（4）地方性优惠。实行地方性优惠政策的主要目的是鼓励企业雇用更多的员工，解决地方就业问题。如有些特区规定，增加员工数量，可减收部分所得税。

（5）进口免税。对用于投资项目的进口机器设备，海关给予免税待遇。

2. 提供免费的土地[①]。

对绿地投资可提供免费土地的特区有：米莱兹经济特区欧洲园（Euro - Park Mielec SEZ），卡托维茨经济特区（Katowice SEZ），卡米那古拉经济特区（Kamienna Gora SEZ），经济特区克拉科夫技术园（SEZ Krakow Technology Park），莱格尼察经济特区（Legnica SEZ），斯乌普斯克经济特区（Slupsk SEZ），斯塔拉霍维斯经济特区（Starachowice SEZ），瓦波日赫经济特区投资园（Walbrzych SEZ "Invest Park"），瓦尔米亚 - 马祖里经济特区（Warminsko - Mazurska SEZ）。

---

① 《波兰经济特区情况及投资选择地的考虑》，中华人民共和国驻波兰共和国大使馆经济商务参赞处网站，http://pl.mofcom.gov.cn/article/ztdy/200605/20060502210630.shtml。

3. 其他非税收优惠政策。

（1）优惠的土地价格。

（2）免费提供各种政策咨询服务。

（3）政府根据企业申请，提供一定金额的新员工培训费。

第二节　波兰投资法律体系及基本内容

一、法律体系

目前，在波兰从事经济活动的法律依据主要有：1964 年制定的《民法》（Civil Code），2004 年 7 月 2 日新修订的《经济活动自由法》（Act on the Freedom of Business Activity of 2 July 2004），2000 年 9 月 15 日新修订的《商业公司法》（Commercial Companies Code of 15 September 2000）和 1997 年 8 月 12 日通过的《国家法院注册法》，其中《经济活动自由法》《商业公司法》《国家法院注册法》（Act on the National Court Register（KRS）of 20 August 1997）与我企业或个人在波兰注册公司密切相关。《经济活动自由法》倡导经济活动的自由和所有经济主体的平等，自然人、法人以及不具备法人资格的组织机构均可自由从事经济活动，代表处、分公司、单人公司和合伙公司的设立及运行适用于该法；《商业公司法》对在波兰成立、运作和变更有限责任公司和股份公司作了明文规定，我企业或个人在波设立有限责任公司和股份有限公司时必须以此法为依据；《国家法院注册法》对在国家法院注册公司的注册主体、注册形式、注册程序及业务范围划分等作了规定。

二、基本内容

（一）民法

《民法》规定了波兰的自然人之间，法人之间以及自然人和法人之间的财产关系，为私有财产提供保护。

1990 年 7 月 28 日，波兰对《民法》进行了修订，使其更适应改革的需要。目前，波兰的《民法》的主要原则包括：尊重各个经济主体的平等，而不论其所有制形式，以及合同自由等。

《民法》管辖的范围包括：物权、义务的履行和失效、合同的种类（如：买卖、缔约、单项任务、委托、代理、寄售、运输、托运、出租、租用、借款、银行账户等）、只对某些民法关系当事人有效的权利，以及法定和遗嘱继承（遗嘱和遗产）等。

2000 年 7 月 26 日，对《民法》进行了再次修订，规范了租赁协议。而 2003 年 2 月 14 日，《民法》进一步明确规定：特许权和许可证是企业的权利，一旦该企业出售，则该项权利也随之转移给该企业的购买者。《民法》在 2004 年又进行了修订，引入了国家责任的新原则（法律公报第 162 期，文号 1692），进一步规范了政府的行为。而该项规定适用于 2004 年 9 月 1 日后发生的事件，所有在此之前发生的事件适用于原有的法律。

除《民法》外，《商业公司法》《著作权法》《工业产权法》等都包括管理经济活动的条例。在具体应用各类法律时，必须遵循罗马法的原则，即特别条例优于一般条例。

（二）商业公司法

波兰于 2000 年 9 月 15 日通过了《商业公司法》，该法从

2001 年 1 月 1 日起开始执行，取代了 1934 年制定的《商业法》。

新的《商业公司法》（2001 年 1 月 1 日）对商业公司的成立、组织、运作、解散、转让和变更做出了规定，对公司的类型进行了划分，对商业公司的章程进行了规范。同时，波兰的立法机构对《破产法》《民事诉讼法》《公证法》《会计法》《税法》《银行法》等相应地进行了修改，使它们与《商业公司法》相衔接。而原有的涉及下列各项的特别法规依然有效：

国家投资基金；提供银行服务的公司；开办交易市场或非交易市场的公司；经纪公司；管理有价证券的国家保证金股份公司；从事保险业活动的公司；投资基金公司；退休养老基金公司；国有广播和电视公司；由国营企业商业化和私有化产生的公司；由相应法律作出规定的其他商业公司。

2008 年 6 月 20 日《商业公司法》修订生效，对公司跨境合并做出了规定，允许波兰公司与部分根据欧盟成员国法律或欧洲经济区协定缔约国法律成立的并且总部或主要工厂在欧盟和欧洲经济区协定国家的公司合并。新修订将有限责任公司注册资本从 5 万兹罗提降低至 5 000 兹罗提，将股份公司注册资本从 50 万兹罗提降低到 10 万兹罗提。

《商业公司法》的两个配套法律是《经济活动自由法》和《国家法院注册法》。这两部法律可以看作《商业公司法》的具体实施办法。

在 2003 年 12 月的修订中，《商业公司法》对民营企业向公众报告其经营状况的限额进行了调整，从原有的连续两年的营业额超过 40 万欧元变成超过 80 万欧元。同时，《商业公司法》规定：无须股东决议、超过注册资本两倍的举债，将不受"无效"原则的限制。

（三）经济活动自由法

波兰政府为促进并扩大波兰商业经营的自由度，于 2004 年

8月21日实施的《经济活动自由法》，该法详细规定波兰本地企业和外国企业在波兰从事商业活动必须遵循的各项条款，标志着波兰加入欧盟后，在加速其欧洲一体化进程和法律完善方面迈出了新的一步，同时也表明了波兰政府为吸引外国投资者在改善投资经营环境和促进商业活动自由方面采取的务实举措。

《经济活动自由法》对在波兰成立、运作和取消公司作出了规定。经济活动法规定：获准在波兰定居的外国公民享有与波兰公民同等的权力；在没有永久居留权的情况下，根据互利的原则，外国人可以在波兰境内以分公司或代表处的形式从事经济活动。但是，分公司的经营范围不得超越母公司的经营范围；代表处的活动则只限于外国企业的广告和促销方面的活动。如果外国与波兰签署有相应的双边协议，则两国将实行对等的政策。如果外国与波兰没有相应的双边协议，则外国人只能在波兰设立有限合伙公司、有限责任公司和股份公司。

同时，该法对企业家以及微型、小型和中型企业做出界定，并详细规定波兰本地企业和外国企业在波兰从事商业活动必须遵循的各项条款，对外国投资的开放和市场准入扩大提供了法律依据。

波兰政府新颁布的《经济活动自由法》取消了原法规中存在的诸多限制和不利于商业活动的条款，如对特许经营、许可证和受限制商业领域的准入原则明确做出了新的规定和条件，具体有：

1. 商业活动从业人员条件放宽，商业领域范围扩大。

新的《经济活动自由法》放宽了商业活动从业人员的条件，规定在欧盟各国获得长期或短期居留证的人，均可同波兰本地人一样从事商业活动；进一步扩大了商业活动的范围，如律师和会计师等自由职业者均列入商业活动范畴；如果独自工作，则到个体经营登记处登记，如果成立公司，则到公司注册登记处登记。

2. 特许经营的领域减少，期限放宽。

新的《经济活动自由法》对需要申请获得特许经营资格的商业领域进行了调整，减少为六个领域：采矿业、能源生产和销售、炸药生产及销售、证券服务、广播业和航空运输业，特许经营期限为 5 年到 50 年不等；对 2001 年在《商业公司法》中规定的收费公路的建设及运营、铁路和铁路运输管理等领域不再实施特许经营。

原来的《经济活动自由法》规定，申请某一领域特许经营的企业，必须向主管部长申请授权，然后由主管部长签署批文。新的《经济活动自由法》则规定，特许经营不再需要提交主管部长批准，只要按照特许经营专项法规的规定，提交必要的文件即可。该项规定减少了授予经营特许时主管部门领导决定的个人随意行为。当满足特许经营要求的企业数目超过实际需要的特许经营企业数目时，主管部门将按照预算报价来挑选最合理的企业。

3. 明确了实行许可证制度的商业活动。

《经济活动自由法》在对实行许可证制度商业活动明确的同时，对不需要获得经营许可证的商业活动做出了新的规定，这些商业活动包括：葡萄酒及其制品的生产和灌装、车辆检修、旅游服务、侦探服务、外币兑换、生物成分的生产或仓储、组织外国人狩猎、酒精生产、提纯、变性或脱水处理、烟草制品生产、白酒生产及灌装、仓储。有意从事以上业务的企业或个人，不再需要申请许可证。

4. 以登记准入制度代替原有的许可证制度。

新的《经济活动自由法》取消部分商业活动原有的许可证制度，采用受限制商业领域登记准入制度，由具体商业领域法律规定的商业主管部门负责颁发准入许可。企业在填写受限制商业领域准入申请时，应声明其按照专项法规要求，接受并符合该商业活动规定的条款和条件要求。该声明代替了原《经济活动自由法》要求申请企业必须提交的各种文件，企业提出申请并发表声明后，便依法获得营业准入。此措施简化并缩短了业务审批程序。但如果申请企业提供虚假声明，则应承担相应的法律责任，最高罚金 5 000 兹罗提（1 600 美元），甚至实施监禁，限制一个月的人身自由。另外，按法律规定，受限制商业领域注册登记主管部门有权对企业经营活动实施监督检查，如确定其行为欠缺规范，可取消该企业从事某项商业活动的权利。

5. 减少政府部门的干预和监督检查。

新的《经济活动自由法》对政府部门的检查监督权做出限制，对中小企业而言，规定每年最长审计时间不得超过 4 个周，对其他类型的公司的最长审计时间原则上不超过 8 周，且多个部门不得同时对公司进行多项检查。此项改革减少了政府部门对商业活动的干预，尤其对政府部门实施审计的程序及时间予以限制，避免了经营单位频繁接待审计人员，减少了企业的人、财、物的消耗。另外，新法还规定政府部门有义务帮助企业解读法律条款的含义，为企业尤其是中小企业的发展创造良好的自由经营环境。

6. 降低商业部门进行转账支付的门槛。

旧的《经济活动自由法》规定，企业转账支付 3 000 欧元以上，必须提供转账理由，而新的《经济活动自由法》降低了对银行转账支付的要求，仅要求 15 000 欧元以上的转账支付必须出具证明。

《竞争和消费者保护法》（2007 年 2 月 16 日）旨在保护竞争和维护消费者利益。法律针对限制竞争的行为、企业及协会的反竞争性集中行为和侵犯消费者集体利益的行为规定了认定标准、调查程序和惩罚措施。对行政机关裁决不服可以向法院提出上诉。

《反不正当竞争法》（1993 年 4 月 16 日）旨在保障企业家之间以正当的方式开展竞争。违背法律和社会良好风俗、侵害其他企业家或客户利益被列为不正当竞争行为。

三、国际公约、条约及其他国际法渊源

中国政府与波兰政府于 1988 年签订了《中华人民共和国政府和波兰人民共和国政府关于相互鼓励和保护投资协定》（双边投资保护协定）和《关于对所得避免双重征税和防止偷漏税的协定》，中国投资者在波兰享受最惠国待遇。同年，两国签署《关于民事和刑事司法协助的协定》，协助范围包括送达司法文书、调查取证、承认与执行法院裁决和承认与执行仲裁裁决。

波兰是《承认及执行外国仲裁裁决公约（纽约公约）》缔约国，保留一是该国适用《公约》仅限于承认和执行在另一个缔约国领土上作出的裁决；二是该国适用《公约》仅限于根据国内法被认为属于商业性质而无论是否属于合同性质的任何问题在法律关系上所产生的分歧。波兰并非《关于解决国家与他国国民之间投资争议公约（华盛顿公约）》缔约国。

中国政府与波兰政府于 1995 年 5 月签订《关于植物检疫的协定》；1996 年 12 月签订《海运合作协定》；1997 年 11 月签订《动物检疫及动物卫生合作协定》；2004 年 6 月签订《经济合作协定》；2011 年 12 月两国政府发表《关于建立战略伙伴关系的联合声明》；2012 年 4 月，两国政府签署《关于加强基础设施领域合作协定》；2012 年 4 月，中国商务部和波兰经济部签署《关于促进中小企业交流与合作的谅解备忘录》；2015 年，两国签署《关于共同推进丝绸之路经济带和 21 世纪海上丝绸之路建设的谅解备忘录》；2016 年 6 月，两国签署《关于共同编制中波合作规划纲要的谅解备忘录》，表达双方在共建"一带一路"框架下共同开展双边合作规划编制工作的意愿。

第三节　波兰的企业机构

一、注册机构的形式及主管部门

根据《经济活动自由法》，波兰对外国投资者的管理，区分为欧盟波兰相关法律规定，非欧盟及欧洲自由贸易联盟的外国企业在波兰境内可注册的形式有代表处、分公司、有限合伙企业、有限股份合伙企业、有限责任公司和股份有限公司。外国公民作为自然人可根据不同情况在波兰注册企业，获准在波兰定居的外国公民享有与波兰公民同等的注册公司的权利；在波兰没有永久居留权的外国公民，只能在波兰设立有限合伙企业、有限股份合伙企业、有限责任公司和股份公司。中国企业和个人在波兰注册的一般为代表处、分公司、有限责任公司和股份公司。

1. 代表处。

注册主体为外国公司，业务范围只限于对母公司业务进行推介和宣传，不得开展商业活动，也无权签署合同。设立代表处，需由母公司或其委托人向波兰经济部外国企业家登记处申请注册。

2. 分公司。

注册主体为外国公司，经营范围应当限于母公司业务范围之内，可部分经营母公司业务，也可代表母公司签署部分合同。设立分公司，需由母公司或其委托人向国家法院注册处申请注册。外国企业在波兰的分公司和代表处没有法人资格，其母公司才是法律诉讼的当事人。总公司需要为其分公司及代表处的行为负责。

3. 有限合伙和股份合伙企业。

波兰最普遍的合伙形式是有限合伙和股份合伙，两者至少都有两种不同法律地位的合伙人，即一般合伙人和有限合伙人/持股者。一般合伙人有权管理公司且与合伙企业的资产一起对合伙企业的债务承担无限连带责任。有限合伙/持股人无权执行合伙事务，以其对有限合伙企业的出资额为限承担责任。两种合伙企业的经营范围皆需在其章程中列明。

4. 有限责任公司。

外国公司和个人均可申请，可从事生产、销售、服务和进出口等任何商业活动。有限责任公司股东对公司债务的责任以其出资额为限，公司的责任由公司自行承担，但是在特定情况下，管理委员会成员也可能承担责任。有限责任公司可以为一人公司，设立有限责任公司需由公司股东向国家法院注册处申请注册。注册资金最低为 5 000 兹罗提，须在登记前全额付清。公司名称可用各种语言表述，但末尾需有 Sp. z. o. o（波文"有限责任公司"缩写）字样，公司名称不能重复。

5. 股份有限公司。

外国公司或个人均可申请，可通过在波兰股市上市获得资金。有限责任公司股东对公司债务的责任以其出资额为限，公司的责任由公司自行承担。股份有限公司必须设立监事会。设立股份公司需由公司股东向国家法院注册处申请注册。外国公司或个人均可申请，可通过在波兰股市上市获得资金。注册资金最低为 10 万兹罗提，每股最低股价不得低于 0.01 兹罗提。以实物出资，必须在公司登记后一年内全部付清。用现金入股，必须在公司注册时先支付 25% 的注册资金。注册完毕后可随时使用注册资金。合资公司的股票在完成各项法律程序后可以上市交易。股份公司名称中注有 S. A.（波文"股份公司"缩写）字样。

二、企业注册申请与审批

根据《经济活动自由法》，获准在波兰定居的外国公民享有与波兰公民同等的权力，可以设立各种类型的公司。如果波兰签署的双边协议中没有特别规定，对外国人在波经商实行对等原则。根据对等原则，波兰企业家在某外国应被允许按当地企业家相同的条件进行商业活动，否则，该国投资者只能在波兰设立有限合伙公司、有限责任公司和股份公司；没有永久居留权的外国人可以在波兰境内以分公司或代表处的形式从事经济活动。

向上述指定机构提出申请。申请注册不同的企业形式需要提供不同的文件，提交材料需要译成波兰文。注册申请受理后，注册机构将申请材料转递波兰外交部，由其通过波兰驻申请方所在国大使馆对该申请公司的情况进行核查，核查无误后，由波兰注册机构颁发注册证明。注册审批时间视企业形式而定。

（一）注册代表处或分公司所需文件

注册代表处或分公司所需的文件包括：

（1）由波兰律师填写的设立代表处申请表（需经母公司负责人或其委托人签名）；

（2）母公司营业执照副本；

（3）母公司章程复印件；

（4）经母公司所在地公证处公证的并由波兰驻母公司所在国大使馆盖章确认的母公司营业执照、母公司授权委托书和母公司章程全套资料；

（5）由波兰公证处公证的代表处章程和代表处总代表签名样本，代表处章程应包含代表处名称（应为母公司名称后加波文的"驻波兰代表处"或"波兰分公司"字样)、地址、业务范围、总代表姓名及其在波兰的住址等。

此外还必须做到：

(1) 使用与其公司相同的名称，并用波文加注"驻波兰代表处"或"波兰分公司"字样；

(2) 根据会计规定用波文单独记账；

(3) 如公司进行清盘、失去经济活动能力和失去对本公司财产的处置权时，代表处须于上述情况发生 14 日内通知经济部。

波兰经济部受理代表处注册申请后，将申请材料转递波兰外交部，由外交部通过波兰驻申请方所在国大使馆对该公司的情况进行核查，核查无误后再转回波兰经济部，由经济部发放注册证明。代表处注册无须注册资金，审批期限约 2～3 个月，总费用约 8 000 兹罗提 (约 2 000 欧元)，其中注册费 6 000 兹罗提、律师费 2 000 兹罗提。

国家法院注册处受理分公司注册申请后，需将申请材料转递波兰外交部，由外交部通过波兰驻申请方所在国大使馆对该外国公司的情况进行核查，核查无误后，由国家法院注册处颁发注册证明。分公司注册无注册资金要求，审批期限约 2～3 个月，总费用约 3 500 兹罗提，其中法院注册费 1 500 兹罗提、律师费 2 000 兹罗提。

(二) 注册有限责任公司所需文件

注册有限责任公司所需的文件包括：

(1) 由波兰律师填写的须经公司董事会成员签名的公司注册申请表 (需经波兰公证处公证)；

(2) 如股东为法人，需提供该股东原法人注册证明材料 (需经波兰公证处公证)；如股东为自然人，需提供在波兰公证的股东自愿成立公司说明书和护照复印件；

（3）公司章程和董事会成员签名样本（需经波兰公证处公证）。

（4）公司管理层的任命书，承诺书（说明已缴注册资本，承诺一旦注册完成，公司立即开始运作），公司管理层的签名样本，并注明所持股数和金额。

设立有限责任公司注册审批国家法院注册处在受理注册申请后一般在2~3周内核发注册证明。注册完毕后该资金可作为公司的流动资金使用。总费用约5 500兹罗提，其中注册费1 500兹罗提、公证费2 000兹罗提、律师费2 000兹罗提。

（三）注册股份公司所需文件

注册股份公司所需的文件包括：

（1）由波兰律师填写的经公司董事会成员签名的公司注册申请表（需经波兰公证处公证）；

（2）股东原注册证明材料（需经波兰公证处公证）、公司章程和董事会成员签名样本（需经波兰公证处公证）。

（3）公司注册资本额，募股的形式，股票名称及价格，发行的股份的数量，发行地点及股票缴款日期，采用记名股票或不记名股票；特别股的发行数量及相关的权利等进行公证说明。

（4）董事会、监事会的结构。股份有限公司在开始登记之前，要准备有关的公司章程和组织条款，还有相关人员的签字样本并进行公证。国家法院注册处受理注册申请后一般在2~3周内批复核发注册证明。总费用约5 500兹罗提，其中注册费1 500兹罗提、公证费2 000兹罗提、律师费2 000兹罗提。

（四）注册审批的程序

自2009年起，波兰开通了国家法院注册处的一站式注册服务，企业家们可以在注册公司时同事申请到机构代码（Rejestr

Gospodarki Narodowej，REGON）、增值税号（Numer Identyfikacji Podatkowej，NIP），并且同时在社会保障局（Zakład Ubezpieczeń Społecznych，ZUS）注册，同时国家法院注册处还会办理新公司在法院公示和公报刊载。

一般来说注册分为四步：一是提交注册文件；二是在银行开立账户，并缴清公司注册资本；三是提交机构代码、增值税号及社会保障的注册手续；四是在税务机关办理增值税登记手续。

完成注册后，一般来说，企业还需要刻制公司印章：企业获准注册后需在指定机构刻制公司印章，一个合法的印章必须刻有公司名称、地址、增值税号和机构代码信息。

（五）有限责任公司的网上注册程序（S24 程序）

为了简便有限责任公司的注册程序，波兰国家法院注册处推出了 S24 网上注册系统。投资者无须公证，仅通过填写特定的公司章程模板，即可完成有限责任公司的网上注册。通过 S24 网络系统注册有限公司，仅需普通程序的 1/4 的时间。

三、解散程序及要求

（一）外国公司的代表处及分公司

分支机构完成解散程序需提供总公司开始清算程序和指定清算人的决议，在相关官方公报上的公告，及为在商业登记中心进行相关登记目的向全国法院登记处提交的通知。总公司可以在开始清算程序至少 3 个月后决定结束清算（但清算程序可能需要至少 6 个月）。最后，分支机构需要在商业登记中心和税务机关注销登记。

（二）有限合伙和股份合伙

合伙可以经所有合伙人一致同意予以解散。解散时需要指定清算人，并通知商业登记中心（如为股份合伙企业，尚需在官方公报上公告两次）。合伙企业债务清偿完毕或安排担保后，可以作出决定，终止清算。最后，合伙企业需要在全国法院登记系统和税务机关注销登记（如为股份合伙企业，则不得早于第二次公告后1年）。

（三）有限责任公司及股份有限公司

公司可以经2/3多数表决通过，进行清算，予以完全解散。解散决议通过后，需要指定清算人，在相关官方公报上进行公告，并通知商业登记中心。公司债务清偿完毕或安排担保后，可以经决议宣告清算结束。最后，需要在全国法院登记系统和税务机关注销登记（有限责任公司不得早于清算开始后6个月；股份公司不得早于公告后1年）。

四、企业并购与私有化

（一）兼并

在波兰，合并由对公司重要问题作出规定的《商业公司法》进行规制。根据波兰法律，可以通过履行一次程序，合并两个以上的公司。在波兰，合伙企业也可以与公司进行合并，但是合伙企业不能作为吸收方。

根据波兰法律，完成合并需要在登记法院登记处进行正式登记。合并自完成登记时生效，合并后的法律后果包括吸收公司继承被吸收公司的所有资产、权利、合同、行政许可、批准等，而被吸收公司合并完成后不再存续。作为对被合并公司股权的补偿，被合并公司的股东通过合并取得相当于被合并公司资产价值的股权。

根据波兰法律，合并也受到若干限制，例如，当达到法定条件时，合并需要通过反垄断审查。另外，对于限制类的产业和业务，合并可能需要取得相关机关的同意。合并也需要合并双方的公司批准。由于波兰对外国人取得不动产有限制，外国人控制的公司通过与拥有波兰不动产的企业进行合并从而间接取得不动产的所有权的，需要获得波兰的相关机关批准。

（二）收购

根据波兰法律，收购分为两种方式：股权收购和资产收购。波兰民法采用合间自由原则，交易条款可以根据双方目的量身定制。尤其是，根据波兰法律，可以签订初步收购协议，然后在初步收购协议约定的条件成就时，签订最终收购协议完成交割。

根据波兰法律，为使收购有效，必须满足一些要求。特别是，如果收购涉及有限责任公司的股权，收购协议需书面签署，且其签署需经波兰公证员公证。如果上市股份公司股票出售，则可能需要证券公司作为中介，以股票转让以电子形式交割。如果交易涉及不动产或者拥有不动产的企业，买卖协议需要以波兰公证员准备公证契据形式签署。通常，不管是资产收购还是股权收购，均需交易双方公司批准。在交易过程中，也需要注意第三方的优先购买权。

与合并不同，波兰的资产收购并不导致概括继承。根据波兰法律，在收购企业的资产时，资产由卖家转让给买家；资产包括合同项下的权利，但不包括合同项下的义务。因此，要使卖方的资产转让完整、有效，需要进行适当安排，并取得合同其他当事人的同意。

根据波兰法律，收购交易与合并存在类似法律限制，即当达到法定条件时，收购交易需要通过反垄断审查；而涉及限制类产业的公司或者企业的交易需要得到有关机关的批准。需要注意的是，外国人直接或间接取得波兰的不动产受到法律限制，而收购拥有位于波兰的不动产的公司或企业，可能需要取得波兰有关机关的批准。

外国投资者可通过购买现有股票或新增股票方式投资已有公司。若参与并购的公司上年全球销售额超过 10 亿欧元或在波兰市场销售额超过 5 000 万欧元，须向波竞争与消费者保护局报告。若其市场份额超过 40%，可被认为拥有市场支配地位，竞争与消费者保护局有权否决该交易。此外，若被并购公司享有不动产的永久收益权，且该公司被并购后，外国投资者所占股权达 50% 或在股东大会拥有 50% 及以上投票权，则需获波兰内政部批准。

（三）私有化

波兰国有企业私有化主要依据：1990 年的《国有企业私有化法》、1993 年的《企业与银行重组法》和 1996 年的《国有企业商业化和私有化法》。由国库部准备好拟转让的国有企业清单，并通过网站等途径向潜在投资者（包括外国投资者）发布；国有资产转让方式主要有四种：一是公开出价转让；二是公开邀请投资者通过协商谈判转让；三是公开出价转让和公开邀请投资者协商谈判转让相结合；四是公开投标。

国库部主要根据投资者的出价和支付方式、投资承诺、对职工的社会责任承诺、环境保护投资计划，以及投资与波兰在欧盟及经合组织的合作义务等因素决定国有企业的转让或合作。

波方以土地、工厂、部分车间等不动产作为投入时，波方合作者须向其负责私有化的政府部门（国库部）申请许可。

第四节　波兰投资风险与防范

总体来看，波兰投资环境相对比较稳定，随着近年来双边政治、经贸关系不断升温以及对波兰市场认识不断加深，预计我企业在波市场发展前景良好。但我国在波投资企业数量偏少，投资总额较小，投资经验不足，对波兰投资仍存在许多风险，应当注意以下方面：

一、适应法律环境的复杂性

波兰法律体系较为完善，又是欧盟成员国。中国企业不仅要严格按波兰法律办事，还要遵守欧盟相关法律法规，并应密切关注当地法律变动情况。重大投资项目最好在当地聘请资深专业律师作为法律顾问，处理所有与法律相关的事宜。我国企业也应尽力熟悉波兰相关法律，尤其是《商业公司法》和《国家法院注册法》等中的一些关键条款。

二、切实做好企业注册工作

在波兰投资之初最大的困难是公司注册文件繁多，程序复杂，审批时间较长。中国企业要全面了解波兰关于外国投资注册相关法律，正确选择公司形式和经营范围，备齐所需文件，履行相关程序。注册所需签名文件必须由企业负责人亲自签署，中国国内常用的个人签名印章在波兰常被视为无效签章。通常情况下，在波新设公司无特殊限制，但若外国投资者占新设公司50%或以上股权，该公司获取不动产须向内政部申请许可。

三、严格遵守投资有关规定

投资项目要符合当地发展规划、投资政策、环保要求等，按规定履行有关投资程序和手续，不要规避政府管理和有关规定。例如：投资合作企业每年需根据工种不同安排员工进行体检，否则，一旦员工被查出无健康证明来就会遇到麻烦。

四、务必选准选好合资伙伴

实践表明，选准选好合作伙伴至关重要，可采用通行的核查表方式就对方的情况逐项进行深入细致核实，其中包括但不限于诚信、资信、财务及技术状况、人员素质及构成、管理能力、公共关系资源、沟通交流能力、合作分享精神等等。

五、适当调整优惠政策期望

虽然波兰政府制定了投资鼓励政策，但申请优惠政策的条件繁多。雇用失业人员的资助、地方税费优惠以及员工培训资助等优惠政策，均非自动取得。即使能够取得，也有很多制约因素。中国企业应详细了解优惠政策的相关条件和程序，适当调整期望值，科学进行成本核算。

六、注重外商投资公共关系

由于历史、文化、语言、传统和习惯等方面存在差异及合作双方的想法、目标与做法也可能不尽相同，中国企业在当地投资合作中必然会遇到各种各样的问题。为了避免或减少在与政府、社区打交道和与外方合作中出现信息不畅、关系不顺、矛盾误会等情况，中方人员需要不断提高和具备相应的能力，其中包括培育公共关系资源的能力、与外方和当地政府及社区及时有效交往、沟通、协调、融洽相处的能力、技能和技巧，以及在项目管理方面驾驭与外方合作的能力，等等。

七、审慎商签合同条款

应依照相关法律法规明确各方的责权，特别要注意质量、技术规格、财务条款、支付方式以及争端解决等条款。对一些关键词或易造成不同解释或引起异议的词，合同中最好做出定义，尽可能避免日后出现麻烦和纠纷。

第五节　典型案例

一、基本情况

2010 年 11 月 18 日，柳工通过证券市场披露与波兰

HUTASTALOWAWOLAS. A. （简称 "HSW" 公司）签订合作备忘录，双方同意柳工收购 HSW 公司下属工程机械业务单元（Division1）及其全资子公司 Dressta（含 Dressta 的三家子公司）100% 的股权及资产，并拥有其全部知识产权和 Dressta 商标。[①]

至 2012 年 1 月 31 日，柳工收购 HSW 公司下属工程机械事业部的全部资产（包括无形资产），并承担该工程事业部的债务；收购 HSW 旗下全资子公司 Dressta 的 100% 的股权。交割相关款项含支付收购净价、偿还银行负债、支付购买关键供方 ZZM 的 M8，M10 车间不动产及动产价格、缴纳资产转移税及合同公证费等合计约 1.7 亿兹罗提（折合约 3.35 亿元人民币）。

二、法律分析

柳工与 HSW 公司的并购项目，不仅是通常的股权并购，还是波兰的国有企业私有化项目。收购交割的前提条件能够较为完整的体现该并购项目的要点与特色。

1. 2011 年 1 月 18 日，柳工与 HSW 签署《初步收购协议》（PEAA），其中设定了关于签署《有条件收购协议》的各项前提条件[②]如下：

（1）柳工完成收购实体——柳工机械（波兰）有限责任公司的注册手续；

（2）该项目通过双方公司内部及双方政府的相关审批程序；

（3）该项目通过波兰内政部审批程序及波兰反垄断审查程序；

（4）与工会关于员工《社保一揽子协议》达成一致，并取得工会的积极支持，完成员工重组方案；

---

① 《关于波兰收购项目的公告》，深圳证券交易所，2010 年 11 月 18 日。
② 《关于波兰收购项目进展的公告》，深圳证券交易所，2011 年 1 月 28 日。

（5）完善交易价格调整机制，交易价格在《初步收购协议》设定的范围内；

（6）双方关于包括关键供方合同在内的一系列商务条款达成一致；

（7）波兰 HSW 公司履行《初步收购协议》中规定的一系列主要前提条件；

（8）上述收购事项须经双方董事会审议批准，并须通过中国及波兰政府相关部门审批。并且根据尽职调查结果，该交易不存在重大法律障碍。

2. 2011 年 12 月 14 日，根据上述前提条件新注册的柳工机械（波兰）有限责任公司与波兰 HSW 工会组织在波兰签订《社保一揽子协议》①，内容包括：

（1）《社保一揽子协议》将于柳工机械（波兰）有限责任公司收购 HSW 第一事业部当天起生效，并在就业保障期限范围内具有法律效应。

（2）自本《社保一揽子协议》生效日起，公司为员工提供 4.5 年的就业保障期限。

（3）如果雇方在就业保障期限内解除劳动合同，则雇方应在解除劳动合同的 15 天内支付给被解除劳动合同的员工赔偿金。

（4）雇方将在 2012 年 7 月 1 日起，为每名在《社保一揽子协议》生效当日根据劳动合同受雇员工的基本工资提高 3%。

3. 2012 年 1 月 12 日，柳工宣布已完成《初步收购协议》（PEAA）中所设定的各项条件，并由柳工机械（波兰）有限责任公司与 HSW 公司于 2012 年 1 月 10 日在波兰签订了《有条件收购协议》（CEAA），设定了项目交割的前提条件，具体包括：

（1）波兰工业发展局（ARP）释放其对收购目标位于经济特区的不动产的优先购买权，并向柳工出具证明文件；

---

① 《关于波兰收购项目取得重要进展的公告》，深圳证券交易所，2011 年 12 月 14 日。

（2）波兰税务局出具证明，证明收购目标截至 2012 年 1 月 31 日不存在任何拖欠未付的税费；

（3）银行向柳工出具证明，标出收购目标的银行负债数额，并声明柳工在交割日支付银行负债后，无条件释放收购目标的资产抵押；

（4）HSW 向柳工出具声明，重申在 CEAA 所列出的所有保证条款和义务；

（5）双方最终确认柳工接收员工的清单，形成收购合同附件；

（6）HSW 完成把生产必需的所有环境许可转移给柳工的手续；

（7）双方关于关键供方和客户的方案达成一致，确保公司交割后平稳过渡和运营；

（8）为确保交割后，收购目标顺利稳定持续运营，双方达成所有必需的服务供应合同，包括基础设施服务、环境保护测评服务，人力资源服务等；

（9）HSW 履行 CEAA 所设定的关于项目交割的其他前提条款。

4. 基于收购双方履行了 CEAA 中设定的一系列交割前提条款，双方于 2012 年 1 月 31 日在波兰华沙签订《最终收购合同》（FEAA），签署《最终收购合同》（FEAA）后，连同之前签署的《有条件收购协议》（CEAA），一起构成完整的收购合同，并于 2012 年 2 月中旬完成项目交割。

波兰贸易法律制度

　　波兰是中东欧地区首个与中国建立战略伙伴关系的国家，两国自 1950 年起建立了经贸关系。近年来双方经贸往来逐渐升温。2016 年 6 月 20 日，习近平主席在出席丝路国际论坛暨中波地方与经贸合作论坛开幕式时表示，希望将中波合作打造成"一带一路"合作的典范，带动整个区域合作。中波双方在当日签订的《中华人民共和国和波兰共和国关于建立全面战略伙伴关系的联合声明》中，明确提出双方致力于在中国提出的"一带一路"和波兰提出的"可持续发展计划"框架下共同推动双边合作。在这份联合声明中，双方均表示将共同努力，特别是通过提供进入本国市场的更大便利，促进相互投资和双边贸易平衡等。

第一节　中波贸易概况

一、波兰进出口贸易情况

　　2016 年波兰的国际货物进出口总额 3 998.2 亿美元，比上年同期（下同）增长 1.0%。其中，出口 2 025.2 亿美元，增长

1.7%；进口 1 973.0 亿美元，增长 0.4%。贸易顺差 52.2 亿美元，增长 96.9%。

从波兰的贸易关系来看，波兰目前的主要贸易伙伴是仍然欧洲国家。2016 年波兰前五大出口市场是德国、英国、捷克、法国和意大利，具体出口情况见表 3 - 1。

表 3 - 1 　　　　　　　2016 年波兰货物贸易出口情况 　　　单位：亿美元

国别	出口额	占比（%）	与上年同期相比变化（%）
总值	2 025.2	100	+1.7
德国	553.6	27.3	+2.5
英国	133.5	6.6	-0.5
捷克	133.0	6.6	+0.6
法国	109.7	5.4	-0.3
意大利	97.5	4.8	+1.2

2016 年波兰前五大进口来源国分别是德国、中国、荷兰、俄罗斯和意大利，具体进口情况见表 3 - 2。

表 3 - 2 　　　　　　　2016 年波兰货物贸易进口情况 　　　单位：亿美元

国别	进口额	占比（%）	与上年同期相比变化（%）
总值	1 973.0	100	+0.4
德国	557.4	28.3	+2.5
中国	155.7	7.9	+7.2
荷兰	117.7	6.0	+1.4
俄罗斯	113.6	5.8	-18.9
意大利	103.9	5.3	+0.1

2016 年波兰前五大逆差来源地依次是中国逆差额 136.7 亿美元、俄罗斯逆差额 56.0 亿美元、比利时逆差额 28.6 亿美元、荷兰逆差额 27.2 亿美元、韩国逆差额 21.5 亿美元，其中，对中国、比利时的逆差增长 9.3% 和 33.1%，而对俄罗斯、荷兰和韩国的逆差分别减少 32.8%、2.3% 和 2.1%；贸易顺差则主要来自英国、捷克和法国等，分别为 76.7 亿美元、53.0 亿美元和

27.1 亿美元，分别减少 0.5%、4.1% 和 4.9%。目前德国占据了波兰最大贸易伙伴、最大出口市场和最大进口来源国的位置，波兰经济对欧盟的依赖性由此可见一斑。

在多边和区域经济合作方面，波兰是世界贸易组织（World Trade Organization，WTO）的创始成员国、经济合作与发展组织（Organization for Economic Co‐Operation and Development，OECD）的正式成员。1991 年 2 月，波兰与捷克、斯洛伐克和匈牙利共组维谢格拉德集团。2004 年 5 月 1 日，波兰正式加入欧盟（European Union，EU）。加入欧盟后，波兰又缔结或承认了多个自由贸易协定。除与欧洲自由贸易联盟（European Free Trade Association，EFTA）、瑞士（自由贸易区）和土耳其（关税同盟）签订的这三个协议外，其他主要协定还包括：欧盟与地中海国家的联系协议，与原南斯拉夫国家的稳定和联系协议，与墨西哥和智利签订的联系协议，与南非的贸易、发展与合作协议，与韩国的自由贸易协定，与哥伦比亚和秘鲁的多边贸易协定，及与中美洲国家的贸易协定。

从商品结构来看，机电产品、运输设备和贱金属及其制品是波兰的主要出口商品，2016 年出口额及占波兰全年货物出口总额比例分别是：机电产品 493.2 亿美元，占比 24.4%；运输设备 298.0 亿美元，占比 14.7%，贱金属及其制品 190.2 亿美元，占比 9.4%。此外，纺织品及原料的出口额有所增长，增幅为 11.2%。波兰进口的前三大类商品同样是机电产品、运输设备和贱金属及其制品，2016 年进口额分别为机电产品 493.4 亿美元、运输设备 227.3 亿美元和贱金属及其制品 207.4 亿美元，与上年同期相比，三项产品进口额分别减少 4.0%、增长 3.4% 和增长 1.2%，另外，矿产品的进口额降幅较多，下降 15.8%。[①]

---

① 中华人民共和国商务部：《2016 年波兰货物贸易及中波双边贸易概况》，国别报告网，https：//countryreport. mofcom. gov. cn/record/qikanlist110209. asp？qikanid ＝9117&title ＝2016% E5% B9% B4% E6% B3% A2% E5% 85% B0% E8% B4% A7% E7% 89% A9% E8% B4% B8% E6% 98% 93% E5% 8F% 8A% E4% B8% AD% E6% B3% A2% E5% 8F% 8C% E8% BE% B9% E8% B4% B8% E6% 98% 93% E6% A6% 82% E5% 86% B5。

2016 年波兰服务贸易出口情况见图 3 - 1。

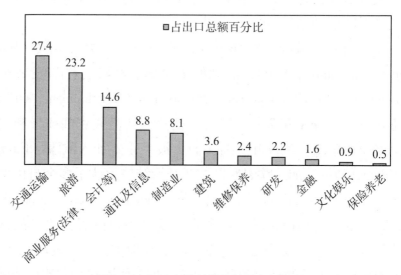

图 3 - 1   2016 年波兰服务贸易出口情况

2016 年波兰服务贸易进口情况见图 3 - 2。

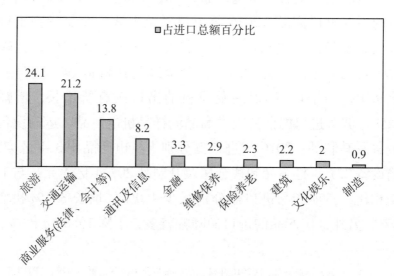

图 3 - 2   2016 年波兰服务贸易进口情况

二、中波双边贸易情况

中波双边经贸关系始于1950年，前后经历了三个主要的发展阶段，分别是：1950～1989年政府间协定贸易阶段；1990～2003年经贸合作转型和发展阶段，该阶段的代表性协定是两国于1993年签订的《经济贸易关系协定》；以及2004年以来中波友好合作伙伴关系框架下新的发展阶段，2004年6月中波双方签订新的《经济合作协定》，替代了原《经济贸易关系协定》。近年来中波两国高层频繁交往，2011年、2015年波兰两任总统访华，2012年中国—中东欧领导人首次会晤在华沙举行，开启了中国—中东欧"1+16"合作机制，中波两国关系不断升温，为经贸合作营造了良好氛围，双边贸易增长迅速。2016年波兰与中国货物进出口额为174.7亿美元，较2015年增长5.7%。其中，波兰对中国出口19.0亿美元，减少5.6%，占波兰出口总额的0.9%；自中国进口155.7亿美元，增长7.2%，占波兰进口总额的7.9%；波方逆差136.6亿美元，增长9.3%。目前，波兰是中国在欧盟第九大贸易伙伴和中东欧地区最大贸易伙伴。中国则是波兰第22大出口市场和第2大进口来源国，具体见表3-3、表3-4。

表3-3　　　　　2016年波兰对中国出口主要商品构成（类）

单位：百万美元

海关分类	HS编码	商品类别	出口商品（类）	上年同期	同比（%）	占比（%）
类	章	总值	1 902	2 015	-5.6	100.0
第16类	84-85	机电产品	582	505	15.1	30.6
第15类	72-83	贱金属及制品	485	774	-37.3	25.5
第7类	39-40	塑料、橡胶	167	143	17.2	8.8
第20类	94-96	家具、玩具、杂项制品	152	134	13.1	8.0

波

兰

65

续表

海关分类	HS 编码	商品类别	出口商品（类）	上年同期	同比（%）	占比（%）
第6类	28－38	化工产品	105	104	1.1	5.5
第17类	86－89	运输设备	97	78	25.0	5.1
第1类	01－05	活动物；动物产品	75	76	－0.8	4.0
第5类	25－27	矿产品	51	25	106.3	2.7
第18类	90－92	光学、钟表、医疗设备	49	39	24.4	2.6
第13类	68－70	陶瓷；玻璃	32	28	14.6	1.7
第4类	16－24	食品、饮料、烟草	28	56	－50.8	1.5
第9类	44－46	木及制品	23	10	117.9	1.2
第11类	50－63	纺织品及原料	18	12	46.2	1.0
第10类	47－49	纤维素浆；纸张	18	12	41.5	0.9
第2类	06－14	植物产品	11	9	24.0	0.6
		其他	9	8	3.9	0.5

资料来源：中华人民共和国商务部：《2016 年波兰货物贸易及中波双边贸易概况》，国别报告网，https：//countryreport. mofcom. gov. cn/europe110209. asp？p_coun ＝% E6% B3% A2% E5% 85% B0。

表 3－4　　　　　　2016 年波兰自中国进口主要商品构成（类）

单位：百万美元

海关分类	HS 编码	商品类别	进口商品（类）	上年同期	同比（%）	占比（%）
类	章	总值	15 566	14 516	7.2	100.0
第16类	84－85	机电产品	8 158	7 736	5.5	52.4
第11类	50－63	纺织品及原料	1 372	1 279	7.2	8.8
第20类	94－96	家具、玩具、杂项制品	1 354	1 124	20.4	8.7
第15类	72－83	贱金属及制品	1 218	1 159	5.0	7.8
第7类	39－40	塑料、橡胶	607	540	12.4	3.9
第6类	28－38	化工产品	520	506	2.7	3.3
第18类	90－92	光学、钟表、医疗设备	502	465	7.9	3.2
第17类	86－89	运输设备	412	384	7.2	2.7
第12类	64－67	鞋靴、伞等轻工产品	377	352	7.2	2.4
第13类	68－70	陶瓷；玻璃	289	252	14.7	1.9
第8类	41－43	皮革制品；箱包	204	189	8.1	1.3

续表

海关分类	HS 编码	商品类别	进口商品（类）	上年同期	同比（%）	占比（%）
第 1 类	01 – 05	活动物；动物产品	131	140	– 6.0	0.8
第 10 类	47 – 49	纤维素浆；纸张	101	81	24.1	0.7
第 9 类	44 – 46	木及制品	78	78	0.0	0.5
第 2 类	06 – 14	植物产品	72	67	6.8	0.5
		其他	173	163	5.8	1.1

资料来源：中华人民共和国商务部：《2016 年波兰货物贸易及中波双边贸易概况》，国别报告网，https：//countryreport. mofcom. gov. cn/europe110209. asp？p_coun＝% E6% B3% A2% E5% 85% B0。

中国作为波兰在亚洲最重要的经济合作伙伴之一，"一带一路"的提出对波兰来说是一个与中国扩大经济合作范围的机会。对此，波兰政府及其经贸部门多次对"一带一路"表示大力支持，并对中波双方的合作共赢充满期待。

第二节　波兰贸易管理体制

一、波兰贸易主管部门

（一）经济发展部

经济发展部为波兰主管贸易的政府部门，其职能包括：制定与外国经济合作的目标；根据欧盟与第三国贸易政策的规定，特别是在欧盟共同商业政策框架下，与国际经济组织开展合作；促进波兰经济发展，包括支持出口和对外投资、吸引外国直接投资；控制涉及国家安全的战略性商品、技术和服务的贸易；管理商品和服务贸易及技术进出口事宜。[①] 受经济发展部管辖的部门包括：

1. 贸易和服务司负责：

（1）在全国范围内开展商业贸易活动；

（2）管理货物和服务贸易；

（3）限制货物和服务的交易管理手段；

（4）管理在波兰境外注册的公司的分支机构或代表处，包括作出这些分支机构或代表处、外国企业家以分支机构或代表处的形式不得在波兰开展业务的决定。

2. 国际合作司负责组织和协调国际经济合作，以及有关双边经济合作协定和促进与保护投资协定的相关事项：

（1）在出口和国际投资方面支持在国外市场的波兰企业家；

（2）参与制定和执行与第三国贸易规则有关的工作（包括制定和执行与欧盟和世界贸易组织内部贸易政策有关的工作）；

（3）管理波兰与国际经济及援助组织合作的相关事务。

3. 出口政策司负责编制、执行和监管与波兰出口政策有关的事项。此外，出口政策司还负责规划、协调和执行只在促进波兰进口的相关事务。

4. 受经济发展部和财政部监督、管辖的其他行政机构包括：

（1）中央办公室；

（2）政府采购办公室；

（3）波兰专利局；

（4）技术检验办公室；

（5）波兰认证中心。

5. 经济发展部和金融部还代表国库管理下列机构：

（1）工业发展署；

---

① 外交部：《波兰贸易》，中华人民共和国驻波兰共和国大使馆经济商务参赞处网站，ht-tp：//pl. mofcom. gov. cn/aarticle/ddfg/waimao/200208/20020800038336. html。

（2）基础设施投资基金；

（3）波兰信息和外国投资局。

（二）海关

波兰的海关管理机构隶属于财政部，海关关长由财政部一位副国务秘书担任，另由财政部长任命海关委员会主任。目前波兰海关下辖控制和税务稽查司、关税司和服务司三个司局，全国设有16个海关委员会、46个海关办公室、151个分支机构（含51个服务口岸）。

1. 海关委员会的职责范围包括：

（1）打击有违海关法、消费税法或赌博法的犯罪；

（2）控制过程中的风险管理；

（3）审计程序；

（4）对共同农业政策涵盖的商品进行控制；

（5）进行涉及海关法、消费税法或赌博法的二次审查；

（6）关税、消费税、赌博税和保证金的结算；

（7）执行债务；

（8）商品清算。

2. 海关办公室的职责范围包括：

（1）关税、消费税、赌博税和保证金的征收；

（2）进行涉及海关法、消费税法或赌博法的初次审查；

（3）实施刑法和财政领域内的调查程序；

（4）依照海关法、消费税法或赌博法对经商者进行控制；

（5）对需征收消费税的商品贸易市场和赌博机市场进行控制；

（6）对征税货物的流动进行监控。

3. 海关分支机构的职责范围包括：

（1）处理海关申报；

（2）接受消费税申报；

（3）对商品和运输方式进行控制；

（4）对原产地证书和货物通关状态证明文件进行验证。

2004 年 5 月 1 日，波兰加入欧盟，波兰与相邻成员国之间的海关边界（即德国、捷克共和国、斯洛伐克、立陶宛相邻边界以及与所有成员国的海上边界）从此消失。波兰海关成为保护欧盟关税领域边界的一部分，在这个领域内，人员、商品、服务和资本皆可自由地流通。2007 年，波兰加入申根区，波兰海关开始执行欧盟统一海关法和海关工作要求。根据欧盟及波兰相关法律，作为欧盟的成员国，波兰海关的职责变为对通过波兰进出欧共体海关区域的货物进行相关管理，主要职能包括国际流动商品的管理、征收关税和边境增值税等、反走私以及反海关欺诈等。根据欧盟和欧洲自由贸易联盟的规定，波兰海关使用联合海关程序，即只需一个报关单即可完成与周边 21 个国家的货物周转，加快了清关速度。[1]

（三）其他重要管理机构

1. 波兰农业与农村发展部。

波兰农业与农村发展部管理涉及农产品贸易的有关事务。波兰农产品及食品进出口的检验、检疫、许可和禁入等工作由农业与农村发展部及其下属的兽医检疫总局、农业市场署、农产品与食品质量检验总局、国家植物卫生与种子检疫总局等机构负责。

2. 竞争和消费者保护局。

竞争和消费者保护局负责管理正在进行的货物贸易，主要职责为保护消费者的利益和权利以及国家的经济利益。竞争和消费者保护局可对货物的安全性发起调查，对于不符合《波兰产品安

---

① 外交部：《波兰海关及其相关规划简介》，中华人民共和国驻波兰共和国大使馆经济商务参赞处网站，http：//pl. mofcom. gov. cn/article/ddfg/haiguan/201408/20140800711275. shtml。

全法》的产品，该局可要求企业进行召回，并对企业处以罚款。

二、波兰货物进出口管理机制

波兰在进出口贸易的管理方面比较开放，其境内的所有商事实体（包括外国公司）都有权进行进出口贸易，但是其进出口贸易受到欧盟整体的贸易措施的制约。根据《欧共体条约》第133条的规定，自2004年5月1日波兰成为欧盟成员国后，波兰与非欧盟国家（第三国）贸易需统一适用欧盟共同政策措施，包括共同贸易、共同关税等，同时欧盟与第三国签订的国际贸易协议直接适用于波兰。共同贸易政策的制定和执行在欧盟层面进行，欧盟理事会或欧委会通过直接适用的条例规定贸易手段，欧盟委员会负责政策执行以及进行反倾销、反补贴和保障措施调查；而波兰政府的职权范围则包括发放进出口许可，以及规定除经济原因以外（如保护人类和动物的健康）的进出口限制。

（一）进口管理

波兰的进口管理分为欧盟和波兰本国这两个层面进行，但其彼此之间也有密切联系。总的来讲，波兰遵从欧盟的许可证制度，并在欧盟法律允许的范围内进行适合本国情况的修改。

欧盟的进口管理制度包括许可证制度和各种技术标准、卫生和植物卫生标准两部分。

1. 许可证制度。

许可证制度将进口货物分为监控、需要许可证和不需许可证三类。目前，被欧盟采取监控措施的进口产品主要包括来自第三国的部分钢铁产品、部分农产品和来自白俄罗斯的纺织品。被采取监控措施的产品需要提交可能包括监控档案（surveillance document）在内的材料并经过审批，货物入关后的流向和使用也可能被欧盟监控。其他进口商品是否需要许可证，进口商可到欧盟关税网和欧盟贸易工具网进行查看（详见附录）。此外，欧盟还将各种技术标准、卫生和植物卫生标准作为进口管理手段。有关具体规定可以查询欧盟网页：产品立法的政策领域。

波兰对进口货物同样采取许可证制度，具体包括：（1）自动登记许可证，该制度仅适用于部分进口商品；（2）配额制度，这是一种限制商品向欧盟进口的措施。配额管理权限属于欧盟，波兰行政机关的任务是从欧盟委员会获得配额信息后发放进口许可证。配额按先到先得的原则进行分配，或按企业申请配额的总量的一定比例进行分配，也可按企业以往销售业绩的比例进行分配。配额商品进出口许可证的有效期一般为120天。

根据货物是否属于农产品，许可证需向经济发展部或农业部申请。申请许可证需交纳一定费用。如存在以下四种情况，许可证将不予签发：申请人未能满足许可证的全部规范要求；申请人被法庭判定有税务方面的罪行，且在判决有效期内；享受的配额已经用完；申请人不能交纳费用。申请此类许可证时，企业需交纳许可证押金，如果许可证的使用超过规定额度的95%，则退还全部押金；如使用许可证的额度少于95%，则部分退还。押金无利息。

另外，波兰对汽油、柴油、燃油、葡萄酒以及其他含酒精饮料、烟草制品等进口采取数量限制措施。枪支、弹药、放射性物质、某些化工产品、含酒精饮料和某些食品和农产品的进口必须申办经营许可证和特许执照。

由于欧盟各成员国的许可清单以及对进口货物的代号编码可能各有不同，对于进口货物的具体要求及配额数量，进口商仍需向经济发展部或农业部进行查询。

2. 安全检验与标示要求。

波兰从 2003 年开始使用欧盟货物质量与安全标准，并于当年通过了"商品质量安全标准"，其主旨是由生产者承担产品质量与安全的责任，即如果消费者或用户发现某种产品存在缺陷，则该产品制造商将承担由此产生的责任，包括接受经济处罚。根据波兰《检验和认证法》的规定，凡可能威胁生命、健康和环境的国产及进口产品应申报安全检验并标贴安全 B 标志。检验认证工作由波兰检验和认证中心（Polish Center for Testing and Certification，PCBC）及其授权的检验和发证机构进行。如产品没有标贴安全标志或不符合技术安全要求就进入波兰市场销售，则该产品的销售收入将被依法没收，并可能被处以罚款。

需要进行强制性安全检测的商品目录由检测和认证中心发布，企业可登录其官方网站进行查询（详见目录）。需进行强制性安全检测的商品一般涉及：钢材制品、金属制品、机器设备、精密仪器、运输工具、电子产品、建材、玻璃制品、木材和纸张、部分服装和纺织品、劳保鞋和手套、玩具等。

3. 农产品食品贸易规定。

欧盟每年都会通过指令或法规的形式制定繁多的与农产品相关的质量标准，而欧盟各国可依据本国情况进行适度修改，导致出口到欧盟的农产品面临不同的质量标准，增加了标准的不确定性，导致出口企业产生额外支出和运营成本。

根据波兰《进出口农产品食品国家标准监督法》，农产品食品进出口商应向波中央标准检查局的分局、边境及地方标准检查点申请对其进出口农产品食品进行质量鉴定。申请应说明申请人、进出口商、商品名称、种类、数量、质量等级、包装方式、合同形式、供货人或生产商名称及地址、商品的出口目的国、建议鉴定的地点和时间、进出口商授权领取鉴定书或提出上诉的人员姓名、填写申请的地点、日期等。如对检查员鉴定结果不服，在接到鉴定书的同时可立即通过该检查员向中央标准检查局提出上诉，中央检查局接受上诉后会组成三人委员会进行复审。

受波兰《进出口农产品食品国家标准监督法》的农产品食品主要包括：牛肉及内脏、猪肉及内脏、家禽肉及内脏、鱼、牛奶、黄油、奶酪、土豆、西红柿、洋葱、蒜、大葱、白菜、菜花、胡萝卜、蘑菇、果汁、咖啡、茶叶、调料、玉米、大米、黑麦、大麦、小麦、燕麦、面粉、食用油、白糖、饮用水、酒、香烟等。

4. 动物检疫规定。

欧盟有专门的委员会为进口动物制定额外健康标准。所有动物进口产品必须携带符合健康标准的许可证。通常来说，此类许可证必须由欧盟以外的出口国的权威机构的兽医签发，确保进入欧盟的产品已经达到了应有的标准。当产品抵达欧盟时，进口动物连同健康许可证必须接受指定边境检查站（Border Inspection Post，BIP）的官方兽医的检查和验证。当产品到达最终目的的时仍需接受更进一步的检查。

根据波兰动物检疫规定，活动物、鲜冻肉及肉罐头等进口商应向农业与农村发展部下属的动物检疫司申请动物检疫许可证。进口商品入境时由驻口岸的动物检疫员查验产地国签发的动物检疫证和波农业与农村发展部签发的检疫许可证。申请检疫许可证时应说明产地国、目的国（若属转运）、商品种类和数量、波兰边境口岸名称、动物圈养或屠宰地的地区检疫员签发的检疫许可证。

目前，波兰只从那些向欧盟出口动物及产品的国家或地区进口同类产品，一旦欧盟停止从某地进口，波兰则立即采取同样行动。对波兰出口的肉及制品应来自获得向欧盟或美国出口许可权的企业，或根据双边协议经波农业部检疫人员实地调查认可的企业。除此之外的企业生产的产品可能被波兰拒绝进口。

5. 植物检疫规定。

波兰植物检疫工作由农业部与农村发展部下属的国家植物检疫总局负责。进口植物及植物产品应在波边境口岸接受驻口岸的植检人员检查，并出示产品原产国有关机构签发的植物检疫证书。如需要，波检疫人员可取样化验。植检人员根据检查签发允许货物入境或销毁、退回的决定。烘干的咖啡豆、茶叶、可可粉、植物调料、原装草药、冷冻果蔬、10 公斤以下欧洲产鲜果蔬菜无须进行植物检疫。禁止入境的植物、植物产品及有害生物目录由农业部部长发布。

中波两国之间已经签署了植物检疫协定。该协议于 1994 年 9 月 22 日在北京签订，并于次月生效。该协定对缔约双方之间植物和植物产品进出口过程中的检疫要求、证书文件等都做出了规定。

（二）出口管理

根据欧盟出口管理法规，当短缺物资、敏感技术、初级产品出口将导致共同体产业损害时，成员国须马上通报欧委会及其他成员国。欧委会和成员国代表组成咨询委员会启动磋商，采取出口数量限制等措施减小损害。保护措施可针对某些第三国或针对某些欧盟成员国的出口。原则上讲，此类措施应由理事会以有效多数作出，欧委会在紧急情况下也可直接采取措施。欧盟法规还规定，出于公共道德、公共政策、人类和动植物健康保护、国家文化遗产等需要，或为防止某些重要产品供应出现严重短缺，欧委会和成员国政府有权对出口产品实行限制。

欧盟出口贸易限制政策属于欧盟共同外交与安全政策的一部分，如欧盟对中国的武器出口禁令。此外，欧盟还对两用产品和技术实行出口管制。欧盟理事会第 1183/2007 号法规[1]附有一份禁止出口长单，并详细规定了共同体出口授权体系、信息交换条例、成员国间磋商等内容。

除了采用欧盟的出口管理法规，波兰在本国层面也有一些补充性的出口限制。这类管理法规大部分是出于外部的原因，例如其他国家对波兰出口采取限制措施的补充手段（如由于欧盟对一些钢铁制品实行双重检查制而实行的这些产品出口的自动登记）、波兰签署的国际协议（如在 WTO 纺织品和服装协定范围内采取的向美国出口纺织品和服装的配额限制）。波兰自主实行的限制只涉及活鹅和鹅蛋的出口，实行出口禁令是为了保护基因材料。

（三）进出口禁令

欧盟法律允许成员国为保护社会公德和安全、人的健康和生命、动植物、具有艺术、历史或考古价值的国家宝藏或者保护商业和知识产权的理由，在进出口和过境时使用禁令、限制或监管手段，但措施不能构成歧视或变相限制。欧盟法令涉及的禁令包括：

（1）某些可用于执行死刑、酷刑或其他残忍的、非人道的和虐待或惩罚的工具；

（2）侵犯某些知识产权的商品；

（3）伊拉克文物进出口；

（4）向利比里亚出售、无偿转交或提供与军事活动有关的技术援助，从利比里亚进口未加工的钻石、木材和木制品；

（5）某些种类野生动物的皮毛和其他制品的进口；

（6）濒危动植物贸易（Convention on International Trade in

---

① 欧盟官方期刊：《对〈2007 年 9 月 18 日第（EC）1183/2007 号法规〉的勘误以及对〈关于设立双重用途物品和技术的进口控制的共同管理制度的第（EC）1334/2000 号法规〉的修订和更新》，欧盟法律数据库网站，http：//eur－lex.europa.eu/legal－content/EN/TXT/？qid＝1506474190676&uri＝CELEX：32007R1183R（01）。

Endangered Species，CITES）；

（7）自乌克兰进口无矿物油含量标准确认证书的葵花籽油；

（8）猫、狗皮及其制品的进出口和市场交易。

根据波兰国内法（部长会议法令），波兰禁止从第三国进口某些种类海豹幼仔的皮革及其制品，禁止进口石棉及其制品。

三、关税规定

自波兰加入欧盟后，其商品的进出口政策便与欧盟的政策保持一致。这意味着，欧洲共同体的整个领域成为一个单独的关税区，波兰和其他欧盟成员国之间的贸易取消关税。欧盟成员国接受共同海关税则（Common Customs Tariff，CCT），该税则适用于欧盟外部边界的商品进口，为欧盟所有成员国通用，但具体税率根据商品种类及进口国家不同而有所差异，税率主要依商品的经济敏感性确立。

在波兰现行的关税措施中，除欧盟设置的常规税率外，还设置了关税配额、关税上限，以及全部或部分关税的暂停三项措施。

与前述进口配额不同，关税配额措施是指一定数量的商品可在配额期内以优惠税率进口的措施。关税配额可通过许可证制度授予，或在边境根据"先到先得"原则获得。在后者的情况下，企业可直接向边境的海关部门申请。

关税上限是一种灵活的配额形式。根据该项制度，当进口商品数额超过可享受优惠税率的数额时，并不自动终止全部货物优惠税率待遇，而是仅对超过部分适用常规税率。关税上限由海关部门管理。

全部或部分关税的暂停，该措施是指在特定的暂停期间将不限定可享受优惠税率的进口商品数量和价值，而是自动以优惠税率计算，对企业而言是非常便利的优待措施。

第三节 波兰对外贸易法律体系及基本内容

一、欧盟对外贸易法律制度

自 1990 年起，波兰对外贸易管理体制进行了彻底改革，取消了垄断性外贸经营的管理体制。根据波兰法律规定，所有经济实体享有经营对外经济贸易的同等权力。波兰成为欧盟联系国和加入世贸组织之后，其外贸管理体制逐步与欧盟共同贸易政策一致，进出口贸易主要通过关税、汇率等经济手段进行调节，除少数商品受许可证、配额等限制外，其余商品均放开经营。成为欧盟成员国后，波兰更加融入了欧盟整体的对外贸易管理体制。

欧盟共同贸易政策最初仅涉及关税税率的改变、关税和贸易协定的缔结。进出口政策在 1999 年 5 月生效的《阿姆斯特丹条约》之前只包括货物贸易，《阿姆斯特丹条约》将其覆盖范围扩展到大部分服务贸易，2003 年 2 月生效的《尼斯条约》又将其扩及所有服务贸易和与贸易相关的知识产权。2009 年 12 月生效的《里斯本条约》则重点在外国直接投资（FDI）领域进一步扩大了欧盟在贸易政策领域的权限。

目前欧盟的进口管理法规为 1994 年制定的《关于对进口实施共同规则的（EC)3285/94 号法规》以及《关于对某些第三国实施共同进口规则的（EC)519/94 号法规》。后者适用于欧盟定义的"国有贸易国家"。鉴于纺织品和农产品在多边贸易框架中的特殊安排，欧盟分别制定了纺织品和农产品的进口管理法规。适用于纺织品的进口贸易立法主要包括《关于对某些纺织品进口实施共同规则的（EC）3030/93 号法规》和《关于对某些第三国纺织品实施共同进口规则的（EC）517/94 号法规》，后者随着 2005 年 1 月 1 日世界纺织品贸易实现一体化而终止。农产品进口贸易立法主要包括《关于实施乌拉圭回合农业协议所需采取措施的（EC）974/95 号法规》《关于农产品共同关税术语调整程序的（EEC）234/79 号法规》《关于某些农产品加工产品的贸易安排的（EC）3448/93 号法规》等。

出口管理法规主要包括《关于实施共同出口规则的（EEC）2603/69 号法规》《关于文化产品出口的（EEC）3911/92 号法规》《关于危险化学品进出口的（EEC）2455/92 号法规》《关于出口信贷保险、信贷担保和融资信贷的咨询与信息程序的（EEC）2455/92 号决定》《关于在官方支持的出口信贷领域适用项目融资框架协议原则的（EC）77/2001 号决定》《关于设定农产品出口退税术语的（EC）3846/87 号法规》以及《关于建立两用产品及技术出口控制体系的（EC）1183/2007 号法规》等。

二、波兰对外贸易法律制度

除上述欧盟的外贸法律和规定外，波兰国内有关贸易的主要法律有：《民法》《商业公司法》《经济活动法》《商品和服务对外贸易法》《防止商品过量进入波兰关境法》《防止某些纺织品和服装过量进入波兰关境法》《外汇法》等，这些法律形成了对欧盟对外贸易法律和规定的补充。

（一）波兰现行关税法律制度

作为欧盟成员国，波兰接受欧盟共同海关税则，适用欧共体统一关税税率（Tarif Intégré de la Communauté，TARIC）。在此基础上，波兰的关税法律、法规和行政规章体系还包括以下内容：《2009 年 8 月 27 日海关法案》《2010～2015 年波兰海关行动策略》《2010～2012 年波兰海关反贪污计划》《海关烟草产品走私经营策略》《海关危机应对方案》《海关发展方向－3i－网络、情报、创新》。

（二）双边及多边协定

1. 避免双重征税协定。

中国与波兰于 1988 年 6 月 7 日在北京签署了《中华人民共和国政府和波兰人民共和国政府关于对所得避免双重征税和防止偷漏税的协定》，以保护两国居民和非居民的所得不被重复征税，该协定于 1989 年 1 月 1 日生效。根据该协定，中国企业通过设在波兰的常设机构在波兰营业，其利润可以在波兰征税，但应仅以属于该常设机构的利润为限。在确定常设机构的利润时，应当允许其扣除各项费用，包括行政和一般管理费用，不论其发生于波兰还是其他任何地方。对于银行来说，利息收入可以在中国按中国税率征税，也可以在波兰按波兰税率征税。如果收款人是利息受益所有人，则所征税款不应超过利息总额的 10%。对于中国国有银行通过间接提供资金在波兰获得的利息收入，应在波兰按波兰税率征税。中国企业在进出口贸易过程中产生的多项纳税义务均可适用本协定。

2. 海运合作协定。

中国与波兰于 1996 年 10 月 22 日在华沙签订了《中华人民共和国政府和波兰共和国政府海运合作协定》，以扩大和加强海运方面的合作。该协定于 1997 年 4 月 18 日生效。根据该协定，缔约各方在其港口、领海和其他在其主权管辖下的水域给予缔约另一方最惠国待遇，包括港口进入、收取港口规费和使用费等；

同时尽可能简化和加速办理海关及港口其他手续，避免船舶不必要的延误；互相承认对方国家下发的船舶证书、船员证件等文件；对缔约方航运公司以船舶从事国际海运取得的收入和利润避免双重征税等。①

3. 关税管理协定。

波兰与相邻的乌克兰和白俄罗斯等国之间还存在关税管理的互助协定，如果发现逃避海关管理的违法行为，波兰海关可以向签订协议的各国海关请求协助，各国海关应迅速采取应对措施协助打击违法犯罪行为。

三、波兰反倾销与反补贴法律制度

波兰是中东欧地区国家中最早对中国采取贸易救济措施的国家。早在波兰加入欧盟前，就对中国出口的自行车和打火机实施过反倾销调查，并对部分鞋类和电熨斗两种产品实行过保障措施。其中自行车因申诉企业破产倒闭而未实施限制措施，但是其他三种商品均被施加了时间长度不等的反倾销税和海关附加税等。

2004 年 5 月 1 日波兰加入欧盟后，反倾销和反补贴调查、认定和救济等权限全部转移至欧盟统一管理。波兰加入欧盟前对中国产品所采取的反倾销或保障措施，无论其最终结束期限为何时，全部自动中止。此后波兰作为欧盟统一市场的一部分，统一适用欧盟采取的反倾销与反补贴措施。欧盟在判断外国商品对欧盟统一市场的损害时，波兰市场状况将被纳入判断范围；同时符合欧盟规定的波兰企业可以向欧盟委员会提起反倾销反补贴调查的申请。

---

① 《中华人民共和国政府和波兰共和国政府海运合作协定》，甘肃省政府法治信息网，http：//www. gsfzb. gov. cn/FLFG/Print. asp？ ArticleID = 22081。

现行欧盟反倾销法的基本渊源就是《1995 年 12 月 22 日欧共体理事会关于抵制非欧共体成员国倾销进口的第 384/96 号规则》，即 1996 年《欧盟反倾销条例》，它被看作是欧盟反倾销诉讼的"基本法"此外，欧盟理事会针对该条例的修订以及欧盟委员会就反倾销事项所做的决定、欧洲法院就反倾销案件所做的判决也都是欧盟反倾销法的有机组成部分。此外《关贸总协定》和《国际反倾销协定》也都适用于欧盟及其成员国。中国企业与波兰进行贸易活动时也应注意遵守上述法律法规，并注意欧盟针对中国的反倾销反补贴决定及其动向。

第四节　波兰贸易法律风险与防范

一、违反技术性规范的风险与防范

作为欧盟成员国，波兰在货物的质量与安全标准、特殊货物的专门标志等方面有严格的规定。违反此类规定的后果一般包括禁止进入市场、没收货物或违法销售所得、罚款等。

在处罚严厉的同时，欧盟和波兰贸易管理机构在这方面也有较为明确的规定，可供生产商、销售商查询，上面内容中也对此有所介绍。生产商和销售商应事先了解相关规定，并严格遵守。

二、违反农产品食品贸易要求的风险与防范

除了欧盟对农产品和食品安全、健康水平的高标准严要求

外，作为农业国家，波兰对农产品和食品的进口管理也是相当严格，不但出台了专门的《进出口农产品食品国家标准监督法》进行规范，还将农产品、食品、动植物等可能影响其本国农业的货物进出口管理职权从主管进出口贸易的经济发展部剥离，交由农业与农村发展部管理。进出口商在进行该方面活动（特别是对波兰进行出口）时，应特别注意相关要求。

三、违反检疫规定的风险与防范

在动物及动物制品检疫方面，波兰长期与欧盟保持一致，只从那些欧盟进口动物及动物产品的国家和地区进口同类产品，对供应企业也采取许可制，未经许可的企业根本不能向波兰出口动物产品，特别是肉和肉制品。在植物检疫方面，中波之间虽然存在双边协定，但协定的主要原则仍然是严格遵守对方国家的植物检疫要求。波兰检疫规定的严格由此可见一斑。而对于未能达到要求或违反检疫规定的货物，主管机关可以对货物采取禁止入境、退回或销毁等措施，对企业也可根据情况采取处罚措施。

四、知识产权法律风险与防范

对知识产权的保护和监管不力曾经是波兰市场广受国际贸易商和投资者诟病的主要问题之一。加入欧盟以后，波兰加大了对知识产权的保护力度，力图改变其负面形象。近年来，通过政府的努力，波兰市场在知识产权保护和监管方面取得了相当的成效，国际贸易商的知识产权利益得到了保护。但同时，国际贸易商也应当更加注意遵守知识产权保护的规定，避免受到处罚。

波兰

五、进出口许可风险与防范

根据前述对波兰进口管理和关税规定的介绍，企业对波兰进行出口前应根据自身经营的商品的性质，清楚了解波兰对该类商品的管理和限制要求。特别是波兰采取进口数量限制的产品如汽油、柴油、燃油、葡萄酒以及其他含酒精饮料、烟草制品等，应事先确认限制数量，不要超量出口，以免被拒绝入境导致损失，甚至受到处罚。对枪支、弹药、放射形物质、某些化工产品、含酒精饮料和某些食品和农产品等必须申办经营许可证和特许执照，应事先办理好相关手续，否则可能受到严厉处罚。

六、医药制品贸易风险与防范

包括波兰在内的多个欧盟国家在医药制品准入方面的政策受到部分国际制药公司的批评，包括政策的相关程序缺乏透明度，商品定价和价格控制政策的制定缺乏必要的市场参与等。这些问题导致了波兰医药制品市场的不确定性和不可预测性。同时，欧盟对医药制品的准入政策和检验极其严格，且近期欧洲药品局（European Medicines Agency，EMA）对关于披露临床试验数据的政策进行了修改，可能导致制药公司向 EMA 提交的商业机密信息被披露。

七、其他风险与防范

波兰法院制度较为复杂，审理程序漫长，我国出口商和投资者对波兰法律规定及当地纠纷解决机制尚不熟悉，可能会因此产生额外的负担。部分外国公司也曾对此表示不满，认为波兰司法程序的复杂性导致他们丢失了商机，公司与商业伙伴执行合同条款的能力也受到了限制。对此问题，中国企业在向波兰进行进出口活动前应有充分认识。本书第七章波兰争议解决法律制度中对相关问题和防范措施也有所介绍。

第五节　典型案例

一、反倾销案例

2001 年 7 月 16 日，欧盟委员会对来自中国的节能灯实施反倾销措施，征收最高达 66.1% 的反倾销税，有效期 5 年。2005 年欧盟委员会又宣布对来自越南、巴基斯坦和菲律宾三国的节能灯也征收相同的反倾销税作为对中国生产的节能灯采取反倾销措施的补充措施，以免中国生产的节能灯通过以上三国流入欧盟市场。2005 年 10 月，欧盟委员会对即将结束的上述反倾销措施进行公告，并就是否延长反倾销措施向 2000 年提起反倾销调查的欧盟节能灯生产企业征求意见。征求结果显示，欧盟的主要节能灯企业：飞利浦、通用电器、欧司朗和西凡尼亚四家公司中，只有欧司朗赞成对中国企业生产的节能灯进行日落复审，而其他三家，特别是飞利浦和通用电器则明确表示反对继续对中国企业生产的节能灯进行反倾销措施。而从行业份额来看，飞利浦和通用电器对欧盟节能灯市场的占有率超过 50%，由此可见欧盟节能灯市场的主要生产企业已认为中国生产的节能灯对其已不存在不良影响。

然而，欧盟委员会经过反复衡量，仍然于 2007 年 10 月作出决定，延长对中国、越南、巴基斯坦和菲律宾的节能灯的反倾销措施，反倾销税税率维持 66.1%。但在时间规定上欧盟委员会采取了折中措施，仅延长 1 年时间，而非一般日落复审的 5 年时间。

但是飞利浦公司和通用电器公司对欧盟委员会的决定表示不服，飞利浦（波兰）公司于 2007 年 12 月 21 日在欧盟法院提起诉讼，要求判决撤销欧盟委员会的上述决定。飞利浦（荷兰）公司、通用电气（匈牙利）公司和中国杭州某照明设备生产企业也参与了该诉讼。最终，欧盟法院驳回了原告的请求。欧盟法院认可了欧盟委员会做出延长决定的理由，即其对中国、越南、巴基斯坦和菲律宾的节能灯进行落日复审时已充分地注意到了欧盟内部对节能灯的庞大需求，以及中国、越南、巴基斯坦和菲律宾生产的节能灯对欧盟内部同类企业的不良影响减小的事实，但是这并不能否认不良影响的存在，因此做出了仅延长 1 年的决定。欧盟法院最终认定该决定符合欧盟的法律规定。[①]

欧盟委员会和欧盟法院的上述决定令人惋惜，结合 2000 年欧盟对中国产节能灯发起反倾销调查时的种种问题，特别是应诉并申请确认市场经济地位的三家中国企业中，仅有一家外资企业获得市场经济地位的情况（其他两家分别为国有企业和民营企业），欧盟对中国企业在反倾销和反补贴调查上的严厉态度昭然若揭。因此中国企业计划进入波兰，甚至是整个欧盟市场前，一定要做好功课，了解自身生产、经营的货物是否存在被施以反倾

---

① British Aggregates and Others v Commission, Judgment of the General Court (Fifth Chamber) [J]. European State Aid Law Quarterly, Vol. 10, Issue 3, Sep 2011, P. 513.

销反补贴调查的风险。对于高风险企业应特别注意针对欧盟关于申请市场经济地位的标准，对自身进行严格要求，并提前准备好抗辩策略。

同时，随着近年来中国与欧盟贸易往来的逐年加深，中国企业在面对欧盟的反倾销反补贴调查红线时，寄希望于侥幸也不再是中国企业的唯一出路。本案中耐人寻味的一点情况是：飞利浦公司和通用电器公司均是 2000 年向欧盟委员会申请对中国产节能灯发起反倾销调查的公司，当时两家公司都宣称中国生产的节能灯在欧盟的倾销对其生产经营造成了严重损害。然而时隔 5 年，两家公司竟然采取了与当初完全相反的态度，强烈要求取消对中国产节能灯的反倾销措施。其背后的理由我们可在欧盟委员会的调查报告中找到线索：由于当时欧盟正在进行产品的更新换代，需要大量的节能灯替代旧有的非节能产品，整个市场需求量大大超出了飞利浦公司的供应能力。对此，飞利浦公司为了满足供应需求，不得不从中国大量进口节能灯。其结果是以保护当地企业利润为目的的反倾销税反而影响了飞利浦公司的利润。为了获得更大的利润，飞利浦公司采取了与 2000 年截然不同的态度就可以理解了。

虽然飞利浦公司的反对意见未能完全阻止欧盟委员会延长对中国产节能灯的反倾销措施，但是欧盟委员会对该措施仅延长 1 年的决定在一定程度上也是受到了飞利浦公司和通用电器公司态度的影响。可见随着中国技术创新的不断提高和国际贸易关系的不断密切、深入，中国制造如能进一步摆脱大量、廉价、可替代的形象，提高客户对自己产品的依赖度，成为彼此不可或缺的合作伙伴时，不但针对中国企业的贸易审查会趋于减少，贸易对象国为了保障其国内企业更好的发展，还会更加欢迎与中国企业的贸易往来。

二、经验分享

（一）灵活运用商业谈判避免风险

A 公司参与了波兰某项目的设备采购的公开招标。由于该项目为欧盟贷款项目，招标文件中要求商品报价需含税。然而第一次参与对波兰设备出口贸易的 A 公司发现波兰的进口税系统非常复杂，该公司缺乏了解，进行含税报价可能会产生较大的潜在风险。因此，A 公司通过与招标人的谈判，获准提交不含税报价，成功避免了税务风险。

（二）勇于联系政府机构

近年来，波兰努力发展经济，对外资和国际公司抱持相对开放、欢迎的态度，乐于提供服务。因此波兰的政府机构也逐步提高开放程度，主要机构都开设英文网站，并设有公开电话、信箱等以便公众进行相关咨询。联系政府机构进行咨询，甚至进行投诉、提出建议等在外国公司之中实属常见。因此，中国公司应该打消对外国政府和监管机构的恐惧和敬畏情绪，勇敢联系当地政府和主管机构获取信息，减少因不了解要求而走弯路。

除了中央政府外，如果经营活动涉及地方的企业，还应注意与当地基层政府进行联系，特别是县级及以下地区政府。这是中国公司常常忽视的问题，然而这种无心之举却容易引起当地政府和人民的误解，造成不必要的矛盾。

（三）善用商业服务机构

波兰国内提供包括会计、商业咨询、市场调查、公共关系、律师等多种多样的商业服务。对于不熟悉波兰市场惯例和当地规范的外国企业而言，这些商业服务公司能够提供多样且实用的服务，包括提供信息、协助税务工作、协助法律工作、协助联系媒体等。善用商业服务机构往往可以帮助企业避开许多风险。当然，部分商业服务收费不菲，企业需结合自身需要进行考虑。

第四章

波兰工程承包法律制度

第一节 波兰工程承包市场概况

一、波兰基础设施现状及工程承包市场发展前景

波兰地处欧洲腹地，作为连接东西欧的桥梁，地理位置优势十分明显。近年来，波兰经济持续快速发展，经济环境不断改善，外汇储备充裕，货币相对稳定，通货膨胀逐年下降，失业率稳中有降，工程承包市场充满活力。但是，与欧盟其他发达成员相比，波兰的基础设施相对比较落后，高速公路较少，优质公路比例较低，既有铁路设施陈旧，技术老化，空运和海运能力较低，基础设施的现状已经越来越不能满足经济发展和吸引外商投资的需要。

近年来，为改善波兰基础设施特别是交通领域较为落后的局面，波兰政府逐步加大对基础设施领域的投入，国家发展规划中将交通运输网络、港口基础设施建设列为首要任务。波兰基础设施与发展部于 2013 年 1 月公布了《2020 年交通发展战略及 2030

年展望》，对下阶段交通发展做出规划。2015 年初，波兰政府推出《负责任的发展计划》，提出设计制造城市公共交通工具，包括低碳交通工具，如地铁、地区铁路、华沙至罗兹快速铁路。波兰获得的 2014～2020 年欧盟基础设施和环境项目基金中，用于铁路交通的资金有 58.9 亿欧元，用于城市低碳公共交通建设 27 亿欧元。2014～2020 年，欧盟预算拨给波兰 820 亿欧元，用于科研、公路铁路建设、公共交通、企业发展、宽带建设和降低失业率。

中国政府"一带一路"倡议的提出和推进，已经深刻影响到波兰。"一带一路"开发双边新贸易路径的思路与波兰的经济发展政策和规划是一致的。而且，中国的支持将会有助于波兰改善包括铁路、公路、海运、空运等在内的基础设施。

2017 年 7 月 13 日，中国—波兰"一带一路"合作暨物流基础设施投资论坛在波兰首都华沙举行。正在波兰进行访问的全国人大常委会委员长张德江、波兰众议院议长库赫钦斯基、波兰副总理兼经济发展部和财政部部长莫拉维茨基共同出席论坛开幕式并发表主旨演讲。来自中国和波兰基建投资、交通电力、海运物流、信息通讯、工程机械、铁路运输、金融等领域的 230 余名政府和企业代表出席了论坛。论坛的举办加强了中波双方业界的交流和对接，为下一步双方推进物流基础设施领域务实合作奠定了基础。

中波两国关系的友好深入发展以及波兰基础设施领域的巨大市场对中国工程承包企业来说充满了机遇。目前在波中资工程承包企业越来越多，已经初步形成规模。

二、波兰工程承包市场的特点

（一）市场容量大，待建项目多

基于波兰国家基础设施现状及波兰发展的需要，目前波兰建筑工程市场容量巨大，包括高速铁路、公路、机场、港口在内的大项目数量众多。在高速铁路方面，现任政府有很强的意愿着手进行规划和建设。

"一带一路"国际合作高峰论坛期间，波兰副总理兼发展部部长莫拉维茨基表示，将把中央机场打造成为波兰的空中交通枢纽，并与"一带一路"建设进行对接。据报道，中央机场项目预计需要 200 亿波兰兹罗提（约合 53 亿美元），加上围绕机场的公路、铁路等基础设施建设，总投资将达到 300 亿兹罗提（约合 80 亿美元）。[①]

另据波兰投资贸易局驻华办事处代表介绍，2017 年下半年，波兰政府有意在中国寻找承包商就波兰中央港口项目的建设进行接触和磋商。

（二）工程承包市场标准要求高，管理难度大，市场竞争激烈

波兰地处欧盟，建筑工程施工标准高，工期、质量、安全、环保要求严，对施工企业的管理水平有较高的要求。尤其是在环境保护、项目工期要求等方面非常严格，中资工程承包企业进入波兰前一定要有充分的认识和准备。比如，对于提前完工，缩短工期的情况，有时也被认为计划制定不科学或者工程质量未达到标准。[②]

波兰政府非常重视工程施工中对自然环境以及物种的保护。对林木的砍伐规定有特定的时期，甚至会为了不影响某种生物的生存环境而改变施工设计，增加构筑物等。

近年来，随着波兰基础设施建设市场需求的不断扩大，不仅中国的工程承包企业，世界其他各国承包商也纷纷进入波兰，工

---

① http://finance.sina.com.cn/money/future/indu/2017-05-02/doc-ifyetstt4143351.shtml，最后访问日期 2017 年 10 月 15 日。

② 黄艺泽：《如何开拓波兰承包工程市场》，载于《国际工程与劳务》2008 年第 3 期。

程承包市场竞争越来越激烈。

（三）大型项目对承包商的融资能力要求高

目前，波兰基础设施项目主要资金来源包括：

国家公共基金：如财政预算、国家道路基金、铁路基金、国家专项资金、国家环保和水资源管理基金、地方财政预算等；

欧盟基金，主要是欧洲中长期预算项下的融合基金、发展项目资金及其他国外资金；

国际金融机构融资，包括欧洲复兴与开发银行、亚洲基础设施投资银行，其他商业银行信贷等；

特许经营收费：污染收费、通行费等。

尽管波兰政府制定了很多中长期基础设施建设计划，但是受制于政府资金有限，波兰国内金融机构融资能力有限，欧盟援助基金即将于 2020 年结束，届时，波兰将面临不小的资金缺口，很多项目无法开始规划和建设。因此，波兰政府欢迎外国投资者参与当地基础设施建设，特别欢迎有融资能力的承包商进入波兰市场。

第二节 波兰工程承包相关管理机构及规定

一、波兰工程承包相关管理机构

（一）建筑检查总局

建筑检查总局（The General Office of Building Control，GOBC）

是波兰最高建筑管理部门，主要执行建筑法中的有关规定，如作为中央管理部门对一些事务做决策性的决定；监督和管理省、地区级的建设行政管理部门和建筑检查部门；对经认证取得建筑资格的实体、建筑专家、违反相关规定受到处罚的个人等机构和人员进行注册备案。

建筑检查总局的最高领导是建筑总检察官，由波兰总理任免，候选人来自国家人才库，一般均为从事建筑、规划设计和楼宇事务的专业人员。总理同样有罢免总检察官的权利。建筑总检察官负责处理建筑检查的相关事务，特别是与建筑法律和建筑产品法规有关的事务。

建筑检查总局作为中央政府管理部门，是欧洲建筑检查联合会（The Consortium of European Building Control，CEBC）的成员之一，对除了矿业以外的所有建筑均进行管理和检查，同时也收集建筑市场的各项数据进行分析研究统计。

建筑检查总局从职能上被划分成建设行政管理和建筑检查两个相对独立的部门，其基本职责包括：

1. 在建筑法律的范畴内，对以下与建筑有关的事项实施监管和检查：

（1）根据土地发展规划及环境保护要求制订当地建筑发展规划，在人身和财产安全的前提下，结合施工地点和工程性质批准施工项目；（2）确保建筑工程符合波兰现行的建筑行业技术标准；（3）建筑产品的使用。

2. 根据建筑法律的有关决定实施管理：建设行政管理和建筑检查部门会检查施工单位或个人是否遵循建筑法律的有关规定以及在许可的范围内从事建筑活动。

建设行政管理部门和建筑检查部门联合对国内建筑工程、房屋楼宇质量和国内及进口建筑产品进行监督管理，其工作受建筑检查总局和建筑总检察官的管辖。

除建筑检查总局以外，波兰各级政府设置了建设行政管理部门和建筑检查部门，配合建筑检查总局执行建筑法规定的管理职能。

另外，波兰市场竞争和消费者保护局（the Office for Competition and Consumer Protection，OCCP）是政府对维护正常市场竞争秩序、保护消费者正当权益而设立的机构，也有权对市场上销售的建筑产品进行监管，以防止不合格产品在建筑工程中安装、使用，其职责主要包括：

（1）与建设行政管理部门合作；

（2）对建设行政管理部门制订的检查计划提出意见与建议；

（3）与建设行政管理部门交换市场信息，特别是对加强监管防止不合格的建筑产品流入市场；

（4）对所有不合格的建筑产品进行备案登记；

（5）对市场上销售的建筑产品进行检查并收集信息。

（二）基础设施和建设部

基础设施和建设部主要负责波兰全国的建筑、土地规划、住房、道路和交通的联结协调，如公路、铁路等。负责对部范围内的所有相关政府机构的监督管理，例如国家公路和高速公路（GDDKIA）的总理事会。GDDKIA 的负责人属于基础设施和建设部管理。基础设施和建设部是波兰政府最重要的部门之一。部长是本部的负责人，通常还有几位副部长负责具体部门和具体工作。

（三）公共采购局

波兰公共采购局（Polish Public Procurement Office，PPO）是根据 1994 年 6 月 10 日通过的《公共采购法案》设立，成立于 1995 年 1 月 1 日。

PPO 为整个公共采购系统发挥政策制定和协调作用。它是波兰政府内部的独立单位。PPO 总裁由负责经济的部长任命。

PPO 的主要职责包括：草拟有关公共采购的立法条例草案；检查实施程序的规律性；准备培训计划，组织并鼓励公共采购领域的培训活动；在有关公共采购的问题上维持国际合作。

目前该机构共分为 7 个不同的部门，约 130 个工作人员。除内部审计部门外，其他 6 个部门的职责如下：

1. 法律部。

法律部门主要是为公共采购局提供内部和外部的法律服务。该部门负责起草公共采购领域的法律草案，以及解释《公共采购法》规定的条款。同时，该部门也对国家和地方法院的相关诉讼裁决规则进行分析，以确保《公共采购法》的统一执行。

2. 公共采购控制部。

该部主要负责执行对 PPO 主席在包括由欧盟基金共同出资的公共合同方面行使权力的监督和控制；准备控制记录和关于控制程序结果的信息。管制权力是在有关提出的问题和其他合同信息和文件的基础上进行的。该部门还负责监督和控制非欧盟基金的公共合同的执行。

3. 欧盟和国际合作部。

该部门主要负责监督波兰公共采购法律是否符合欧盟的相关规定和要求；分析公共采购领域的国际法及相关协议的发展和变化；与国外机构和国际组织（如经合组织、联合国和欧洲理事会）进行合作。

4. 信息、教育和系统分析部门。

该部门由信息和教育部和分析部构成。主要负责协调处理和信息、培训、教育有关的活动，负责培训方案的准备和组织，组织和鼓励教育项目，收集和编辑各种相关信息，并放在公共信息通报的网站上。同时，该部门还监督公共采购系统的运作，收集相关市场采购资料并进行分析。

5. 上诉局。

上诉局主要是确保法律保护措施系统的运行，包括向国家申诉委员会提供技术上和管理上的支持，准备诉讼的会议纪要，在PPO网站上宣布公共采购的裁决。

6. 组织和金融局。

该部门为PPO所开展的活动提供会计、行政和组织方面的服务。这个部门的任务包括：拟订PPO的预算草案、投资计划和费用计划、准备预算实施的报告和信息。收发信件，收集和存储官方文件并管理PPO的档案。该部门同时管理着内部的计算机网络和PPO的公共网站。

二、波兰主要工程承包方式

近年来，在公共基础设施建设和管理上，波兰政府大多使用和借鉴欧美发达国家的技术标准和项目管理机制、运作较为规范。按照波兰法律规定，公共项目一般采用国际招标方式确定承包商，以EPC、BOT和PPP方式实施的项目比例逐年增加。

（一）设计—采购—施工总承包

设计—采购—施工总承包（Engineering – Procurement – Construction，EPC）合同常用于大规模或复杂项目的工程建设，在涉及机电工程和加工设施的项目中比较常见。EPC合同的主要特点是承包商以确定的总价，在确定的工期内承担工程的设计、采购、施工、调试和试验，向业主交付达到一定性能标准的工程设施。通常，承包商需将完工的设施以交钥匙的方式交付给业主，业主只需要转动钥匙即可运营该设施，因此EPC合同也称为交钥匙合同。目前，波兰国家采用EPC合同模式实施的大型项目占很大比例。

在 EPC 合同模式的基础上，受限于波兰政府的资金不足，波兰当地现汇类项目逐步减少，政府更愿意通过承包商解决项目融资问题，因此，越来越多的大型项目采用了 EPC + F 的模式，即项目的融资由承包商负责，这就对承包商的融资能力提出了更高的要求。

（二）BOT

建设—经营—移交（Build – Operate – Transfer，BOT），是指政府通过契约授予私营企业（包括外国企业）以一定期限的特许经营权，许可其融资建设和经营特定的公用基础设施，并准许其通过向用户收取费用或出售产品以清偿贷款，回收投资并赚取利润；特许权期限届满时，该基础设施无偿移交给政府。

在国际融资领域 BOT 不仅仅包含了建设、运营和移交的过程，更主要的是项目融资的一种方式，具有有限追索的特性。所谓项目融资是指以项目本身信用为基础的融资，项目融资是与企业融资相对应的。通过项目融资方式融资时，银行只能依靠项目资产或项目的收入回收贷款本金和利息。在这种融资方式中，银行承担的风险较企业融资大得多，如果项目失败了银行可能无法收回贷款本息，因此项目结果往往比较复杂。为了实现这种复杂的结构，需要做大量前期工作，前期费用较高。在实际 BOT 项目运作过程中，政府或项目公司的股东都或多或少地为项目提供一定程度的支持，银行对政府或项目公司股东的追索只限于这种支持的程度，而不能无限的追索，因此项目融资经常是有限追索权的融资。正是由于 BOT 项目具有有限追索的特性，BOT 项目的债务不计入项目公司股东的资产负债表，这样项目公司股东可以为更多项目筹集建设资金，所以受到了股本投标人的欢迎而被广泛应用。

（三）PPP

公共部门—私人企业—合作（Public – Private – Partnership，PPP）的模式作为一种项目融资和实施模式，是在20世纪90年代后兴起的，流行于欧洲。在公共基础设施领域，尤其是在大型、一次性的项目，如公路、铁路、地铁等的建设中扮演着重要角色。值得注意的是，波兰国家PPP项目多为小型项目。

波兰被认为是中东欧最成熟的PPP市场国家之一。波兰政府大力支持PPP项目发展，2008年底发布新的波兰PPP法案（the New Polish PPP Act），旨在建立PPP法律体系和加快项目建设进度。自2009年以来，波兰签订的PPP项目合同总额已达到51 180万亿兹罗提。

PPP模式是一种优化的项目融资与实施模式，以各参与方的"双赢"或"多赢"作为合作的基本理念，其典型的结构为：政府方通过政府采购的形式与中标单位组建的特殊目的公司签订特许合同，由特殊目的的公司负责筹资、建设及经营。政府方通常与提供贷款的金融机构达成一个直接协议，这个协议不是对项目进行担保的协议，而是一个向借贷机构承诺将按与特殊目的公司签订的合同支付有关费用的协定，这个协议使特殊目的的公司能比较顺利地获得金融机构的贷款。采用这种融资形式的实质是：政府通过给予私营公司长期的特许经营权和收益权来加快基础设施建设及有效运营。PPP模式的组织形式非常复杂，既可能包括私人营利性企业、私人非营利性组织，同时还可能包括公共非营利性组织（如政府）。合作各方之间不可避免地会产生不同层次、类型的利益和责任上的分歧。只有政府与私人企业形成相互合作的机制，才能使得合作各方的分歧模糊化，在求同存异的前提下完成项目的目标。

波兰的PPP项目发展具有如下特征：

1. 由经济发展部统筹协调全国 PPP 工作。

波兰的经济发展部和财政部等部门在 PPP 相关领域配合非常顺畅。经济发展部统筹协调全国 PPP 工作，财政部根据其职能专门负责 PPP 相关的预算和债务管理工作。2016 年 10 月，波兰经济发展部部长同时兼任财政部部长，与各相关部门协调默契。

2. PPP 立法采用"双轨制"。

波兰不仅有国家层面的 PPP 法（2009 年的一部框架性法律），还有特许经营法（2009 年由交通部制定）和公共采购法作为支撑。目前，波兰正在对该等法律进行修订，按照欧盟最新发布的公共采购指令及其项下的特许经营指令进行调整。

3. PPP 模式主要用于公共停车场、垃圾处理等小型项目。

这一点有别于欧洲及世界其他国家一般将 PPP 模式应用于大型项目。波兰 84% 的 PPP 项目是 5 000 万波兰兹罗提以下的小项目，交通运输类大型基础设施项目仍以政府投资的传统模式为主，同时充分利用欧盟基金无偿提供的款项。同时，波兰的 PPP 项目准备工作一般需要一到两年左右。

4. 项目采用政府付费和特许经营两种类型。

在波兰所有 PPP 项目中，67% 履行特许经营模式，特许经营期不超过 30 年，政府通常会承担兜底责任。波兰经济发展部 PPP 司认为，这种兜底安排并不完全符合 PPP 的精神，需要加以改进。

5. "一带一路"倡议带来巨大潜在投资机会。

波兰是中国提出的"一带一路"倡议的重要沿线国家。2016 年 11 月 5 日由中方倡议成立的中国—中东欧金融控股有限公司正式落地，国务院总理李克强在拉脱维亚首都里加与拉脱维亚总理库钦斯基斯共同为其揭牌。中国第一个政府支持的非主权类海外投资基金——中国—中东欧基金同时正式成立。波兰经济发展部已决定在全国范围内大力推动 PPP 模式的发展，非常欢迎中国企业积极参与波兰 PPP 项目投资建设。波兰第二大城市克拉科夫市有轨电车四期 PPP 项目，是波兰第一条城市轨道交通 PPP 项目，已在波兰经济发展部备案，并有望从欧盟基金获得 50% 的启动资金，同时，本项目符合中国—中东欧基金投资方向，具有较大的投资价值和示范意义。

值得说明的是，除上述主要工程承包方式以外，因资金短缺，波兰的许多项目要求外国承包商垫资承包，一般垫资比例占工程合同额的 20%～30%。

三、波兰对承包当地工程的相关规定

（一）市场准入和限制

波兰法律未对外国企业在波兰参与当地公共项目招投标予以限制。具体法律规定可参见波兰《建筑法》和《公共采购法》。

波兰允许外国自然人在当地承揽承包工程项目，但需要具备一些必要条件，如拥有相应的资质证书和文件、具备专业知识和经验、拥有一定数量和质量的专业设备和技术人员以及具备符合要求的经济能力和投资能力。

部分项目须获得必要的许可或批准。特别是以下项目：

（1）如果一个项目被判定可能对周围的环境产生永久或者潜在的重大影响，则该项目需要获得相关批准方可实施。2008 年 10 月 3 日颁布的《关于公布环境及其保护的信息》第 71 条及《公众参与环境保护和环境影响评估》的法令中有此规定。

（2）建造建筑物或其他建筑工程土地使用的条件、决定土地开发和管理条件需要获得批准。2003 年 3 月 2 日《关于空间规划和管理的法案》第 9 条对此做了规定。根据该法案，地方政府单位利用其规划对土地进行分类，表明公共投资的位置和土地开发条件。计划安排确定土地的法律地位，并指出在某一特定地区可能采取行动的范围。其中决策有两种类型：土地管理决策和公共投资决策。

（3）进行建筑物以外的建筑工程施工需要获得批准。1994年7月7日《建筑法》第28条对此做了规定。

（4）根据《经济活动自由法》的规定，涉及个人和财产的保护，娱乐场所，生产和销售爆炸物、武器、弹药，或军队抑或警察使用的产品和技术，需要政府给予特许权。

（5）在工程承包合同的履行上，2004年1月29日颁布的《公共采购法》中涉及限制承包商的自由选择范围，禁止修改与该要约内容有关的合同条款，严格限制合同的终止日期，减少选择合同类型的可能性。此外，订购方要求承包商亲自完成订单的关键部分，并且法院根据对集体单位禁止行为的处罚规定，给违反规定的集体单位颁布禁令，将其排除在采购程序之外。

除此之外，外国承包商不得承揽波兰军工、石化、输变电等行业的工程项目。

（二）招标方式及要求

波兰当前的公共采购体系所依据的法律是2004年1月29日通过的公共采购法（Public Procurement Law，PPL）及其修正案。波兰主管公共采购合同的核心政府部门是公共采购办公室。

波兰政府项目工程建设除公共采购法中列明的例外情况（如商业秘密）外，实行严格的招标制度，如不进行公开招标，需要特别说明。公共采购程序应以书面形式进行，语言应为波兰语。特殊情况下，采购人有可能同意使用国际贸易通用语言或公共采购合同授予国语言参与公共采购合同授予程序，提交声明文件、投标文件或其他文件。

《公共采购法》规定的招标方式主要包括：

（1）无限制招标，即所有感兴趣者均可参加投标，资格审查与评标同时进行；

（2）有限制招标，即先进行资格审查，通过者方可提交报价；

（3）公开议标，常用于（1）和（2）均未能选出中标者情况下，程序与（2）相似，招标方可与各投标方进行协商并要求其修改报价；

（4）竞争性谈判，即招标方与一定数量投标者进行谈判，以保证在竞争情况下选择最佳方案，主要用于大型交通基础设施和 IT 网络等复杂工程项目；

（5）非公开议标，即招标方不对外公开发布招标信息，仅从其邀请的投标者中选出最佳投标方。

（三）在波兰承揽工程项目的程序

1. 获取信息。

波兰国家负责筹资金的项目由相关主管部门发布信息；各省及主要城市设有市政基础设施管理部门，负责发布本地区的发展战略与项目信息。此外，波兰当地各主要报刊也会定期发布招标信息。

2. 投标。

根据波兰《建筑法》《公共采购法》等规定，波兰国家投资项目或国际组织贷款及援助项目，一律采用招标方式。大型项目招标要经过漫长和严密的法律程序；自筹资金项目，可通过议标方式进行；小型项目，如项目单位不进行招标，须向主管部门陈述充分理由，获准后可以其他方式上项目。

2014 年 7 月，波兰众议院通过公共采购法修正案。根据新法，价格将不再是公共采购项目的唯一评标标准，若业主方根据价格标准决定某投标人中标，须对该决定做出解释。新法还规定，如业主怀疑投标人低价竞标，投标人须证明其低价在合理范围内；公共项目投标人支付其雇员的工资不得低于最低工资。

波兰基础设施和发展部表示未来将修改建筑法，内容包括简化家庭住房建造程序、简化行政审批程序、缩短申请建筑许可时间等。

此外，波兰于2014年8月7日公布修改后的交通运输法以促进铁路投资。新法案缩短了企业获得建筑许可的时间，简化了铁路投资的监管政策，并通过引入电子文档报送缩短行政审批时间。铁路投资也将不再受到地域规划等监管政策带来的阻碍和拖延影响。

3. 办理相关许可手续。

波兰承包工程的主管部门是隶属政府的技术监督总局，即建筑行业技术总监、铁路建筑技术总监和矿山建筑技术总监。承包商承揽当地工程需要到该部门申请承包工程许可，并接受该机构对承包工程的审查和项目监督。

第三节 波兰工程承包主要法律及相关制度介绍

波兰基础设施领域主管部门是波兰运输、建设和海事经济部。行业相关法律依据主要有2004年实施的《公共采购法》，2003年3月27日实施的《总体规划法》、1994年7月7日实施的《建筑法》、2008年12月19日修订的《公私合营法》和2009年1月9日实施的《工程和服务特许经营法》。

一、公共采购法

《公共采购法》是波兰根据欧盟 2004 年 17 号和 18 号指令制定的，2004 年 1 月 19 日实施，2008 年修订，这是公共设施建设方面的主要法律，规定了公共项目合同获得、强制措施、合同审查和其他相关问题的规则和程序。主要法律框架及内容详见公共采购局网站。

（一）波兰公共项目招标分为公开招标、邀请招标和议标

根据《公共采购法》第 39 ~ 41 条规定，公开招标首先通过公共渠道或者网站发布招标公告，使所有感兴趣的投标者都可以有公平的机会参与投标竞争，工程项目投资超过两千万欧元等值兹罗提、服务项目投资超过一千万欧元等值兹罗提的项目，招标信息必须在国家期刊或者报纸上发布。投标者在投标截至目前必须提交保证金（现金、银行保函、有价证券等），金额不超过项目总投资的 3%，未中标者可以退还保证金，中标者如果不履行合同签订义务，业主有权利没收保证金。

根据《公共采购法》第 47 ~ 48 条规定，邀请招标是指业主公开发布招标公告，意向投标者提交参与投标申请，业主邀请总数不少于 5 家不超过 20 家的投标者参与投标，其他程序公开招标相同。

根据《公共采购法》第 53 ~ 55 条规定，议标是指业主通过公开渠道发布招标公告，然后邀请意向者一同参与合同谈判，并提交不包括价格和期限的标书，最后再邀请意向者提交正式标书。

根据《公共采购法》第67条规定，如果招标的项目涉及技术垄断、专利保护和创新领域，业主可以单独招标，过程主要包括资格预审、提交标书和评标三个步骤。根据《公共采购法》第72条规定，投标者只能提交一个价格并附带相关说明，价格不能修改。正常情况下，价格最低者中标，但是评标时也要考虑质量、功能、技术参数、技术水平、环境保护、成本和售后服务等方面。

（二）招标程序

1. 招标通知。

波兰公共采购办公室网站的政府采购公报上发布公共采购合同通知后或欧盟公共采购办公室的官方公报上发布公共采购合同通知后（取决于合同金额），公共采购程序即宣告开始。欧盟公共采购办公室除在其官方公报上公布公共采购通知之外，还在每日电子通讯上公布。

目前来说，欧盟公共采购办公室公布的工程采购合同金额须不低于134 000欧元。[①]

2. 招标委员会。

招标委员会负责审查和评估投标文件。

3. 参与合同授予程序的基本条件。

符合下列条件的经营者才有资格参与合同授予程序：

（1）法律要求必须有授权的情况下，具有开展特殊活动或特别行动的授权；

（2）符合要求的知识和经验；

（3）符合要求的人才和技术；

（4）符合要求的经济和财务实力。

---

① 资料来源于波兰公共采购办公室网站。

采购人也可能在公共采购合同通知中载明，只有残疾员工人数超过雇佣员工总人数50%的经营者才能参与合同授予程序。

经营者也可以联合投标。这种情况下，联合投标的各方须共同指派代表他们参与合同授予程序、签订合同和执行合同程序的全权代表。

4. 经营者须提供的文件和声明。

合同授予方会在公共采购合同通知、合同的重要条款或投标邀请函中载明经营者参与投标须提供的文件和声明，能够证明经营者满足参与投标程序条件，以及经营者的货物、服务和工程符合采购人要求的文件和声明。国家犯罪记录登记中心出具的无犯罪记录证明、质量监控部门出具的货物、服务或工程符合采购人要求的证明等，也能够作为经营者符合公共合同授予程序要求的有效证明。

合同金额不低于欧盟门槛的，采购人必须要求经营者提交能够证明其符合参与投标程序条件的证明文件。如果合同金额低于欧盟门槛，不强制要求提供该类证明文件。

5. 不得参与合同授予程序的情况。

根据波兰采购法，下列情况下，相关主体不得参与合同授予程序：

经营者因未能完全履行合同或履行合同不符合约定而导致损失的；经营者过错导致采购人与其终止合同或撤回合同的；经营者被启动清算程序或宣告破产的；经营者欠缴税款、费用、社会保险或健康保险费用的；自然人曾因违反合同授予程序、侵犯有偿工作者的权利、违反环境法、贿赂或为获得财务收益而实施的其他行为被定罪的，以及因违法财政行为、参与犯罪组织而被定罪的；合伙制经营者的合伙人因违反合同授予程序或因上述其他行为被依法定罪的；合伙制经营者的合伙人或管理委员会成员因违反合同授予程序或因上述其他行为被依法定罪的；有限合伙制和有限股份合作制合伙经营者的一般合伙人因违反合同授予程序或因上述其他行为被依法定罪的；法人管理层主要成员因违反合同授予程序或因其他行为被依法定罪的；集体制经营者被法院裁决不得参与可能导致其因侵权行为而被处罚金的合同的；自然人经营者因委托在波兰境内非法居留的外国人工作而被定罪且自判决之日起一年内的；登记合伙、专业合营、有限合伙、有限股份合作制合伙或法人经营者的股东、合伙人、管理层主要人员因委托在波兰境内非法居留的外国人工作而被定罪且自判决之日起一年内的；经营者直接参与合同授予程序的准备工作的；经营者在投标期限内、维持投标的延长期限内或其他情况下未支付投标保证金的；经营者提供了影响或可能影响合同授予程序结果的虚假信息的；经营者未能证明其符合参与合同授予程序的条件的；经营者作为同一资本集团的一部分，提交了独立的投标文件或提交了独立参与同一合同授予程序的申请的（能够证明经营者和同属同一资本集团并参与同一合同授予程序的另一经营者之间的关系不会导致经营者之间的竞争有失公平的除外）。

采购人根据事实和法律依据通知上述经营者不得参与合同授予程序的，上述经营者的投标文件将被视为无效。

6. 投标和选择过程。

投标文件须按照采购人要求的形式提交。投标文件的内容须符合合同主要条款内容。如果价格不是唯一的合同授予标准，采购人可能允许提交有价格偏差的投标文件。

提交投标文件的最后日期即为开标日期。

评标过程中，合同授予方可能要求投标方对投标内容进行解释。合同授予方和投标方之间不得进行任何谈判和沟通，也不得对投标文件内容做出任何更改。

采购人选择最优投标文件的评标依据是合同主要条款中载明的内容。评标标准是价格或价格与其他合同主要问题相关的标准，比如质量、功能性、技术参数、使用对环境影响最小的科技、开发成本、售后服务、合同履行期限等。

如果经营者提交的投标文件标明的价格过分地或反常地低于一般正常价格，可能被采购人拒绝。

7. 合同的签订。

采购合同的签订和履行适用 1964 年民法典关于采购合同的规定，除非公共采购法另有规定。采购人可能要求经营者提供适当履行合同的保证，保证金额须覆盖经营者不履行合同或履行合同不符合要求时采购人得以索赔的数额。

根据波兰相关法律规定，通过资审的投标人之间可以对竞争对手的投标资格和投标文件在投标阶段或者宣布中标结果后进行查询和投诉，不仅可以向招标机构投诉，还可以向当地法院起诉。一旦查证属实，被投诉的投标者或者中标者将失去投标资格或中标资格。

《民事诉讼法》（第 70 - 1 至 70 - 5 条）规定了通过投标程序缔结合同的规则。在招标中，应确定时间、地点、主题和投标条件或提供信息的方式。招标和投标条件的邀请可能会更改或取消的声明应出现在其招标文件中。

招标人自发布招标文件之时起，投标人自提交投标文件之时起，有义务按照招标和投标条件的要求行事。

除非有特别规定，否则在投标期间提交的投标人在选择确定中标者后或关闭投标时，不再具有约束力。招标人有义务立即以书面形式通知参加者投标结果或关闭投标的决定，而不选择任何报价。

在投标时，投标人应当向招标人支付规定的金额或提供相应的担保，如果违反相关规定则没收这些保证金。

如果协议的一方，另一参与方或与其一致行动的人以违反法律的方式影响投标的结果，招标人和其他投标人可要求取消协议。该权利自有权人承认取消理由之日起 1 个月后到期，但不迟于协议订立后 1 年。

二、建筑法

波兰建筑法主要调整建筑物的设计、施工、维护和拆除以及管理该领域公共管理的活动规则。建筑法主要是加强对建筑活动的监督管理，也就是要将建筑活动置于国家的监督之下，依法进行管理，并切实有所加强；维护建筑市场秩序，保证建筑工程的质量和安全。该法案不适用于矿山工程。

三、PPP 法案

波兰政府从事 PPP 业务依据的法律主要是 2008 年 12 月 19 日生效的公私合作伙伴关系法案。该项法案已经成为波兰法律体系中一个重要组成部分。《公私合伙法》主要内容包括：拟提高基础设施建设项目中的私人投资比例；允许每年可签署 40 亿~50 亿兹罗提的工程项目；规定合伙方须为公共利益服务，并只有当同一项目由私人公司承建比国有公司承建更有益的情况下，才能采取公私合伙合作形式。《PPP 法案》中将公共财政部门及《PPP 法案》中规定的其他法人认定为符合公共财政规则的实体。

2015 年在原经济部的基础上组建的波兰经济发展部是波兰国内的 PPP 业务唯一主管部门，内设 PPP 司，统筹协调全国 PPP 工作。与其配合的部门还有财政部（负责预算和债务管理）、国家经济银行（负责贷款，最近设立了一项基金，为 PPP 项目提供贷款、担保和出资等增信措施）、公共采购办公室（负责采购规则的制定）、企业发展局（负责企业辅导和培训）和中央统计办公室（负责统计和审计）等。

四、反商业贿赂法

在工程承包领域，企业在和政府、当地公司、机构合作时容易碰触商业贿赂的红线，尤其是在签订咨询服务协议等合作协议时，对双方之间的关系界定不清，经不起审查，容易被纳入反商业贿赂的范畴进行处理。对此各企业进入波兰工程承包市场前一定要高度关注波兰反商业贿赂方面的法律规定。

2002 年，波兰批准了欧洲委员会对提高私营部门打击腐败效力方面很重要的公约：1999 年 1 月 27 日在斯特拉斯堡签署的《反腐败刑法公约》和 1999 年 11 月 4 日签署的《反腐败民法公约》。

根据欧洲理事会《反腐败民法公约》第 2 条的规定，腐败是指直接或间接地要求、提供、给予或接受贿赂或任何其他不正当利益或许诺，或者因收受贿赂、不正当利益或其他承诺而不正当履行其义务或行为。

波兰于 2003 年 12 月 10 日签署了《联合国反腐败公约》，并根据国际法的要求对其国内相关法规作了调整。

惩罚私营部门所涵盖的腐败犯罪的法规是《刑法》。在《刑法》第三十六章中列出、入刑和界定了以下商业罪：《刑法》第 92 条规定了经济腐败（管理腐败）罪、《刑法》第 302 条第 2 款和第 3 款规定了债权人腐败罪。

波兰内政部具有反腐败和打击商业犯罪的权力。波兰《刑法》第 296a 条对私营部门的主动和被动腐败行为进行制裁，第一段规定："在从事商业活动或有就业，任命合同或执行特定任务关系的合同，请求或接受物质或个人利益或其承诺以授予他/她的滥用权力或违反责任为交换条件，导致单位的经济损失或作为不合理竞争行为或不允许的优惠活动，以便为商品、服务或条款的购买者或接受者谋利，应受到剥夺自由 3 个月至 5 年的处罚。"第二段中"任何人在第 1 款中定义的情况下给予或承诺提供物质或个人利益，将得到同样的处罚。"

根据第 302 条第 1 款，任何人给予或承诺给予债权人实质性利益，以换取其他债权人对破产程序或破产预防程序有害的行为，应受剥夺自由的刑罚，刑期为 3 年，对于第 2 款中定义的情况，债权人有接受其他债权人的利润或要求这种利润的行为。第 3 款规定，相同的刑罚适用于债权人。

根据 2002 年 10 月 28 日颁布的《集体单位从事法律禁止行为的处罚》的规定，集体单位还须为代表或支持该单位的自然人所做的事务负责，即便是以非物质的方式，如果集体单位因此人的行为受益或可能已经受益，根据上述规定第 5 条，集体单位应承担责任。如果该罪行是由于未能选择合适的自然人或至少对这个人或集体单位组织行为没有充分监督等缺乏适当尽职调查的结果，从而没有阻止犯罪结果的发生。

对于集体单位，法院予以罚款或没收非法所得的处罚。法院还可以采用禁止其发布宣传广告，禁止接受财政援助补贴、补助金，禁止参与公共采购程序以及其他形式的禁止行为等处罚措施。

五、波兰及欧盟建筑产品认证体系

（一）波兰建筑产品认证体系

CE 标志和 B 标志是波兰建筑产品市场的两种准入标志。

1. CE 标志。

CE 标志是一种安全认证标志，是产品被允许进入欧共体市场销售的通行证。加贴 CE 标志的产品符合有关欧洲指令规定的主要要求，并且证实该产品已通过了相应的合格评定序和/或制造商的合格声明。在欧盟市场 CE 标志属强制性认证标志，不论是欧盟企业生产的产品，还是其他国家生产的产品，要在欧盟市场上自由流通，就必须加贴 CE 标志，以表明产品符合欧盟《技术协调与标准化新方法》指令的基本要求。

加贴 CE 标志的建筑产品，可进入波兰市场销售，否则不得销售。但是，已加贴 CE 标志进入市场的产品，如发现不符合安全要求，要责令从市场收回，持续违反指令有关 CE 标志规定的，将被限制或禁止进入包括波兰在内的欧盟市场或被迫退出市场。

2. B 标志。

凡是可能危害到消费者安全的本国产品及进口产品，或用于保障生命，维持卫生及保护环境的产品，如果没有 CE 标志，则必须在包装上附贴 B 标志（B – MARK），B 代表波文 Bezpieczny（安全之意）。这类产品包括燃料、机器、家用化学产品、精密电子仪器、建筑产品包括建筑材料、建筑机械及运输工具等。B 标志是波兰本国安全认证的标准，是建筑产品进入波兰市场的自愿性安全标志，表明该产品已符合安全、卫生、环保和消费者保护等一系列欧洲指令及波兰相关法律的要求，可以在波兰市场上进行销售。只有当产品被证明对生命安全、环境保护无任何危害方可附贴该标志，如果产品没有标贴该标志，则表示不符合技术安全要求，不允许进入波兰市场销售。

B 标志适用于建筑法规范围内的所有种类的建筑产品，根据相关法律要求，目前越来越多的建筑产品的认证都是强制性的，特别是用于防火的建筑产品，即必须在产品包装上附贴 B 标志以及随附以下证书：

（1）由波兰认证机构签发的产品安全证书；

（2）由波兰认证机构检定认可的外国认证机构签发的产品

合格证书；

（3）由波兰认证机构检定认可的外国或波兰制造商的产品。

合格证明，凡是经检定后确认对消费者安全、环境保护无显著影响，以及产品的生产和使用均遵循有关管理条例的，这类建筑产品不用附贴 B 标志，也无须随附相关文件。

（二）欧盟建筑产品的认证体系

目前有 40 余类建筑产品被列入欧盟 CE 强制性认证目录。根据欧盟理事会指令 89/106/EEC 规定，建筑产品的合格证明取决于以下要素：制造商自有的工厂生产控制体系，以保证生产符合有关技术规范；或对于有技术规范指明的特殊产品除了工厂生产控制体系外，还有经认可的认证机构参与对生产控制或产品本身的认证和监督。当建筑产品符合有关健康与安全的规定时，制造商或其在欧共体的代表可签发产品的合格证明，或是委托认证机构为产品生产的控制系统或产品本身签发合格证明。随后，制造商或其在欧共体内的代表有权将相应的 CE 标志加附在产品上、产品所附标签上、包装上或随附的商业文件上。

1. 欧盟理事会指令 89/106/EEC 所规定控制建筑产品合格的方法：（1）由制造商或认证机构对产品进行初步测试；（2）由制造商或认证机构按照预定测试方案从工厂抽样，进行测试；（3）由制造商或认证机构从工厂内、市场上或建筑工地抽样进行审核测试；（4）由制造商或认证机构从准备交货或已交货的批中抽样，进行测试；（5）工厂生产控制；（6）由认证机构对工厂本身和工厂生产控制进行初步检验；（7）由认证机构对工厂生产控制进行持续性监督、评估。

2. 参与合格证明的机构，根据机构不同职能，可分为以下三种机构：（1）认证机构，指具有按照给定程序及管理规则进行合格认证所必需的能力及责任的官方或非官方的公正机构；

（2）检验机构，指具有一定组织、人员、能力及职业道德的公正机构，它按照规定准则行使职能，如对制造商的质量控制行为进行评估、认可推荐及结果审查，以及在工地、工厂或其他地方对产品进行选择与评估；（3）测试实验室，指对材料或产品的特征或性能进行测量、检查、测试、校准或其他认定的实验室。

上述 3 个功能可以由同一个机构完成，也可以是不同机构，此时参与合格证明的检验机构和/或测试实验室作为认证机构行使其职能。

六、波兰施工现场管理人员

根据波兰相关法律规定，承包商在工程实施过程中现场经理必须由拥有相应资质的人员担任。如果有必要，承包商也可以为特定的专业施工指定一个专门的工程经理。现场经理应在施工日志中披露，并应在他已同意担任现场经理的施工日志中签字确认。承包商可以自行监督施工过程，或者委托有资质的人员进行监督。在设计复杂程度较高的情况下，承包商也有义务在施工许可中指定承包商的监督检查。承包商的监察员监督施工过程与设计、建筑许可证、适用的法规、技术和专业知识的符合性，可以向现场经理提供指示，并要求其做出一定的调整。不允许将现场经理和承包商监察员的职能结合到一起。

根据波兰法律，现场经理是施工现场的主要安全协调员。现场经理的法定权利和义务主要是根据波兰建筑法和根据该法颁布的条例的规定。

现场经理有义务在施工开始前制定好健康和安全计划，且应适当考虑到具体工作类型和施工工程的施工条件，包括施工和工业生产过程的实施。

场地管理人员还有义务在为建设工程计划或连续执行的特定阶段准备技术或组织基础时，以及在规划完成建筑工程或其特定阶段所需的时间内协调促进健康和安全工作的执行情况。

现场经理应当发挥协调作用，确保健康和安全守则在施工过程中得到实施。

现场经理的其他职责范围包括：（1）采取必要的措施，防止他人擅入施工现场；（2）当发现潜在危险时，应立即暂停施工，并通知主管机关。

现场经理可以指派一名安全健康协调员，但其本身仍将对健康和安全问题负责。需要注意的是，如果不同雇主的雇员同时在一个地点工作，雇主们有义务指派一位协调员负责监督和管理所有现场工作人员的健康和安全。

现场经理在职责上的过失可能会导致刑事责任。因此，如果现场经理未能在职业健康和安全范围内履行职责，从而使员工面临生命损失或严重身体伤害，可能会受到3年以下有期徒刑、罚款或限制人身自由等处罚。

如果某项工作违反劳动法（包括有关职业健康和安全问题的规定），违规行为直接威胁到员工或其他执行此工作活动的人员的生命或健康，国家劳动调查局有权暂停该项工作或活动。

施工现场检查员也可以享有类似的权力。依法规定，主管机关可以影响人身财产安全或自然环境状况的方式，出具暂停施工的决定。

七、工程项目设计保险的购买

在波兰从事承包商负责设计工作模式的工程承包，根据波兰相关法律要求，承包商要为设计部分购买设计失误险。

第四节　波兰承包工程法律风险与防范

中资企业在波兰开展工程承包业务，除了要注意国际工程承包中常见的风险之外，还需要特别注意以下几方面的风险并采取相应的应对和防范措施。

一、投标决策风险

投标决策风险主要表现在以下两个方面：一是盲目决策。决策程序通常是依据确定的目标，事先经过详尽的尽职调查与充分论证，制定出多个可供备选的方案，并对每个方案的风险与收益进行科学评估，进行决策时，是根据评估的结果来选优确定投资方案。而不少企业并没有按照以上要求建立起必要的决策风险分析与控制程序，即使一些企业在投标前进行了严格评审和科学评估，但在实际操作中，为了拿到项目，往往是先定项目，后走程序，形式大于内容，后果往往不堪设想。二是决策过程失控。投资决策实施后，一般要建立起事中监督、事后评价制度，实际中，有不少企业没有建立或建立了并没有实施到位，从而导致了原定决策不能按照计划的方案顺利实施，也有一些决策方案由于事后环境、情况发生了变化，但没有及时采取补救或调整措施，导致投资风险进一步恶化。目前波兰大多数国际招标项目采用公开招标、邀请招标、议标等方式来进行承包商的选择。对于新进入波兰市场的企业来说，在投标规定时间内收集整理所需要的全部信息来完成投标并不容易，而如果一旦信息收集工作不到位，则很可能付出更多的成本。

作为投标人来说，投标前期考察最为重要的是项目现场及周围环境的情况，包括施工所必需的水文地质情况资料、气候条件、工程施工所需要修复和完成的工作范围和性质、现场交通方式和所需食宿问题（临建所需的必要条件）、工程所在国的法律，程序，雇佣劳务等的要求等。此外，在投标阶段，承包商也需要考虑按照业主批准的条件办理保险，尽量在投标前同保险公司确定好一致意见，并在此基础上完善报价。

一般重点做好以下几个方面的考察：

（1）市场宏观环境调查，包括项目所在国政治形式、经济情况、法律环境、金融环境、基础设施情况、市场供应情况、建筑行业情况、自然环境和条件、人力资源等情况。

（2）项目现场环境调查，包括项目所在地区的一般自然条件：工地地理位置、交通运输条件、场地地形、气象水文资料、地质情况、临建设施位置、道路、供水供电、通信、材料来源、人力资源等。波兰气候条件中对于施工企业从事施工生产影响较大的是波兰从每年 11 月到次年 4 月期间，气温较低，会影响到施工进展，在投标决策阶段，尤其是在工期和报价方面需要格外注意。

（3）对业主、工程师以及竞争对手调查，包括业主资金来源和落实情况；对工程师的管理程序、处理问题方式以及文化背景等进行了解；对竞争对手的了解主要是为了制定合理的投标策略。在做了充分的投标考察之后，承包商应该能够清楚认识到自己所应该承担的责任和义务，充分了解和熟悉有关项目的采购规则、国际工程的招投标程序，采取恰当有效的措施来进行风险规避、转移或者减轻。

在波兰开展工程承包，承包商须符合相应的资质要求，并具备必要的管理能力、融资能力和人力资源等，否则寸步难行。同时，应切忌盲目照搬套用企业在其他国家和地区实施项目的做法和经验。企业进入波兰市场前应客观评价自身实力，量力而行，应找好进入市场的切入点，切忌盲目行事。

二、法律合同风险

波兰法律中有很多关于工程承包方面的较为详细的规定，中资工程承包企业在开拓和进入波兰市场之前必须对波兰相关法律进行专门研究，了解其特别的规定和要求，以便在合同签订和项目实施过程中最大限度地减少障碍，保障企业利益。比如在波兰，提前完工并不被业主认为是更好地履行的合同，反而可能会被认为施工计划制定的不合理或者属于违约行为。再比如，波兰的环境保护法律要求非常严格，在项目实施过程中如果不注意到环境保护的一些细节，往往给合同履行和项目的实施带来灾难性后果。

合同风险是法律风险中最为重要的风险，潜伏于合同洽谈、起草、签订、履行等各个环节之中。主要表现为在不完全掌握合同背景的情况下签署了合同以及签署的合同条款不平等。合同条款不平等是项目失败的主要因素。国际工程中通用的合同条款是菲迪克（FIDIC）条款，FIDIC条款相对比较公平，但是有些业主为了保护自己利益，在特殊条款中对合同内容进行了较大修改，剥夺了承包方的权利，也使得承包方合同风险剧增。

中资企业在签订合同时，应依照相关法律法规明确各方的责权，特别要注意质量、技术规格、财务条款、支付方式以及争端解决等条款。对一些关键词或易造成不同解释或引起异议的词，合同中最好做出定义，尽可能避免日后出现麻烦和纠纷。

三、项目自身风险

海外项目需要对招投标合同文件进行系统的研究，明确工程项目实际的工作范围。比如在招标文件的理解问题上，波兰的招标文件使用的是波兰语，这就首先需要参与投标的企业找精通波兰语的人员，其次还需要聘用能够精通波兰相关合同条款和合同管理的专家，避免出现对招标文件及合同文件的重大理解失误。

通常情况下，招标文件和合同文件是由业主起草，业主也因此掌握更为主动的选择权，在合同相对方之间占据上风和有利地位。对双方合同风险的分工也会按照有利于自身的方式来操作。尽管在波兰广泛使用 FIDIC 合同条件作为招标文件参考，但业主会根据自己的需要来增加专有条款或者删减、修改对其自身不利的条款，将更多的合同义务和风险转嫁给承包商。因此对招投标及合同文件的理解是把控项目风险的关键一步。一个国外承包商，要想在短短数周的投标期限内对波兰相关市场进行完全掌握和了解，在实践中基本是不可能做到的。因此承包商如何对项目信息进行审查收集，并做出相应的规划安排，也决定了项目参与风险的大小。通常情况下，承包商需要对招标及合同文件中的风险点进行辨识，对双方各自承担的风险进行审核。最常用的方法就是将熟悉的标准招标程序以及 FIDIC 类别文件组成部分同业主发布的招标文件进对比分析，列出业主修改删除或者添加的条款和条件，对这些变化带来的风险以及对原文本中风险平衡机制的影响进行分析和辨识。在对招标文件进行理解的时候也需要注意避免对招标信息资料收集不齐全，从而无法进行完整的项目审核。

除此之外，项目本身所需要的技术也是项目自身一个重要的风险点。技术风险是指工程项目在设计、施工、制造、工艺控制等有关环节中涉及的技术条件的不确定性引起的风险。这类风险产生的原因较多，可能与施工企业是否拥有此技术、现有技术是否适应本项目有关，也可能与项目施工人员对技术标准的理解有关，还可能与项目执行的当地环境（水文、地质、气候等自然环境以及所在地的社会环境）有关。通常技术风险会同不同种类的风险贯穿在一起，产生更多的不确定性。为避免此类问题，通常一般选择那些技术比较成熟的项目进行开发和实施，并且尽量争取能够在项目实施中用熟悉的技术标准来实施。

四、合作方风险

施工企业在项目开始实施到项目完工，合作方在其中充当着重要角色，是影响工程成败的关键因素。在工程项目实施阶段，业主支付款能否及时到位、监理关系能否协调、分包商能否满足施工进度要求、供应商能否按照计划价格提供足量的材料设备、国内发运物资能否及时发运到现场是关系项目能否顺利实施的关键因素。一旦上述合作方出现问题，工程项目实施往往无法正常进行。

鉴于目前波兰政府用于基础设施的资金较为紧张，业主支付风险时常发生。因此需要通过更有效的谈判和其他方式来减小风险，例如增加预付款比例；在合同中争取更有利于保障的支付方式；提高合同中延迟付款业主所需支付的利息；完善因延迟支付而导致工程延期甚至有终止合同权利的条款；此外也可以选择有包含业主支付出现问题的保险，例如中信保提供的业主无力支付的相关保险。

企业在投标报价阶段应该就工程项目将要使用的当地供货的大宗物资、租赁设备等提前摸清市场行情，签订附生效条件的供货协议，锁定主要物资和设备租赁价格，防止中标后或者施工过程中供应商坐地起价，加大项目成本。

如果企业在投标阶段考虑使用大量当地分包商从事施工生产，应从进入波兰市场初期就开始了解当地主要分包商，对分包商的信用、数量等深入了解，提前签订合作协议，避免中标后当地分包商联合，提出的分包价格和条件与投标时出入过大，严重影响项目实施方式和大幅提高施工成本。

第五节　典型案例

一、某河道疏浚项目

（一）基本情况

　　某施工企业在波兰从事施工过程中，所在标段有几处结构物施工地点地势低洼，几场大雨过后，这几处施工地点积水，没多久，水中发现有珍稀小动物在水中生存。当地环保部门就要求该企业暂停施工并找当地有相关资质的公司妥善处理水中保护物种之后才可以施工。在该标段的另外一处施工地段，有大片树木需要砍伐清理，但是当承包商清障时受到了当地环保部门的阻挡，施工地点的树木不是不能砍伐，而是必须在规定的砍伐期才能砍伐，承包商因为不了解该规定，导致没有在砍伐期及时完成清障工作，导致工期的延误。类似案例还有某施工企业因为施工现场有几处工点有珍稀动物栖息，按照合同规定，在这些珍稀动物通过的区域，必须建设专门的通道。施工单位开始没有当回事，不予理睬。施工开始后才发现，根据合同必须新增几座桥梁，项目成本大大增加。

（二）法律分析

　　上述案例中的三个相似案件都是因为没有充分重视波兰当地

对环保标准的严格要求，没有充分熟悉波兰当地相关法律，不熟悉合同条件所导致的结果，本来看似很小的事情，结果导致了工程项目成本的增加和工期的耽误。

（三）管理建议

中方施工企业进入波兰一定要对波兰本国的以及欧盟相关法律规定熟悉和了解，必要时聘请当地律师和环保工程师，对项目实施过程中的包括环保措施在内的各项措施执行到位。在投标前和签署项目合同时，要充分理解招标文件要求，吃透合同条款约定，一旦签署合同，严格按照合同履约。

二、某高速公路项目

（一）基本情况

几家工程公司组成的联合体成功中标波兰某高速公路项目。开标后，该联合体的报价明显较低。该联合体在与项目业主签订合同前，没有充分勘探地形及研究当地法律、经济、政治环境，且合同是总价固定合同，以致在项目实施后，项目成本上升、工程变更及工期延误的损失均无法从业主方获得赔偿，加之项目管理过程复杂，联合体内部分歧较大，最终联合体选择终止了项目合同。后经联合体通过艰苦的谈判才妥善处理了此事。

（二）法律分析

该项目从投标到实施，一直到联合体主动终止合同，原因是多方面的。

首先，该联合体在此次工程投标时急于求成。竞标前的勘察设计、相关文件的审查和谈判都没有进行科学评审和操作。简单地以为可以在项目实施后采取措施降低成本。然而这种想法在国际工程中是行不通的。一条公路或铁路的建设往往耗时数月甚至数年，涉及大量成本的变化、汇率的波动和地质条件、气候条件的变化，因此往往会出现各种变更。这些变更的范围和方式承包方可以与业主方在合同中做出约定，一般情况下，取得现场工程师的认可以及业主方同意后即可相应调整报价。该联合体不清楚波兰市场的特殊性和欧洲法律的严肃性，而所有这些风险包括变更的困难早已呈现在波兰公路局发给各企业的标书之中。其他投标者之所以报出高价，就是用价格来弥补未来各种不可控的风险。

其次，该项目合同显示，主合同内容不多，但合同附件很多。其中，仅关于"合同具体条件"的附件就长达 37 页。招标合同参考了国际工程招标通用的菲迪克（FIDIC）条款，但与菲迪克标准合同相比，该联合体与波兰公路管理局最终签署的合同删除了很多对承包商有利的条款。此外，波兰业主还在合同中增加了一些条款，用以限制承包商权利。比如，菲迪克条款规定，如果业主延迟支付工程款项，承包商有权终止合同，这一条款被明确删除。这也导致了后来在原料价格大幅上涨时联合体提出要对中标价格进行相应调整时遭到了业主的拒绝。波兰《公共采购法》禁止承包商在中标后对合同金额进行"重大修改"。一位熟悉法律的波兰人士解释说，波兰《公共采购法》是依据欧盟相关法律制定，禁止重大变更的目的是为了避免不正当竞争，此外，联合体对波兰等欧洲国家的国情了解不深。首先，对波兰的商业运作方式和商业模式不清楚，仍然沿用之前的做法，例如静等材料商上门，并且在材料商上门后刻意压价，没有果断采购所需要的材料。再加上两国政治交往的波动性和不明朗，更使得联合体在向波兰有关部门申请价格调整时不能完成诉求。

最后，波方的工程师对质量要求极为严苛，联合体也因此抱怨波方"过于保守"，但联合体工程师没有当地从业资格，最终只能按照波方工程师的要求去做。再者，联合体对波兰工人的劳工方面的费用也超出控制，预想的低成本优势并不存在。很多设备必须在当地租赁，要当地有资质的工人操作，无法雇佣中国劳工。按波兰劳工法规定，海外劳工必须按当地工资水平雇佣。再加上联合体自己的工人因签证等手续问题迟迟不能抵达施工现场，更加剧了用工成本。因为工资拖欠等问题，甚至造成了波兰的工人罢工游行，不仅延误工期，还造成了恶劣的影响。

当然，该项目的失败也不仅仅只是由于联合体一方的原因和疏忽造成的，很大程度上也是由于当时波兰政府的一些政策的反复以及欧洲杯之前各方的压力造成的。在该公路项目的其他标段，多家承包商甚至包括波兰当地承包商也终止了合同。

总而言之，该联合体没有充分认识和了解波兰当地法律要求，没有完全熟悉项目合同条件，自以为是的进行了项目投标和实施，最终导致项目合同的终止和联合体的损失。

（三）管理建议

本案中，联合体因多种原因导致了项目合同终止，也给自身带来了损失，也告诉后来者在波兰从事工程承包必须要在投标前以及施工过程中做好充分准备。

（1）中资企业进入波兰，要更新海外经营理念、调整海外业务管理模式。要根据企业自身能力和特点科学策划，避免盲目追求经营规模扩张，要坚持走质量效益型发展道路。要加强市场研究、充分熟悉波兰市场。要加强对目标市场的研究，在进入波兰市场前，要对波兰工程承包市场进行深入的市场调研和环境分析，充分熟悉波兰政治、经济、法律、文化、风土民情、宗教信仰、市场发展等情况；认真筛选工程信息，精心研读招标文件；认真分析技术实力和资源拥有情况，实事求是地判断项目实施能力，量力而行。

（2）具体工程项目，要重视标前调查、在投标前落实分包合同。严格按照程序做好标前调查。仔细研究业主的招标文件、采用的技术及作业标准，与设计单位共同洽商、提出国内技术标准与项目所采用的技术标准的差异手册，是规避技术标准差异风险的有效方式。高度重视业主的标前答疑，吃透业主招标文件的要求。标前要对当地建筑市场资源进行充分调查摸底，尤其是与专业分包、机械租赁商和物资材料供应商深度接洽，在投标阶段达成有关协议或意向，形成利益共同体，共同参与，共承风险。对于在当地市场上稀缺可能会坐地要价的分包商，应考虑备选方案，做好相关尽职调查。

（3）加强工程项目实施的前期策划、完善施工组织方案，做好施工管理。在项目投标运作前期，项目执行团队应提前介入，配合做好前期调查、施组编制、项目责任成本测算等关键工作。项目中标后，要认真做好项目策划，深入研究合同、标书和技术、作业标准，严格根据中标合同的施工进度计划，研究制定项目策划书及实施性施组。要对项目策划书和施工组进行综合评审，全面识别各种风险源，制定有效的应对措施加以防范。项目部要根据评审通过后的项目策划书和施组，及时做好施工前期各项准备工作，合理配置资源，做好施工调查，配合选好各类分包商。

（4）充分重视项目实施组织模式，理顺管理关系。在波兰联合投标特别是组成联合体共同投标大项目时，要签订责权利明确的联合体协议，明确各自的主体责任，联合体协议需通过规定的评审和审批程序。要充分发挥联合体各方优势，建立可行的沟通、决策机制，充分尊重项目各方意见，夯实合作基础。认真对待和解决项目各阶段出现的问题。要进一步明确联合体对项目经理的授权，树立董事会决策权威，完善董事会决策执行跟踪评价制度，加强对项目经理行使权力的监管，确保项目经理在授权范围内有效开展工作。

（5）强化风险控制、严控合同风险。相对于国内项目，国际项目的不确定因素更多、更复杂，要切实提高风险防范意识，建立健全海外项目风险管理、评估和监控机制，健全完善海外项目风险预警和控制体系，切实提升海外项目的风险辨识和风险防范能力。要切实加强风险管理，增强合同意识和法律意识，充分发挥项目部各职能部门的作用，合理借助内外部专家互补的优势资源，强化项目全过程的合同管理，及时发现项目实施中的风险，及时采取合理的风险防范措施，提高项目风险管控能力。

（6）在波兰从事工程承包，尤其要重视危机处理、充分利用当地媒体做好舆论宣传工作。要认真分析研判形势，严格监控舆情风险，制定风险应急预案，将应急预案纳入公司项目风险管理制度之中。在进行危机研判时，要重视实地调研，坚持按合同办事，按法律办事，让事实、证据说话，敢于纠正偏差甚至错误。项目遇到突发重大危机时，在执行危机应急预案的基础上，要从政治、经济、企业声誉各层面进行分析研判，协调项目团队积极处理，加强同媒体及其他机构的沟通，重视舆论引导工作，做到应对及时、理性、有据，努力使企业形象和利益少受损失。

波兰劳动法律制度

第一节　波兰劳动用工的政策与法津

一、波兰劳动法的沿革与发展

　　波兰是有着劳动法典立法传统的国家，随着 1989 年以来的政治、经济和社会的转型，尤其是 1997 年波兰宪法明确了政治上的民主体制和经济上的市场自由贸易，波兰对其劳动法典进行逐步改革，以适应变化的市场化环境。波兰宪法第 20 条规定，"社会市场经济应该建立在自由的经济活动、私人所有制、不同团体间的对话与合作，以及社会合作伙伴基础上，并符合波兰共和国的经济体制。"这明确了劳动自由、市场经济主导的理念。在波兰，劳动法最重要的渊源是《劳动法》，其他法律渊源包括：因雇主原因终止雇佣关系的特别规则法、工会法、雇主组织法，以及相关法律的实施细则。雇主与工会达成的集体协议也被作为劳动法的渊源，且更有利于保护《劳动法》及相关法规规定的劳动者的权利。

波兰《劳动法》于 1996 年 6 月 2 日生效，最近一次修订在 2013 年，这是明确规定雇主和雇员权利和义务的基本法律。对劳动关系的产生、内容和终止、劳资双方的权利及义务、福利报酬、就业及保护、妇女和未成年人的雇用、劳资纠纷的解决等做出了规定。

二、国家劳动调查局的架构与职能

国家劳动调查局（National Labour Inspectorate，NLI）属于国家职权机构，其职责在于调查和监督劳动法在职业健康安全、合法劳动等行政法规范围内的执行。

NLI 从属于波兰众议院，受劳动保护委员会监管。劳动保护委员会的成员，从众议院主席、国会议员、参议员、部长委员会主席建议的候选人、工会组织、雇主组织、科学专家和代表当中选出。

将 NLI 如此设置于国家职权体系中，特别是把 NLI 与政府行相隔离的做法，确保了 NLI 不受政治影响，这在欧盟里是独一无二的。

为了确保职业安全健康体系和合法雇佣（包括外籍雇佣）的实施，NLI 与包括国家卫生调查局、国家消防局、边防、警察、科技调查办公室、施工监督局和劳动保护中央研究院在内的许多劳保体系所涵盖的机构进行合作，履行职责。

目前劳动调查局的职能范围和组织架构由《劳动调查局法案》（2007 年 4 月 13 日）规定。新法案替代《劳动调查局法案》（1981 年 3 月 6 日），是目前的最新的法案文件。

该法案极大地扩展了原 NLI 的调查职能，对调查流程的准则和调查员的监管职能进行了修改，同时提高了对侵犯他人劳动权利的行为的罚款数额。

NLI 由劳动调查总长管理，由众议院主席指派。

自 2005 年起，劳动调查总长被纳入欧盟高级劳动调查委员会。NLI 在国际劳动组织（International Labour Organization，ILO）的行动中有着积极的表现，与欧洲中部和东部国家的劳动调查机构密切合作。

NLI 的组织架构由以下组成：劳动调查总长——16 个省级劳动调查员分管 42 个县（职能仅在管辖范围内有效）、位于弗罗茨瓦夫市的简·罗斯娜纪念培训中心。

以下常设咨询机构协助劳动调查总长进行工作：劳动调查总长委员会、劳动调查总长法律委员会、农业职业安全与卫生劳动调查总长委员会、建筑职业安全与卫生劳动调查总长委员会。

NLI 的具体职责为：

1. 调查和监督劳动法的实施，包括职业安全健康、雇佣关系、薪酬和其他形式的工作利益、工时、请假、雇员抚养权，雇佣童工和残疾人。

2. 调查劳动和经济活动的合法性，监督各责任主体是否履行了职责：

（1）通知县级就业介绍所接收未就业人员，或帮其介绍新工作。

（2）通知县级就业介绍所未就业人员已找到工作。

（3）向劳动基金缴付捐款。

（4）参与职业介绍所的报名活动。

（5）根据就业促进和劳动市场机构管理条例的要求运营就业介绍所。

3. 调查本国员工雇佣以及外籍员工雇佣的合法性。

4. 根据职业安全健康体系的要求调查市场内的产品。

5. 采取措施预防和消除工作环境内的危险因素，包括：

（1）调查工伤事故的情况和起因，对事故预防措施的申请过程进行把关。

（2）调查职业病的情况和起因，对职业病预防措施的申请过程进行把关。

（3）进行针对劳动法实施的调研工作，特别是在工作安全和健康法规方面。

（4）采取私人农业领域的劳动保护措施。

（5）为消除工人生命健康安全隐患提供信息和技术指导，进行劳动普法教育。

6. 与环保职权机构合作，监督雇主是否遵守环境危害预防条例。

7. 监督《转基因有机体法案》（2001年6月22日）中规定的工作安全和健康要求是否得到实施。

8. 对起草劳动法相关法案提供意见。

9. 在建立雇佣关系的案件中提起诉讼，并在当事人的许可下代替当事人出庭。

10. 与欧盟成员国的职权机构合作在以下方面对工人雇佣情况进行监督：

（1）向被公司总部在波兰境内的雇主派遣前往欧盟成员国领土内在一定时间内进行工作的雇员提供雇佣条件的信息。

（2）对违反公司总部在波兰境内的雇主派遣前往欧盟成员国领土内在一定时间内进行工作的雇员的合法权益的行为进行通知。

（3）指派市场监督机构和根据其活动范围提供需要信息的职能。

11. 追究违反劳动法典、劳动促进和劳动市场机构法案的行为和其他违法行为。并根据法案的规定作为公诉人参与到此类未违法行为的法律程序中。

此外，NLI对安全健康工作环境条例进行监管：

（1）对出于雇佣者利益而提供劳动的、处在一段劳务关系而不是劳动关系当中的自然人，以及由雇主或企业雇佣的经营者的工作环境进行监管。

（2）对提供社区服务的、基于劳务关系而不是劳动关系的工作主体提供的工作环境进行监管。

（3）对在托管机构和少年管教所的、已参加工作的人员和处在服兵役阶段的军人履行相应职责。

三、波兰劳动力市场现状

2017年3月10日波兰共和国报报道，据国际金融统计（International Banking Statistics，IBS）研究机构调查显示，政府关于下调退休年龄的政策将增加波兰社会老龄化的不良影响。预计到2050年波兰劳动力人口数量将减少490万至1360万，比2015年劳动力总数减少27%，造成劳动人口严重缺乏。[①]

越来越多的波兰公司面临合格劳动力短缺问题。几乎波兰所有行业都在增加雇佣人数（金融和保险业除外），但普遍缺乏合格的工人。随着波兰增多的基础设施和家庭住房建设，建筑业出现了最大的劳动力缺口。劳动力短缺的其他行业是工业、酒店管理、餐饮业和交通运输业。波兰政府之前已经放开了外国人的临时工作签证，去年有130万乌克兰人拿到了这一许可。

造成波兰国内市场技术劳动力短缺的重要原因是由于波兰大量的技术工人到英国和德国等欧盟其他国家就业，英国国家统计局数据显示，2015年，80多万波兰人是最大的非英国本土出生的居民群体。虽然周边一些国家的劳动力也流入波兰市场，但是具有一定专业技能的劳动力缺口依然很大。去年第四季度，波兰失业率为5.5%，这一数字为1992年失业率统计开始以来的最低值。[②]

波兰政府正看见英国脱欧光明的一面，波兰发展部预计，英

---

①② 商务部：《波兰劳动力人口将面临严重短缺》，波兰经商参赞处网站，http：//pl. mofcom. gov. cn/article/jmxw/201703/20170302531987. shtml，最后访问日期2017年8月3日。

国脱欧可能使 10 万至 20 万波兰人离开英国回到波兰炽热的劳动力市场中，归国人数可能占到在英波兰总人数的 25% 左右。有经验工人的回国对波兰经济的发展将是利好消息。

波兰的建筑行业蓬勃发展。近年来，房地产价格持续上涨，目前居高不下，公寓供不应求。经济预测显示，未来几年这一趋势将会持续下去。特别适用于大城市的房地产投资。

四、外国企业进入波兰市场的机会与挑战

随着近年来波兰经济的发展，尤其是波兰对中国"一带一路"倡议的积极态度和其所处的重要地位，使中国企业更加主动关注和积极地进入波兰市场。然而，波兰市场上的商业活动需要对波兰法律的全面了解。这些知识对于有效利用公司资源至关重要，也是为了避免潜在违反法律规定的责任。尤其是在雇工行为方面，投资者（股东，管理委员，其他代表公司行事的人）如果违反就业法、社会保障法等法律，则可能面临承担民事甚至是刑事责任。波兰法律对波兰公司和外资公司在违反波兰法律违法行为一视同仁。

第二节　劳动法律法规主要内容简介

一、签订劳动合同

根据波兰劳动法的规定，个人劳动合同必须以书面形式签

订，其内容必须包括当事方、合同类型、合同执行地点、生效日期、工作性质和条件、报酬的具体构成、工作时间等合同要素，劳资双方权利明晰。目前波兰劳动合同分为以下4种：

（1）无固定期限劳动合同。

（2）固定期限劳动合同。

（3）完成某项特定工作所需时间的劳动合同。在特定工作合同中，代理人承诺进行约定的工作，该工作与具体结果相关联。依据委托合同或特定任务合同提供服务的人员不是《劳动法》中理解的雇员，因此他们无权享受《劳动法》中规定的任何雇员福利以及与就业相关的保护。

（4）特殊情况下在其他雇员以正当理由脱岗期间签订的替代合同。

雇主有责任在员工开始工作7天内确认劳动合同的种类，并有义务向劳动者提供纸质版合同，合同中标明相关的工作信息与条件。波兰劳动法也规定了试用合同不得超过三个月。员工代班可签临时合同。如果当事人在持续期间内两次签订固定期限合同，在法律上相当于签订无固定期限合同，除非前合同终止与后合同签订的间隔时间不超过一个月。

二、劳动报酬

《劳动法》准确地规范了雇佣合同，在雇主或其他人的监督下，雇员承诺在指定的工作地点和时间进行工作，雇主将依据合同支付报酬。这是最稳定的工作形式，雇主有义务支付全额社会保险和健康保险，并扣除所得税的预付款，员工有义务每年缴纳所得税。并规定劳动合同中对于劳动者的有利条件不得少于《劳动法》或其次级条例中所规定的对于劳动者的有利条件。

除第一年的薪酬外，雇员的月薪不得低于官方公布的最低月薪，2015 年最低月薪为 1 750 兹罗提。第一年的月薪不得低于最低月薪的 80%。晚上、周日及节假日加班，须另支付 100% 的薪酬；特定工作日加班，须另支付 50% 的薪酬。可采用休假补偿的方式代替加班费。[①]

三、工时制度

（一）标准工作时间

《劳动法典》规定了标准工作时间制，每日工作时间不得超过八小时，或在用人单位应用的不超过四个月的参考期限里平均每周 5 天的工作时间内不超过 40 个小时。雇主须以上述标准为基础制定本单位的工作小时和天数。

然而，《劳动法》却为这条规定提供了一个例外，例如，关于归属于生产技术的工作不能中断（所谓的 24 小时工作制）；在这种情况下，在任何 24 小时工作时间内的工作时间可以被延长。

（二）加班时间

在标准工作时间制中，加班时间意指劳动者工作时间超过正常的工作时间。即加班指日工作时间超过 8 小时或周工作时间超过 40 小时。以下情况可允许加班：

（1）为保护人民生命或健康，保护财产或环境及消除障碍所必需的救援行动。

---

① 商务部：《波兰劳动法及其主要内容》，波兰经商参赞处网站，http：//pl. mofcom. gov. cn/article/ddfg/laogong/201507/20150701058295. shtml，最后访问日期 2017 年 8 月 16 日。

（2）如用人单位有特别的需要。

（3）禁止孕妇和未成年人加班，如雇员需要照顾不满四岁的孩子，要求其加班，须征得其同意。

工作时间和加班时间总和每日不能超过 13 小时，每周不得超过 48 小时。每周工作时间加上加班时间平均超过用人单位所应用的参考时间 48 小时，对于超时的工作，劳动者有权额外要求在其正常薪资基础上增加：

（1）夜晚、周末以及银行假日等这些不在劳动者工作日程表内工作时间，劳动者工作日内，或在其工作日程表内代替周末和银行假日的工作时间，应为其支付 100% 的薪资报酬。

（2）若非以上提到的情况下的任何日子内的加班时间支付劳动者工资的 50%。

（3）加班时间超过平均每周正常额度的参照工作期限则支付劳动者薪资的 100%，除非因加班造成该额度的增加，而劳动者因而可获得上述的补贴。

享有不受打扰的休息时间的权力。所有劳动者在每 24 小时内有权享有至少 11 个小时的免打扰时间以及每周至少 35 小时的免打扰休息时间。

夜间工作包括晚上 21：00 到第二天早上 7：00 这段时间。《劳动法》中规定的夜间工作指劳动者的工作时间在任何一天 24 小时内至少包括 3 个小时的夜晚时间。夜间工作者的工作若特别危险或包含繁重的体力或脑力压力，其工作时间在任何 24 小时内不得超过 8 小时。任何劳动者在夜间工作，其每小时的工作薪资，应享有至少最低计时工资 20% 的补贴。无须工作的时间为周末及公众假期。在周末或公众假期工作是允许的，除其他情况外，还有以下情况。

（三）轮班工作

有关从对社会产生价值的角度看其具有必要性以及对人类的

日常生活需要能产生价值的工作，例如，为个人及商业中心提供服务的建设工作。据规定，劳动者在周末及公共假期工作的，应有权在其他时间放假以作替代。

（四）平衡工时制度

平衡工时制度规定：当试用期不超过 1 个月时，每日（包括加班）的工作时间最长不超过 12 小时。如有加班，之后的工作日必须缩短相应工时，或给予假期。假如工作有以下情况：

（1）遇到每年度的季节天气特殊情况，施工期可以延长，但最长不能超过 4 个月。

（2）试用期内，单位设施管理员以及部分值班员的每日工作时间最长可达 16 小时，但此情况不能超过 1 个月。

（3）试用期内，维护财产及人身安全的人员每日工作时间最长可达 24 小时，但此情况不能超过 1 个月。

（五）持续性工作制度

持续性工作制度中规定（此条可适用于生产技术不能中断的情况）：这种情况下，在试用期不长于 4 周时，工作时间可以延长到每周平均 43 小时。并且这段时间内每日工作时间可延长至 12 小时。

（六）非连续性工作制度

这个制度根据类型或工作组织不同，而适当调整，且根据原定的时间表，用于那些每日工作休息时间不超过 5 小时的劳动者。

以上必须由所有职工达成一致协议。

波
兰

（七）特殊工时制度

此制度根据工作类型不同，组织不同，工作地点不同而做适当调整。该情况下，用人单位经咨询劳动者意见后，方可根据项目或接手的任务来确定工作时间。工作时间长短主要基于标准工时制度。

（八）周末工时制度

此工时制度仅应用于在周五，周末以及法定节假日上班的情况。在试用期不超过 1 个月的情况下，每日工作时间可延长，但不能超过 12 小时。

假如此工时制度将周末以及法定节假日算入工作时间内，那么劳动者可在任意试用期内得到至少与周末及法定节假日时间相当的休息时间。

（九）假期时间规定

所有的劳动者都有权享受每年一次的带薪休假。每位刚开始工作的劳动者有权享有以下权利：自工作起 1 日历年内，每月可享受工作 1 年后的所有假期数 1/12 的假期天数。所有劳动者皆有权享受下一日历年的假期。假期事宜如下：

（1）在单位工作时间以下的劳动者享有 20 天年假；

（2）在单位工作时间以上的劳动者享有 26 天年假。

工作期内休假的权利基于学历高低以及毕业院校类型（各项不能叠加）：

（1）基础职业院校——其课程不超过 3 年；

（2）中等职业院校——其课程不超过 5 年；

（3）普通教育类中学——4 年；

（4）职业学校——6 年；

（5）高等院校——8 年。

四、劳动合同的解除和终止

通过如下方式，可解除劳动合同：雇佣双方协议。雇佣双方中的一方发出含有期限通知。雇佣双方中的一方发出不含期限的通知。

1. 雇佣双方协议终止合同。

终止合同最简单的方法即通过雇佣双方协议终止合同。经雇佣双方协议，可终止任何劳动合同：可在任何时间，由任意一方提出；不论该合同属于何种类型、可能拥有何种特殊期限内保障。若一个合同由用人单位提出以这种方式终止，则其有时必须支付劳动者资遣费（特别是非劳动者责任情况下终止合同）。

2. 通过通知方式终止合同。

当用人单位或者劳动者意欲终止雇佣关系时，则可向另外一方发出通知，该劳动合同即在一个规定的期限内终止，即在通知期限末终止。若遇到在《劳动法》中有规定只能由用人单位终止劳动合同的情况，则该劳动合同只能由用人单位终止。其中一种情况是，用人单位必须为劳动合同的终止提供明确、真实的理由。

3. 通知期限。

通知期限时长取决于合同的类型及劳动者所处职位。在通知期限内，劳动者有权得到其正常的薪资。

劳动合同通知期限：

（1）试用期劳动合同：

（a）3个工作日，若该合同包含的期限不多于2个星期。

（b）一个星期，若该合同所包含期限多于两个星期但是少于3个月。

（c）两星期，若试用期为3个月。

（2）无固定期限的劳动合同：

（a）两星期，若劳动者为用人单位工作不超过6个月。

（b）1个月，若劳动者至少为用人单位工作了6个月但少于3年。

（c）3个月，若劳动者为用人单位已至少工作了3年。

公司遇取消、破产、改组时，可将通知期缩短至1个月，但须支付其余通知期的工资。

（3）代替合同：3个工作日。

（4）固定期限的劳动合同：2个星期，但只适用于该合同所包含期限为至少6个月且合同中所述各方可以通知的方式终止合同的情况下。

（5）无通知终止合同：立即终止。

用人单位可以在劳动者负有责任（解雇）也可以在其不负有责任的情况下不通知劳动者而终止劳动合同。由于劳动者的责任终止合同的情况可归纳为：

（1）严重违反劳动者的基本责任（例如，工作时饮酒，无正当理由离开工作地点，拒绝执行分配的任务）。

（2）在劳动合同有效期内犯罪，若该罪责为明显或被法庭判决确认为不可上诉的。

（3）因劳动者责任，而所在岗位职能的丧失劳动合同可无通知终止，若非劳动者的责任而是其由于以下情况无法胜任该工作：

（a）因持续的长于3个月的疾病而无法工作的，且该劳动者已为用人单位工作时限少于6个月。

（b）劳动者因疾病超过3个月而收到与《劳动法》内规定

一致的前 3 个月的工资、疾病补助费或者复原津贴，且其已为用人单位工作超过 6 个月或由于工作时发生的事故或工伤而无法工作的情况。

（c）缺席被证明是由根据的而非前文所述情况超过 1 个月的。

在合同法的规定下，用人单位被禁止向某些特定的劳动者发送通知终止合同，而在某些情况下，用人单位则被禁止无通知终止某些劳动合同。这项保护措施保护处于特殊情况或属于特殊群体的某些劳动者：度假、休产假或者休无酬劳看护假的职员。持有医生证明的休病假的职员。临近退休年龄的职员，即差 4 年达到获得退休金的年龄的职员，若雇佣期间允许他们达到该年龄时即可获得这笔退休津贴的话。怀孕的职员。工会中的积极分子。

五、资遣费

资遣费因劳工合同以及合同终止的方式不同而有所差别：

在通过通知书方式终止合同的情况下，劳动者应有权在通知期间获得报酬（且用人单位必须在通知期间为劳动者提供工作）。劳动者可向劳动法庭就其劳动合同的通知终止进行上诉。

若经断定，该无固定期限劳动合同的通知终止为不正当的或其有违劳动合同中关于合同终止的有关规定的，则劳工法庭依据劳动者的请求，应宣布该通知终止无效，且若该合同已被终止，则劳工法庭应命令依据该劳动者之前的待遇或该劳动者所要求的赔偿金复职。赔偿金应根据 2 星期到 3 个月的酬劳来计算，但至少不得少于通知期限内的报酬。

劳动者因复职重新开始工作应有权获得其不在职期间的报酬，然而，该部分报酬不多于 2 个月的报酬，若通知的期限为 3

个月，则报酬不多于 1 个月的报酬。

六、对用人单位造成损失的劳动者责任

因劳动者原因，造成用人单位损失的，则其劳动者责任规则取决于该劳动者是否故意造就其损失还是因意外引起，如果用人单位所遭之损失因劳动者不慎违反合同或是工作过度而引起，则劳动者负有限责任，该情况下，劳动者只承担用人单位的实际损失，所承担的损失额不能超过劳动 3 个月的薪水总和。如果该损失因劳动者故意挑起，则该劳动者将承担全额费用。

七、劳动者在某特殊时期无法工作时可享受的福利

如有以下情况，导致劳动者无法工作：

（1）由于生病或是基于传染而被隔离。一日历年内总共持续 33 天内如此，劳动者有权收到用人单位赋予其 80% 的工资。假如劳动者未能工作超过 33 天，将按照其他已定条款索取疾病津贴。

（2）工作路途中或返工中发生意外时，或是妊娠期间生病时。该情况在一日历年内总天数达到 33 天时，劳动者有权向用人单位索取百分之百的薪资。

（3）由于捐赠器官而受到常规的身体检查。一日历年内总数和达到 33 天——劳动者有权收到全额薪酬。

假如劳动者因上述原因无法上班，且一日历年内总天数超过 33 天，那么依据条例规定，劳动者能享受病假津贴。

第三节　外籍人士的就业政策

一、波兰对部分国家开放劳动力市场

波兰入盟时即按对等原则向英国、爱尔兰和瑞典三国完全开放了本国劳动力市场。自 2007 年 1 月 1 日起，保加利亚和罗马尼亚公民获得波兰劳动市场的完全市场准入资格，即在波兰从事工作无须申请工作许可。自 2007 年 1 月 10 日起，波兰取消对奥地利、比利时、丹麦、法国、列支敦士登、卢森堡、荷兰、德国、挪威、瑞典公民的劳动市场准入限制。

目前波兰对欧盟成员国所有国家，欧洲经济区国家（EFTA）和瑞士联邦的公民，包括其家庭成员完全开放劳动力市场，在波兰从事工作无须申请工作许可。

二、波兰有关外国人在波兰工作的法律基础

（一）法律地位

波兰共和国内，与外籍人士就业相关的基本法定管理原则是依据 2004 年 4 月 20 日颁布的《促进就业以及劳动市场体系法案》（2008 年修正，以下简称《法案》）。

波兰有关外国人在波兰工作的主要法律有：

波

兰

143

（1）2004 年 4 月 20 日《就业促进和劳动市场机构法》第 87 条和第 88 条。

（2）2006 年 7 月 21 日劳动和社会政策部《关于对在波兰共和国完成由外国雇主提供的出口劳务涉及的外国人签发劳动认可和许可的令》。

（3）2006 年 7 月 21 日劳动和社会政策部《关于对外国人签发劳动认可和许可时无须考虑地方劳动力市场情况和签发劳动认可和许可条件的若干情况令》。

（4）2006 年 8 月 30 日劳动和社会政策部《关于外国人从事劳动无须获得工作许可令》。

（5）2006 年 7 月 21 日劳动和社会政策部《关于外国人在波兰共和国领土从事的工作领域限制令》。

（6）2003 年 6 月 13 日《外国人法》。

（7）2006 年 7 月 14 日《欧盟成员国公民及其家庭成员入境、居留和离境法》。

其他相关国际和双边协议。

（二）外国人在波兰工作所需相关文件的办理程序

1. 工作许可。

除波兰开放劳动市场的部分国家公民外，外国人在波兰工作必须获得工作许可。外国人在波兰申请工作许可分为两个阶段：

第一阶段，获得工作许可承诺函（przeczenie），工作许可承诺函是非正式许可，是波兰主管劳动部门认定该外国人符合在波人事其所申请的工作的文件，是拟在波兰工作的外国人申请在波兰合法居留文件的基础。外国人依据工作许可承诺函在波兰驻该外国人所在国使（领）馆办理工作签证，在获得工作签证后，外国人可持工作签证来波，并根据工作签证办理正式的工作许可。因此，工作许可承诺函也可称为"预备许可"。

第二阶段，在获得波合法居留文件后，可以发放正式工作许可。如果在递交申请之日，该外国人拥有与在波兰完成工作相关的合法居留文件，在发放正式工作许可时，无须要求之前的工作许可承诺函。

工作许可按一式三份签发，一份由签发机构（劳动局）保留，两份给外国雇主，其中一份给劳务人员。

2. 工作许可签发机构。

除玛佐夫舍省外，其他各省由省督签发，申请劳动认可和许可在省督府社会政策司及所属地区各地方相关办事处办理。

玛佐夫舍省省督委托省劳动局华沙局局长和其副手签发外国人劳动认可和许可，申请办理机构为省劳动局华沙局及该局在玛佐夫舍省各地方分部。

3. 工作许可申请人。

外国人工作许可（含承诺函，下同）申请人分两种情况：

（1）波兰企业自己雇用外国人。如果波兰企业自己雇用外国人，则由波兰企业作为雇主向其所在地省督为其外国雇员提出工作许可申请，也可以由雇主的全权代表或委托人以雇主的名义提出。

（2）波兰企业从外国公司进口外国劳务。如果波兰公司不是自己雇用外国人，而是由外国公司向其出口劳务（usługi eksportowe），则由外国的劳务出口公司作为雇主向出口劳务所在地的省督提出，也可委托其他人以该外国公司的名义提出申请，接受劳务的波兰公司为外国公司申请的工作提供协助。

4. 工作许可办理程序。

（1）签订劳动合同或劳务出口合同或项目分包合同。如果波兰企业自己雇用外国人，必须首先将所需雇用外国人的工作岗位在波兰所在区的劳动局或在媒体（报纸、网站等）上面向波兰人进行公开招聘，一般要求在媒体上公开招聘的时间不短于两个星期，在无人应聘或无合适的人员应聘后，波兰企业可以雇用外国人并与应聘的外国人签订劳动合同。已经进行公开招聘、但无法找到当地合适雇员的材料，将作为雇主为外国人申请工作许可必须提交的正式文件。

如果波兰公司是以进口外国公司劳务的形式使用外国人，首先由波兰公司与出口劳务的外国企业签订劳务出口合同，或者项目分包合同，合同内容包括出口劳务的种类、岗位或专业以及与波兰岗位和专业分类相关的工作内容，外国企业作为雇主提出工作许可的申请。在此情况下，申请工作许可不需考虑当地工作市场的情况，不需在区劳动局、报纸和网上招聘。但波兰公司还应提供在当地无法招聘到合适人员的证明。

（2）交费。在申请工作许可时，应缴纳的手续费为波兰现行最低法定工资；在申请工作许可延期时，应缴纳的手续费为波兰现行最低工资的50%。交费后应保留付款凭证，付款凭证应包括：付款单位名称（名称和地址）；付款名义（预备许可/正式许可/延期预备许可/正式许可）；申请办工作许可外国人的姓名。

（3）需递交的文件。各省省督根据本省的情况要求提供的材料可能略有差异，但基本比较一致。

工作许可承诺函所需文件。以劳务出口形式（波兰公司通过与外国公司签订合同成建制向波兰引入外国劳务）在波兰为外国人申请工作许可承诺函所需材料主要为：外国人工作许可申请表（劳务出口类）；外国人个人情况问卷；波兰公司的有效的营业执照（KRS）；波兰公司经过公证的成立文件复印件（国家注册法院最新登记记录、公司协议、公司经营活动有关证明、公司章程）；波兰公司统计号码（REGON）证明复印件；波兰公司税务登记号码（NIP）证明复印件；波兰公司前一年所得税报告（CIT8，表示本公司赢利）；波兰公司表示本公司上年度利润的其他文件；波兰公司不欠税证明（有效的）；

波兰公司不欠社会保障税（ZUS）证明；外国人护照所有签注页复印件；外国人的学历、职业技能证明，必须满足招聘时的条件（包括宣誓翻译译成波文的翻译件，劳务团体内每人）；申请工作岗位的内容（劳务团内每人）；由宣誓翻译译成波文的劳务派遣证明文件；劳务出口目的地或者波兰公司总部工作所在区政府招聘结果或劳动服务地劳动局关于当地劳务市场情况的有关说明材料；波兰刑事注册法院无犯罪证明（劳务团内每人）；波兰公司前一个月交纳社会保障税文件（ZUS DRA 报告）；与外国雇主签订合同的在波兰有总部的公司的注册文件；外国雇主营业执照（包括宣誓翻译译成波文的翻译件）；劳务合同复印件（波兰公司与外国雇主签订的劳务合同）；办理工作许可手续费交费收据。

领取正式工作许可所需文件。外国劳务在获得工作许可承诺函后，据此在本国的波兰大使馆申请工作签证（D/08 签证），外国劳务持工作签证进入波兰，在波兰领取正式工作签证。因此，在领取正式工作许可时，需提交的文件为：工作签证（D/08 签证）或居留卡复印件；在波兰居住地的证明。

办理工作许可承诺函或正式工作许可所需文件。如果上、下工作许可时间连续，原工作许可工作岗位和内容未发生变化，外国雇主在工作许可到期前 30 天可以申请延期工作许可。

办理工作许可（含承诺函）延期所需文件：延期申请表；外国雇主支付手续费的付款凭证（最低法定工资的 50%）；在波兰办的无犯罪证明；与外国雇主签订合同的波兰公司有效的营业执照（KRS）；按行政法 75 节雇主的声明；公司全体人员表；申请岗位的工作内容。

在递交申请时，必须向劳动局工作人员出示护照、签证、省长签发的在波兰短期居留的决定和居留卡的文件原件。同时，递交的所有复印件须与原件一致。

5. 工作签证。

工作签证是根据劳工证上所注明的劳务期限或是用人单位出具的意雇佣某外籍人士的书名声明，进行签发。然而，此签证在过境当天起至以后的半年内停留期不得超过 3 个月。在已持有统一居民签证或是国内通行证的情况下，在本签证的有效期内，其停留期可超过一年。

在外籍人士希望从事季节工的情况下，签证发予那些已经持有工作许可的人员（如不需要，可用用人单位承认给予其工作的书面声明代替）。但是，时间由人员第一次入境日算起的 1 年内，其累计停留期不超过 6 个月。这意味着，外籍人士可用此签证两次或多次出入境。但是一年内居住在波兰及在波兰工作的累计时间不能超过 6 个月。

发放或拒绝发放工作签证是由向波兰驻申请签证的外籍人士的永久居住国家的领事决定，若该外籍人士已在某一成员国或欧盟国家合法居住，则由另一领事决定。对于是否准予签证抑或是拒签之决定应不可更改。

拟在波兰进行工作的外国人应在本国的波兰大使馆申请工作签证，即 D/08 签证。根据 2003 年 6 月 13 日通过的外国人法（法律公报第 128 期，文号 1175）中关于给外国人签证的规定，向外国人签发的工作签证为定期签证，最长为 1 年。

持有波兰工作许可承诺函的外国人可以获得工作签证。签证规定的在波兰居留时间应与工作许可承诺函中规定的时间相同，最长为一年。

在波兰驻中国使馆申请工作签证，提供的中文文件必须翻译成波文或英文。主要文件为：

（1）团组个人护照有效期必须超过签证有效期 90 天。中方必须注意所有劳务人员的护照是有效的（护照有效期必须在离波兰 90 天以上）。

（2）申请表要书写清楚，1 张免冠彩照（35mm×45mm）。

（3）由出口服务地点的劳动局发放的工作许可承诺函。

（4）需提供 3 万欧元保险额的 1 个月的医疗保险，此保险包括医疗和将病人送回中国的费用。

（5）拥有支付在波兰境内居留一个月的资金证明，有时需要和领事面谈。

签证延期只能办理一次。签证延期申请时间：短期签证（从第一次入境起在 6 个月期间内的 3 个月内）的延期申请需在签证居留期满前 7 天递交；长期签证（居留期 1 年内）的延期申请需在签证居留期满前 14 天递交。延期申请文件需由宣誓翻译成波文，原件需出示给相关部门。

6. 工作许可签发程序时限。

根据 1960 年 6 月 14 日《行政诉讼法》，对工作许可（含承诺函）的审批期限为：自申请送达之日起 1 个月内。

7. 工作许可（含承诺函）的撤销。

如果发现以下情况，主管省督可以撤销外国人的工作许可承诺函或正式工作许可：

（1）外国人非法打工；

（2）外国人失去劳动授权；

（3）颁发授予工作许可承诺函或正式工作决定时的环境或理由发生了变化；

（4）颁发工作许可承诺函或正式工作许可时的原因终止；

（5）外国人为雇主所执行的行为违反劳动法，根据劳动监察部门的申请撤销外国人工作许可承诺函或正式工作许可。

撤销工作许可承诺函或正式工作许可，雇主有义务立即解除与外国人的合同；如果外国人代表雇主，应立即取消其代表资格。

8. 上诉。

如果申请人不满意对工作许可承诺函或正式工作许可的审批决定，可以通过省督（玛佐夫舍省为华沙劳动局局长）向波兰劳动和社会政策部提出上诉，上述期限为：自决定颁布之日起14 天内。

三、义务豁免以获得劳工证

《法案》中常规规定：准予外籍人士在波兰共和国境内合法工作的权利。常规条例中规定以下人员不必申请工作许可：

（1）所受雇单位在成员国之一或欧洲经济区的成员州内有设立的注册办事处，并由其临时派遣来波兰工作的外籍人士。

（2）因工作目的或从事商业活动而办理并持有临时居住许可证的外籍人士。

（3）为了继续学业以及参加职业技能培训的外籍人士。

（4）为了进行科研的外籍人士。

（5）为了与亲人取得联系的以及持有波兰合法通行证的外籍人士。

同时，在 2006 年 8 月 30 日颁布的经劳工及社会政策部部长同意的法规旨在取消在波兰工作的外籍人士必须持有劳工证的需要。（以上可对比 2006 年修订版《法律期刊》第 156 卷第 1116条）法规还包括列出 30 种人员，他们或是出于执行的任务需要或是因为工作需要而出外，从而可免去申请在波兰工作的劳工证。其中有：

（1）来波兰接受培洲课程的人员；

（2）参加职业实习，或监督欧盟方案或其他国际性援助方案的执行情况的人员；

（3）外语老师，或是经国际协议同意的那些用外语授课的人员；

（4）北约武装部队或其文职工作的成员；

（5）外国媒体记者；

（6）做临时性演讲报告的人员；

（7）代表波兰参加运动赛事的运动员们；

（8）从6月至9月在波兰大学求学的学生们。

四、签证

如若在波兰居住的外籍人士不能享受免签证之特权，但欲在波兰从业，则除获得劳工证外，还应获得由另一申根协议国家发行的相应的签证或居住证。在2003年6月13日颁布的《侨民法》中提及关于准予外籍人士签证的办理问题。根据本法的各项规定：外籍人士进入波兰共和国境内，所签发的签证形式有以下几种：统一的居民签证；过境签证；国内通行证。

持有统一的居民签证或是国内通行证的外籍人士可从事研究活动、商业活动以及工作。过境签证则是颁发给那些可出具在波兰境内工作所需的劳工证的外籍人士抑或是在无须劳工证的情况下，持有由其用人单位出具的书面声明（证明该用人单位意聘请此外籍人士在波兰境内工作）的外籍人士。

特别针对中国公民，有以下几种形式：

（1）短期商务签证的中国公民持因私或因公普通护照赴波兰进行短期商务活动，需凭波方邀请函原件或复印件，在其驻华使馆或总领馆办理"05"签证，签证一般为一次出入境有效，并经常加注不得在波兰境内延期字样。

（2）居留外国人入境后，如在宾馆以外的居民区内居住应凭房主出具的准予居住证明到当地区政府办理居住许可，有效期与签证期相同，入境1年后可申请最多2年的居留卡。

（3）就业签证的中国公民持上述护照到波兰就业，需凭波兰方雇佣单位为其申领的劳动许可证在波兰境外办理"06"工作签证。

波

兰

151

（4）免签证持中国外交、公务护照入境可免签证。如需要在波兰境内居住，应到波兰内务部管理外国人合法居留处报到并加盖落地章。

为方便中国公民，编者特意提供工作签证流程和相关内容以供参考：

（1）护照及首页复印件；

（2）2寸白底正面彩照（两张）；

（3）户口簿原件附所有页复印件；

（4）中国公民身份证原件附复印件；

（5）在华长期居留许可（只涉及除中国公民外的外国公民）；

（6）医疗保险；

（7）准许申请人在波兰共和国境内工作的工作许可原件，或根据外国人管理法第64条第1点之规定，若申请人的情况无须工作许可，则须出具外国工人雇用意向声明书；

（8）营业执照原件及复印件，附英语或波兰语翻译；

（9）工作单位出具的写明申请人工作内容及所担任职务的工作证明。若有疑问，领事可要求申请人将此文件交中华人民共和国外交部领事司或地方外事办公室认证；

（10）申请人拥有足够支持其在波兰共和国境内期间生活，或返回原国籍国家或居住地，或过境第三国并确保能被该国接受入境所需的费用的资金证明，或拥有能合法获得足够资金的能力证明；

（11）机票预订单（接受单程机票预订；在签证结果颁发前请勿购买机票）。

其他签证办理所需材料和办理程序，包括：

1. 个人资料表。

认真地填写个人资料表，请确保个人资料表上面的信息绝对真实准确。

2. 护照原件及旧护照原件。

有效期在 6 个月以上的因私护照（自回国之日开始算，为 6 个月以上，护照首页请用 A4 纸复印 2 份）。请在护照最后一页签名，中文姓名。持换发护照者，需同时提供所有旧护照原件。所有签证页的复印件（如有签证，A4 纸复印）。

3. 照片。

2 寸白底彩色近照 4 张，照片尺寸要求 35×45 毫米。必须是最近 6 个月内照的，超出 6 个月的不能使用。

4. 名片。

原件 2 张，要求名片上面的信息不能有误。如果名片上面的信息不完全准确，可以不用提供。

5. 身份证复印件。

旧身份证不能使用。新身份证要求正反面复印。

6. 户口本复印件。

户口本的首页，户主页以及里面每个人的信息页都要用 A4 纸复印，无论是否是直系亲属，无论其他人是否办理签证。

7. 结婚证复印件。

如已婚，则必须提供结婚证复印件，持证人一方的即可。

8. 资金证明。

（1）银行出具的近期 6 个月的借记卡对账单原件，要求余额一万以上，如工资卡或储蓄卡对账单（要求对账单上一定要体现申请人的姓名并且必须加盖银行的业务章），此项材料非常重要，使馆要求必须提供。该项材料是资金方面最重要的材料，使馆最重视的资产就是银行流水单，所以这项材料一定要根据自己的实际情况去准备。

（2）房产证复印件。

（3）5 万元以上存款证明原件一份，该项材料不是使馆要求的必须材料，但如果是以下几种情况，最好还是作为补充材料递交使馆：如果以前没有欧美国家入境记录，建议提供 5 万元以上的；如果不能提供近半年连续的借记卡流水单，或流水单虽然连续，但每个月的流水基本是在几千元钱左右，很少有上万的；有过申根国家或其他大国拒签记录的。

（4）个人所得税纳税证明（补充材料）。

（5）社保纳税证明（补充材料）。以上材料按重要性排序，如果材料特别好，一般建议提供前两项；如果材料相对一般，建议提供前三项。如果无任何出境记录，尤其是还有过大国拒签记录，那就能提供多少就提供多少，多多益善。

9. 营业执照副本复印件或组织机构代码证复印件。

（1）所在单位为企业单位的申请者，请提供营业执照副本的清晰复印件，用 A4 纸复印，有年检记录，并在复印件上加盖单位公章。

（2）所在单位为事业单位的申请者，请提供组织机构代码证的清晰复印件，用 A4 纸复印，并在复印件上加盖单位公章，在职证明（英文）。

（3）使用公司正规抬头纸打印，内容全部为英文，并加盖公司红章。

（4）在职证明内容需包括：单位名称、哪年哪月开始在本单位工作、去哪个国家，出行的目的，具体的出行起止时间、谁承担费用，并需注明担保申请人按期回国；申请人的姓名，出生日期，护照号，职位，月薪；负责人的职位和签名（负责人签名为英文和汉语两个签名）；单位的地址，电话。

（5）酒店确认单（整个行程）如实在不能提供，请提供信用卡正反面复印件。

10. 往返机票预订单或机票。

11. 境外保险。

最低保额 3 万欧元（原件及复印件，必须在申根国家有效）。

12. 邀请方提供的材料。

由申根国家合作伙伴出具的英文或申请国家语言的正式邀请函原件和复印件，邀请函须打印在有公司抬头的纸张上（包括：

地址，电话，传真，电子信箱和网址）并提供居留时间和目的，行程和被邀请人基本信息。

13. 公司银行对公账流水单。

近 3 个月或 6 个月银行对公账户的流水单，盖银行公章（必须提供）。

持有公务普通护照（Passport for public affairs）因公出访的申请人可由相关代办机构（如外交部或其他国家机关）的签证专办员代送材料；签证费为 60 欧元，以当地货币，即人民币按汇率折算后收取；中文文件需附英语或波兰语翻译；签证审理周期为 15 个自然日。

五、向外籍人士发放劳工证的原则以及方法

现行《法案》规定，应严格按照劳工证的获取程序，签发劳工证。

（一）劳工证的类型

关于劳工证发行原则在《法案》以及相关行政法规中皆有阐述。根据《法案》，如果外籍人士一出现以下情形，则需获得劳工证：

（1）根据合同，为其注册办公室，住所，分公司，工厂或其他组织活动在波兰共和国境内的实体工作，则应获得 A 类劳工证。

（2）在波兰境内，履行法人董事会成员的职责，进行商业注册或是商务公司组织，且在之后的 12 个月期间停留期不超过 6 个月，则应获得 B 类劳工证。

（3）在国外用人单位工作且在某一历年内被派遣至波兰，

其派遣期不超过 30 天，则应获得 C 类劳工证。

（4）因为国外用人单位工作而被派遣去波兰以便履行临时服务（出口服务）但该用人单位在波兰境内无分公司，工厂或其他商业活动组织，则应获得 D 类劳工证。

（5）除前述（2）~（4）项中所列明之目的外，因为国外用人单位工作而被派遣至波兰，且在随后的 6 个月内的停留期不超过 3 个月，则应获得 E 类劳工证。

劳工证只能在收到实体希望雇佣外籍人士的书面请求后发放。并且发放工作由对应的地方长官来完成，这主要依据用人单位分公司、居住地所在，或是依据外籍人士被派到实体所登记的公司所在地而决定。

（二）发放劳工证的条件

申请签发劳工证的用人单位，应满足如下条件：

（1）必须确保外籍人士的薪酬不得少于公司相近职位的其他职员的薪酬，外籍人士为国外用人单位工作的情况下，其工作薪酬不得少于月均薪酬的 70%。

（2）如果外籍人士在国外实体董事会中担任职务，该情况下也需要证明他拥有与其他人相近的收入。

（3）履行所谓的市场需求调研，如：从用人单位之注册地址或居住地之相应县级行政官处获得如下信息：

即根据其所登记的失业人数，或求职人员或根据用人单位的招聘之不良结果，表明该县区无法满足用人单位之用人需求。上述事项意味着用人单位应从波兰国民中招聘所需劳动者，从而实现本地资源的最大化利用。然而，2009 年 1 月 29 日发布的劳工部和社会政策条例，就其外籍人士劳工证签发问题（详情参见《法律期刊》16 卷 84 条）指出，鉴于用人单位在 2009 年 8 月 1 日所提交的申请，除上述信息外，用人单位可附加从县级行政官处获得的关于当期劳动力市场概况和保障用人单位人员需求之可能性等信息。

假如有以下情形者，无法获得劳工证，未经允许在波兰居住的外籍人士均无法获得在波兰境内工作的许可证：

（1）申请中提供虚假个人资料、信息或添加含有虚假数据的文件；隐瞒事实真相、使用伪造文件；

（2）未达到相关条款要求；

（3）经法院判决，认定为违反相关法规被判有罪或被在认定有罪之后的两年期内；

（4）违反刑法、工作许可签发相关规定或犯有贩运人口特别是妇女、儿童行为的自然人或受该自然人管理的机构；

（5）受雇外国人不符合招聘条件或资质要求；违反有关工作许可签发程序；

（6）受雇外国人在不受波兰欢迎人员名单之列。

而且出现下列情形之一，省督可撤销已发放的工作许可：

（1）与签发许可相关的理由和证明发生变更；

（2）签发许可的理由不复存在；

（3）雇主未履行相关责任义务；

（4）外国雇员不再满足相关条款要求；

（5）外国雇员中断工作时间超过3个月；

（6）获悉外国雇员被列入不受波兰欢迎人员名单。

（三）劳工证签发相关的简化程序

对特定外籍人士群体劳工证的签发，无须贯彻必须先行在当地失业劳动力中寻找劳动者的规定，或是其他与该条类似的要求。即使在当地劳动力中可能找到合适的候选人，仍应遵守劳动和社会政策部于2009年1月29日颁布的法规中明确的豁免名单的规定。此名单包括：

（1）外交人员及国际组织之家庭成员连同其私人家庭雇工；

（2）依照欧洲经济区与土耳其之联合条约授权的人员；

（3）在波兰或某一欧洲经济区成员国或瑞士联邦有注册办事处的学校的高中毕业生及大学毕业生。

此外，上述人员就劳功力市场之情况，可免于从县级行政官处取得信息：

（1）在其分公司或代表办事处授权代表外国企业家之人员；

（2）波兰共和国邻国或与波兰共和国在流动工人领域有合作之国家之公民；

（3）从事福利机构护理人员或自然人的家庭雇工的工作人员；

（4）提交此类劳工证（有效期至 2010 年 12 月 31 日）申请前，从事此类给定实体或人员之服务工作的上述国家公民；

（5）体育教练员和运动员；

（6）医师和牙科医师，以及其从事之职业或工作性质可从职业名单中找到或免于从县级行政官处取得信息的工作类型的情况；

（7）同一外籍人士的同一岗位的劳工证延期。

根据波兰《行政诉讼法》，当地劳动主管部门对工作许可（包括承诺函）的审批期限为自申请送达之日起 1 个月内。

（四）申办费用

申办费用主要有以下几项：申办 3 个月的工作许可——50 兹罗提；申办 3 个月以上的工作许可——100 兹罗提；申办以从事出口服务为目的工作许可——200 兹罗提；申办工作许可延期——以上相关额度的 50%。

（五）申办劳工证所需提供资料

工作许可申请表格及相关文件和证明主要包括：

（1）国家注册法院出具的企业注册证明或从事经济活动的证明；

（2）工作许可的缴费证明；

（3）有效护照复印件；

（4）外国人专业技能确认文件（由宣誓翻译译成波兰文）；如果雇主对工作人员有更高的要求，可以要求外国人提供确认其受教育水平的文件，包括：资格、学历和认证证书等；

（5）公司协议复印件（包括协议及之后的修订）；

（6）REGON 统计号；

（7）波兰社会保险公司出具的雇主没有拖欠员工社会保险费用的证明；

（8）税务局出具的雇主没有拖欠税款的证明；

（9）招聘声明及县长评估（发布招聘声明，向县劳动局通报招聘岗位，在 EURES 上公布的招聘公告，县长要对雇主的人员需求及当地劳动市场情况做出评估）；

（10）雇主关于最近 12 个月遵守劳动法和就业促进和劳动市场机构法的声明。

如由他人代办，需提供雇主全权委托书原件，以及：

（1）国家刑事注册信息局出具的无犯罪证明；

（2）如果外国人有波兰居留权，还应提交短期居留许可（如果在递交工作申请时有该居留许可）和外国人的居住登记证明；

（3）如果工作申请涉及"在波兰的关键岗位"，如商法中的合伙人或股东，或外国人在董事会任职，则还应提交：任命外国人担任公司重要职位的决议；公司最近 12 个月内纳税证明；如果公司亏损，应说明具体原因，如由于投资或技术转让，或是用于创新和创造新的工作岗位；涉及关键岗位时，要提供外国公司至少 1 年内在该岗位雇佣人员的情况。

（六）用人单位对外籍人士之义务

此类义务包括如下要求：

（1）按照劳工证签发申请规定之条款与该外籍人士达成书面协议；

（2）在该外籍人士签署用其了解的语言书写的协议前，向其出示该协议；

（3）赠予该外籍人士一份该劳工证之副本；

（4）告知该外籍人士该劳工证准予进行或延期应采取的行为；

（5）许可批准、拒绝或撤销之决定及进行该外籍人士劳工证获取或延期相关手续之尽职调查。

（七）劳工证之期限

签发的劳工证有固定的期限，不超过 3 年，可延期。

就外籍人士而言：

（1）备案登记当日，其雇佣劳动者人数超过 25 人之合法实体中管理委员会任职，则其劳工证可签发年限不超过 5 年。

（2）有一外国用人单位派遣执行出口服务，地区长官应按照任务期限签发劳工证。

劳工证应持续有效，若：

（1）该外籍人士已得到与劳工证所示不同性质的工作或任职与劳工证所示不同的岗位，若此类工作在一个日历年内的合计期限不超过 30 天。

（2）用人单位的注册办事处或居住地址发生变化。

（3）用人单位的姓名或法律形式发生变化。

（4）用人单位或其组织部分被另一用人单位收购或者转移到另一用人单位。

（5）地区长官改变前，由外国用人单位指定代办人员，但应当立即将此类变化告知签发许可证之地区长官。

此外，劳工证可持续有效，若：

（1）依照实体提供之工作，应在波兰共和国境内从事该工作之外籍人士在劳工证有效期开始3个月内未能从事此类工作。

（2）工作执行中断超过3个月。

（3）若此类工作执行的延误或中断之原因证实事出于因，且提供工作给外籍人士之实体已将该情况立即书面告知签发该劳工证之地区长官。

（八）雇佣外籍人士在波兰境内从事外国用人单位服务出口

根据劳动和社会政策部2007年7月27日颁布的法规，提供波兰境内出口服务的基础，以及为此而申请劳工证的基础，是与未在波兰共和国境内设立注册办事处的外国用人单位之间存在合同。

除去必要的条款外，上述合同也应包含职业清单及其义务范围，以及将提供给该用人单位的劳动者的活动范围。在此情况下，应由该外国用人单位申请劳工证，而非一般情况下由在波兰境内设有注册办事处的机构进行申请。

与劳工证批准相关的暂停程序及证明拒绝签发劳工证的情形，与批准外籍人士劳工证的停留程序相似。具体情形在规定外籍人士劳工证审批程序的法规中有所规定。

第四节　社会保障制度

20 世纪 30 年代波兰议会就正式通过社会保险法。后几经变迁修改，并不断完善。目前实行的是波兰议会 1998 年 10 月 13 日通过的社会保险法。新的社会保险体制覆盖所有职业和社会群体，农民和军警及安全部门专业人员仍分别沿用原先单独的社会保险体制。

波兰的社会保险分为四类：（1）养老保险；（2）病退（丧失劳动能力）保险；（3）疾病保险（包括病休和产假）；（4）事故保险（包括工伤事故和职业病）。

养老和病退保险属于义务保险，所有人都必须参加。参加这两种保险的人原则上都应参加疾病和事故保险，但失业人员、临时工、合同工和其他领取疾病保险金的人员可不参加事故保险。临时工、合同工、个体经营者、神职人员和服刑人员可自愿参加疾病保险。

参加社会保险人员及其所在单位所交纳的社会保险金是社会保险基金的主要来源，社会保险金交纳比例占投保人工资总收入的 36.59%，其中：养老保险 19.52%，由职工本人和所在单位分别负担 50%；病退保险 13.00%，由职工本人和所在单位分别负担 50%；疾病保险 2.45%，全部由职工本人负担；事故保险 0.97%~3.86% 不等，全部由所在单位负担。

在养老和病退保险制度中，由于交费标准统一，参加保险人员所享受的待遇也是一致的。波兰养老保险制度规定，女性职工达到 60 岁、男性职工达到 65 岁可以申请退休并开始领取养老保险金，个别职业群体可通过提高保险费交纳标准而提前退休。养老和病退保险费由投保人和工作单位平均分摊的原则也适用于合同工和临时工。个体经营人员的退休、病退和其他保险费均由本人交纳，交纳比例与其他人员一样，其申报的工资收入不应低于全国平均工资的60%。

事故保险金根据投保人所从事的职业不同，单位所交纳的比例也不同，从事越危险或事故越频繁的职业，所交纳的事故保险金比例就越高。根据波兰社会保险法的规定，2003年1月1日至2006年3月31日，事故保险金应交纳的比例为0.97%~3.86%。

社会保险基金统一由国家社会保险局管理，具体由养老保险基金、病退保险基金、疾病保险基金和事故保险基金分别管理上述四个保险种类的资金。在社会保险基金框架下，除了上述四项基金外，分别设有病退保险、疾病保险和事故保险储备基金，为相应的保险储备资金。此外，还设有一个非常重要的人口储备基金，主要为养老保险提供储备金，其主要来源为国家财产私有化的部分收入、提取1%养老保险金的收入以及养老保险基金的结余资金。

国家为社会保险赔付提供担保。建立各种保险储备基金目的是为了保证今后社会保险基金有更大的支付能力，最终达到经费完全自理的目的。

残疾人的社会保险交费受到特别优待，残疾人本人只交纳病退保险费应由个人交纳的部分，养老保险和其他保险费全部由国家财政或国家残疾人康复基金会负担。

社会保险投保人所在单位有义务计算、收取并向国家社会保险局缴纳全额社会保险金。交纳社会保险金的最后期限是：国家机关和事业单位的职工每月5日前，个体经营者每月10日前，其他单位职工每月15日前。如工作单位未履行投保义务，将处以5 000兹罗提最高金额的罚款。

一、养老保险

从1999年1月1日起，实行新的养老保险体系。新的养老保险由基础保险和开放式保险两部分组成。

基础保险，为所有职工必保之险，其所收取的保险金用于支付日常的养老保险金。国家社会保险局为投保个人及其单位设立保险金账号，负责计算保险金数额，并根据有关法规予以升值。1999年1月1日前已满50周岁的人只参加此种保险。

开放式保险，此险为1999年1月1日前未满30周岁的人员必须参加的保险。国家社保局负责按所规定的比例将其交纳的保险金划入此类保险基金。开放式保险基金管理者将保险资金作为资本进行投资运作，赚取利润，从而达到增值的目的。基金管理者一般都是以养老基金会冠名的合资公司，吸收了大量外资作为运营资本。截至2003年4月的统计数据，共有16家开放式养老基金投入运营，外国资本约占40%。波兰法律规定，开放式养老基金的资金作为资本绝大部分只能在波兰境内投资，到境外投资的资本不能超过5%。目前波兰境内资本的40%可投入股票市场，其余资本用于购买国债等其他投资。从2003年开始，绝大部分开放式养老基金已经出现盈利。

此外，还有职工集体保险，这是一种自愿参加的附加保险。它由一个或几个企业组成保险基金。投保个人必须先参加基础保险或开放式保险。由于这种保险需要企业支付的保险金更多，因此只有经营状况较好的企业才有能力开办这种保险。到目前为止，波兰共有近百家这种保险基金。

新的养老保险体制将改变国家对养老保险包办的作用，今后各种养老保险基金将发挥更大的作用。国家养老基金监督管理局负责监督和协调养老保险体制的正常运行。

男性满65岁、女性满60岁，且工龄分别达到25年和20年以上的职工才可提出退休申请。特殊行业的退休年龄另有规定，如矿工在井下工作25年后即可退休。

目前养老金的计算依据主要是交纳养老保险金的年限和数额以及未交纳养老保险金的年限。2009年以前退休的人员将按现行的办法计算和发放养老金。从 2009 年开始，参加开放式保险的人员退休，届时计算和发放养老金的办法将由波兰议会通过立法予以确定。养老金由以下三部分组成：基础额；所交纳养老保险的总金额和年限补贴；未交纳养老保险的工龄补贴。

养老金基础额对所有退休人员都是一样的，其计算方法是：国家统计局首先用上季度全国平均工资减去职工上季度所交的社会保险费平均数值后，得出养老金计算基数并每季度予以公布，然后用该计算基数乘以 24%，最后得出养老金基础额。

所交纳养老保险的总金额和年限补贴计算方法是：首先需根据退休人员自己所选定的退休前连续 10 年或不连续的 20 年中的工资总额，除以当时全国的平均工资总额得出计算养老保险金的平均指数，再用该指数乘以国家统计局公布的计算基数得出养老金补贴计算基础值，然后用该补贴计算基础值乘以 1.3% 得出每年应得的补贴，最后根据所交养老保险金的年限得出总补贴数额。

未交纳养老保险的工龄补贴计算方法是：用上述养老金补贴计算基础值乘以 0.7% 得出每年所得的补贴，然后再乘以未交纳养老保险的年数得出总补贴额。未交纳养老保险的工龄，是指法律规定可以不交纳养老保险且因公或因病等原因而停薪留职的时间。

养老金的最低数额则是根据全国平均工资浮动和通胀情况而调整。2003 年 4 月开始为 552 兹罗提，是国家最低工资标准的 70% 左右。2003 年 3 月起，领取退休金的退休者可应聘再工作，但其收入不得超过 1 862.62 兹罗提，并另交养老保险以外的各种保险金，如工资收入超过上述规定数额则将扣除部分退休金。

由于新的养老保险体制中增加了开放式和职工集体保险，从而分流了养老保险金，因此近年来基础养老保险部分所收取的保险金不能满足支付养老保险金的需求，不足部分需政府予以补贴，这给国家财政增加了沉重的负担。2000 年国家对社会保险

波

兰

165

基金的补贴占波兰 GDP 的 2% 左右，约 230 亿兹罗提（约合 57 亿美元），2001 年的补贴数额基本上与 2000 年持平。2002 年在国家财政十分困难的情况下，仍增加了补贴，以保证按时向退休者支付养老金。

二、失业保险

除上述社会保险体制外，政府还专门成立了劳动基金，目的是为了筹措资金，解决失业保险问题。失业保险是义务保险，所有职工原则上都应参加。失业保险金的比例是投保职工工资收入的 2.45%，保险金全部由职工所在单位支付。劳动基金由劳动部统一调配至各县级劳动局，主要用于支付失业人员的失业救济金和支付失业人员的医疗保险金等。

职工失业后应到居住地县级劳动局登记。如果失业人员在失业前 18 个月内共计工作了 365 天以上并且依法缴纳了失业保险金和其他社会保险金，在登记 7 天后，可开始自登记之日起按天计算领取失业救济金。失业救济金的标准由议会立法确定，并根据通货膨胀率，每年进行相应调整。2003 年第一季度的失业救济金为 477 兹罗提（约合 120 美元），为全国平均工资（2 225 兹罗提）的 20% 左右。如果失业人员的工作时间总计不满 5 年，则只能领取 80% 失业救济金；若失业人员的工作时间总计超过 20 年，则可领取 120% 失业救济金。

根据波兰《就业和反失业行动法》，对失业救济金的领取时间规定如下：若失业人员居住地的失业率低于全国平均水平，则失业救济金的领取时间为 6 个月；如果失业人员居住地的失业率高于全国平均水平，则失业救济金的领取时间为 12 个月；若失业人员居住地的失业率高于全国平均失业率的 2 倍，而且失业人员的工龄超过 20 年，失业救济金的领取时间为 18 个月；如果失业人员有 1 个以上不满 15 岁的孩子，而且失业人员的配偶已是无权领取失业救济金的失业人员，则失业救济金的领取时间为 18 个月；如果妇女在领取失业救济金期间或在失去领取失业救济资格后 1 个月之内生育，则在产假期间继续领取失业救济金。

失业人员在领取失业救济金期间的社会保险费和医疗保险费全部由劳动局支付。失业人员在失去领取失业救济金资格后，劳动局只负责缴纳其医疗保险费。

三、医疗保险

20 世纪 30 年代波兰议会就正式通过疾病保险法。该法规定所有职工都必须投保，医疗保险费的交纳比例为月工资收入的 6.5%，其中 40% 由职工个人交纳，60% 由企业负责支付。后虽几经修改，但基本做法延续至今。

2003 年是波兰医疗保险体制新旧交替的一年。2003 年 1 月 23 日波兰议会通过了《成立国家医疗卫生基金及普遍医疗保险法》，该法规已经总统批准并于 2003 年 4 月 1 日正式生效。

根据新法规，波兰将彻底改革目前的医疗保险体制，重新建设全国性的医疗保险体制。新医疗保险体制的核心是集中管理全国的医疗保险经费，使全体投保人员能得到平等的医疗待遇。成立国家医疗卫生基金并实行普遍医疗保险制度是构成新体制的两个重要元素。

一是国家医疗卫生基金：国家医疗卫生基金是一个具有法人资格的国家机构。它取代原来的 17 个医疗保险管理机构，负责全国的医疗卫生保险工作。基金会总部设在华沙，在每一个省内设一个分部（16 个）。基金董事会由 13 人组成，任期 5 年。其主要职责是负责制定并监督实施国家医疗保险规划，确定并监督实施基金会管委会的工作章程，审议基金会的工作计划和经费使用报告。基金管委会由基金会主席和三位副主席组成。基金会主席由总理任命，副主席由基金董事会任命。管委会的主要职责是协调基金会与政府部门和其他医疗机构的合作，制定并实施国家年度医疗保险服务计划，管理和使用全国医疗保险基金。基金会是非营利性机构，不从事经营活动，不开办医院和药店，不以任何形式拥有医疗单位的财产所有权。

二是建立普遍医疗保险体制：普遍医疗保险的对象是所有波兰公民以及合法居住在波兰的外国人，不包括驻波兰的外交和国际组织的工作人员。普遍医疗保险分为义务保险和自愿保险两种。凡是参加职工社会保险和农民社会保险的人员以及所有军警司法人员都有义务参加医疗保险，其他人员可自愿申请参加保险。职工交纳医疗保险金的比例 2003 年为 8%，以后每年递增 0.25%，2007 年达到 9% 后将保持不变。保险金按月一次性交纳。农民的医疗保险金按其拥有耕地面积计算，每公顷耕地需交纳的保险金相当于 50 公斤黑麦的价格。职工和农民交纳保险金后，其按规定不需另交保险的家庭成员也享受医疗保险待遇。

医疗保险的范围包括各种疾病的预防、诊断和治疗服务。以下医疗服务不在保险范围之内：与治疗无关的健康体检，如驾驶证体检等；无医生处方的疗养院疗养；非基本性的牙科治疗；非义务性的预防接种；患者自费的非常规性治疗；由国家财政支付的医疗服务；在国外进行的治疗。

国家医疗卫生基金与医疗单位签订向患者提供医疗服务的合同并支付医疗费用，患者只支付部分（30%～50%）购药费。参加医疗保险的人员可以在一年内两次选择固定的家庭医生，家庭医生拥有病人的最高数量由卫生部长颁布文件确定。家庭医生负责提供基本的医疗保健和治疗服务。参加医疗保险的患者还可选择专科医生和医院，就诊时必须有家庭医生开具的转院证明，但妇科、牙科、皮肤科、性病、肿瘤、眼科、心理学以及结核和艾滋病患者就诊不需要家庭医生的转院证明。卫生部负责国家医疗卫生基金会以及医疗保险体制运转的监督管理工作。

新医疗保险体制的主要优点是：不同地区参加保险的人员能得到同等待遇的医疗服务；患者到异地专科门诊就诊或住院不需任何批准手续；18 岁以下青年和儿童以及孕妇，无论是否有医疗保险都能得到特殊的医疗服务；通过建立学校保健队伍，使学龄儿童和青年得到预防保障。

第五节 关于劳动用工的法律风险防范

一、在波兰雇佣劳工的法律风险与防范

尽管波兰由于自身国内劳动人力资源的紧缺，为适应建筑业不断增长的需求，政府对于雇工问题采取较开放的政策，但在雇佣本国和外籍员工时，如不详细了解当地的法律环境，还是会存在特定的风险。作为外国企业在波兰市场开展经营活动，应该熟悉波兰法律并对违法追究的规定有一个基本的概念。现就外国企业在波兰的经营实践中相关的雇工风险进行提示如下：

（一）外国公司在波雇用劳工应注意的问题

许多外资公司会雇佣波兰籍员工，其优点在于不用获取工作许可，节约不少时间。此外，当雇主无法在波兰待业人群里找到从事某项劳动的合格者时，可从非欧盟国家或非欧盟经济区雇用

员工。除了在雇佣和居住合法化的程序上有所不同外，雇佣波兰人和雇佣外籍居民之间并没有太大的法律区别。不论公司来源和雇员国籍，公司都应当重视且有义务制定相关流程和规定，雇员也应当对此熟悉，并通过书面的形式确定这一事实。

（二）聘请当地专业咨询人员

建筑工作的雇佣协议通常根据劳动法中的规定来制定。为了能够符合劳务法的相关要求，建议公司配备法律和会计领域的专业人员。由于外来公司的股东和董事会成员对波兰法律体系通常不够熟悉，对此应当尤为注意。公司应当配备必要的法律人员，选择正确的在波兰雇佣员工的形式，继而有效使用工作时间，确保雇主能够顺利进行各项与雇佣法相关的法律活动，例如，订立合同、终止合同、制定义务性的内部规定等。会计人员负责计算和缴纳税款和社会保险费。

（三）常见的问题

根据以往在波兰的建筑公司的不同案例，可能会遇到以下与雇佣相关的问题：拖欠工资和补助、不当的雇佣形式（签订的是民事合同而不是劳务合同）、缺乏应有的健康安全措施、缺乏应对工伤事故和原因调查的流程。在雇佣外籍员工方面，常见的问题主要有：不具备工作或居住许可、糟糕的雇员居住环境等。

雇主应本着人道主义的精神和尊重人权的原则，妥善安排劳工的居住和生活，内部食堂即宿舍的面积、卫生条件及周边环境，特别是食堂和厨房的布局、食品及蔬菜的堆放储藏等应符合当地建筑法以及食品卫生法的相关规定，可以咨询当地的法律顾问和卫生监管机构，避免因违反相关规定而受到处罚及影响声誉和遭受经济损失。

（四）对雇主雇佣无工作许可的外国人的处罚

雇主雇佣无工作许可的外国人或者不是法律允许的可免予申请工作许可的外国人，将受到行政和刑事处罚。

根据 2006 年 7 月 21 日劳动和社会政策部《关于对外国人发放工作许可的方式和条件事令》，省督可以拒绝颁发工作许可承诺函或正式工作许可，如果雇主违反《就业促进和劳动市场机构法》，并且其违法行为在执法检查中被认定，自执法检查书出具之日起 1 年内，不予颁发工作许可承诺函或正式工作许可。该令规定，外国人违反《就业促进和劳动市场机构法》并被执法检查查出，自执法检查书出具之日起 1 年内不予颁发工作许可承诺函或正式工作许可。

华沙某购物商场投资项目是上述问题的很好例子。2017 年 9 月，波兰国家劳动调查局（NLI）的调查揭露了该项目的雇主（建筑承包商）违法雇佣外籍劳工，未执行健康安全规定。77 个雇员当中有 4 人没有获得合法许可。NLI 以非法雇佣罪对三位法人代表进行了处罚。

（五）自觉接受培训和加强监管自查

在波兰违反雇佣法会被视作行为不端，在某些情况下甚至构成犯罪，相应责任将由公司董事会成员或负责雇佣事务的人员承担。对建筑行业公司来说，监督和管理员工是很重要的，包括对员工的健康和安全状况的监控，以及有效工时的追踪。如果雇员的工作时间超出了计划的正常时间范围，他们则有权获取加班补助。雇主可以制定工时制度来限制超时工作的情况发生。对健康和安全的管理必须从良好的培训做起，覆盖到每一个雇员。出于这个原因，在波兰很多公司会有外聘专家对安全健康的培训和监管进行负责。

（六）关注签证和工作证的效期

根据中国企业在波兰的业务实践，对于承包商拟派往波兰的项目管理人员，没有强制要求必须在承包合同中列明计划派出的人员数量，承包商可以根据工作需要自行决定派出人数，并依据合同申请波兰签证和工作许可。但应注意本章前面提到的签证及工作许可的期限，避免因疏忽造成困难。同时应了解承包商派出的项目管理人员与雇佣的中国劳务的"身份与工作区别"，以符合波兰的外籍人员在波兰的居住和工作规定。

雇主对雇佣缺少有效工作和/或居住许可的外籍员工负有法律责任。雇主应当定期检查雇员的这类许可，验证是否有效。这是每一个雇佣外籍员工的公司应当遵守的良好规范。

值得注意的是，NLI 对 168 000 名在 2007～2017 年工作过的外国人进行了合法雇佣调查，近半数的公司曾有过违法行为，只有 3 000 个公司的外籍员工的工作是合法的，仅占到被审计公司总数的15%。非法劳动和非法工作的外籍雇员达到了 14 146 人，包括305 名中国居民。[①]

二、与工会不能妥善协商的风险与防范

目前，从整体形势上分析，波兰的工会组织并不像某些欧洲国家甚至一些非洲国家那样普遍，其活动也相对稳定，与业主的关系相对和谐。但雇主在遇到涉及雇员利益的问题时，要充分尊重工会的合法权利，进行良好的沟通，避免产生歧义和长期冲突。

---

① 波兰国家劳动调查局：《国家劳动调查局职责与组织架构》，波兰国家调查局官方网站，https：//www. pip. gov. pl/pl/f/v/35972/The% 20NLI% 20s% 20organizational% 20structure% 20and% 20responsibilities. pdf 最后访问日期 2017 年 9 月 2 日。

第六节　其他劳动用工问题

一、合规检查

对劳动法的执行监督机构是国家劳动监察局、社会劳动监察机构和国家卫生检验局。国家劳动监察局，由总劳动监察局、16区劳动监察部门组成。该机构有权对雇用劳动者的任何单位或组织进行检查，并且可在未经事先通知的情况下，在白天或晚间的任何时间开展检查。

二、劳动纠纷

劳动纠纷由专门的劳动法庭负责审理。但劳动法规定，雇主与雇员应尽量争取和解。

（一）调解委员会

雇员向法院提起诉讼之前可以先将纠纷提交调解委员会。调解委员会成员由雇主和工会组织共同指定。专家小组审理，只能应雇员的要求启动，并可能最终导致和解。如和解未能达成，则应雇员要求，调理委员会须在 14 天内将纠纷提交劳动法庭。雇员也可不经调解程序直接向劳动法庭提起诉讼。

（二）劳动法庭

劳动纠纷一审在地区法院，由劳动庭或劳动与社会保险庭负责审理。二审在地方法院，由劳动庭或社会工作和社会保障庭负责审理。

三、工会

波兰境内之工会在社会组织和协会中拥有特殊地位，主要是由于在 1980 年起，在社会变迁和政治变革中，团结工会所起到的作用。然而，当前波兰境内工会组织的成员人数处在较低水平。

1991～2008 年，工会成员人数从 18% 下降到 16%，工会成员最主要的组成部分为上市公司的劳动者及混合所有制公司的劳动者。在私营机构，工会为临时性的。

工会组织最完整的机构为教育机构，科学机构、卫生机构、管理机构、运输机构、电信机构及煤矿开采机构。

工会活动的法律依据：

工会可由 10 人或者以上经授权人士成立，通过形成工会，采取其章程，并推选 3～7 位成员组成筹办委员会。

工会必须在波兰法院登记注册，若筹办委员会未能在工会成立日起 30 天内申请注册，则成立决议有效期满。一经注册，工会即具备法人资格。

原则上，未经公司工会领导层同意，用人单位不得通知终止或更改工会成员之劳动合同。

（一）与当地工会进行工作

在波兰，员工不会自动成为工会成员或工会理事会成员。然而工会组织一旦在公司内形成，雇主就有义务与其合作。原则上，工会的设立需要获得 10 个以上的有权设立工会的个人的一致同意。工会是自发形成的组织，因此每个员工都有权决定自己是否加入。当工作场所内有工会成立时，雇主有义务进行以下工作：

（1）在解除工会成员的雇佣关系之前向工会咨询；

（2）在发放工资和颁布规章制度之前获得工会同意；

（3）在工会要求订立集体劳资协议时进行订立；

（4）在工会告知存在集体纠纷时出面协调。

由此看出，工会的设立会对雇主会造成一些影响，下面简单介绍其中几点：

保护工会主要成员与雇主之间的雇佣关系。工会的特定成员（其数量取决于工会成员的总数）的雇佣关系受到保护，没有工会管委会的同意雇主不能做出以下行为：

（1）终止工会管委会成员或其决议指定的、能够代表工会与雇主交涉的成员的雇佣关系；

（2）单方面变更上述雇员的工作条件或工资条件，对其造成损失。

上述保护的有效期为：

（1）工会管委会决议所提及的时间范围；

（2）在管委会决议所提及的时间范围的基础上可再增加一半的时间，但最长不能超过一年。

工会管委会自工会成立之日起 6 个月内也享受类似的保护。管委会成立的确切日期通常难以确定，且工会法案仅对管委会的人数做出了规定，即 3 ~ 7 人，因此很难判断究竟哪些成员受到保护、从何时开始受到保护。

（二）工会的基本权利

工会的基本权利包括：

（1）协商并执行集体劳资协议以及其他基本法规之权利。

（2）赞成条款，尤其是工作条款和薪资条款之权利。

（3）在工会有能力的情况下，就立法目的和议案发表意见之权利，以及请求具有立法权力之实体通过或修改法规或其他标准法令之权利。

（4）就个人雇佣时间提出支持或反对意见之权利，尤其在通知或未通知情况下，劳动合同的终止。

（5）请求最高法院解释劳动和社会保障法律之条款之权利；此权利适用于部门工会组织。

（三）工会的特殊权利

1. 工会成员豁免工作的权利。

（1）工会成员有权暂时或永久免除履行工作的义务。

（2）当雇员需要在工作场所以外临时执行工会职能且在个人自由时间内无法完成时，有权带薪离职直到工作结束为止。不仅如此当雇员被选派执行工会职能时，有权停薪离职。

（3）工会管委会成员有权长期离开自身岗位以便进行工会成员的选拔工作（其数量取决于工会成员的总数）。

（4）为了选拔工会成员（其数量取决于工会成员的总数），工会管委会的成员有权长期豁免当前职务的义务。

雇主应当认识到，雇员作为工会主要成员的此种权利，能够让其合法离开工作岗位，雇主不但无法干涉，也不能确认其离职时间内是否真的用于从事与工会相关的工作。

2. 罢工的权利。

组织罢工是工会的另一项重要权利。罢工可以出于工作条件、工资、福利、社保，以及雇员和其他有权在工会中联合的团体的自由和结社自由。

根据波兰法律，罢工是指雇员为了解决上述问题而进行集体停工的行为。这属于最后的手段，除非已经尝试过所有解决争端的可能性（如谈判、调解和仲裁），否则不能执行。工会在作出罢工决定时，应考虑罢工所带来有利因素是否超过其带来的损失。

值得注意的是，罢工应基于自愿原则，且至少提前五天公布。此外，员工参与依法组织的罢工不影响雇员正常履行工作义务。员工依然享有雇佣关系下的社会保险福利的权利，但获得报酬的权利除外。因罢工而导致的不履行工作义务期仍然属于就业时间之内。

在罢工期间，工作的经理不能限制履行职责，例如，确保保护工厂的财产，以及设施，设备和设施的不间断工作，固定可能对人的生命或健康构成威胁；或恢复工作场所的正常运行。此外，罢工组织者有义务与工厂经理保持合作，确保保护工厂的财产，以及设施，设备和设备的不间断工作。

波兰劳工法的特点是为了保护没有罢工权的雇员的权益，在另一个工厂工作的工会可以代表他们组织罢工，不再是一半的工作日。这种罢工被称为"团结罢工"。

根据波兰法律，只有工会有权组织合法罢工。

3. 订立集体劳资协议的权利。

工会的另一个重要权利是与雇主就劳资协议进行谈判。劳资协议应当包含雇佣关系、各方义务、协议的应用和惯例。原则上，协议的订立主体应当为协议所涵盖的雇主的全体雇员。

协议之前应先进行谈判。有权缔结协议的缔约方（工会或雇主）不得拒绝另一方要求缔结集体谈判协议的谈判。各方有义务诚意进行谈判，尊重对方的合法利益。雇主有义务向工会会员提供有关雇主经济情况的资料，这是进行负责任谈判所必需的。

只有在与工会达成协议的情况下，雇主才受到集体谈判协议的约束。没有雇主的明确同意，法律上没有适用于公司的集体谈判协议。特别是没有行业具体的集体谈判协议，适用于企业在企业经营特定经济部门的唯一事实。

协议以书面形式签订，用于固定或非固定期限。集体谈判协议的内容由双方共同解释。协议的模糊条款可能会导致其解释的差异，从而导致集体纠纷。应该指出，集体谈判协议的规定不能比"劳动法"规定对员工不利。此外，雇佣合同的规定不能低于这些协议的规定。

（四）侵犯工会权利的后果

根据波兰法律侵犯工会权利的行为可能构成犯罪。任何以职务之便做出以下行为者将会面临罚款或被限制人身自由：

（1）阻止工会的合法成立；

（2）阻碍工会的合法行为；

（3）因雇员是工会会员、非工会会员或担任工会职务而对其进行区别对待；

（4）未能履行工会法案所规定的与工会合作相关的特定义务。

然而，在实际上因违反工会权利而受到处罚的情况十分罕见。

工会通常存在于能源和建筑领域的大型国企或改制企业中，很少在新企业中成立。

必须指出的是，在波兰法律中，也有其他类型的雇员代表，例如劳资委员会。然而比起劳资委，工会拥有更广泛的权力，有更多的手段影响雇主。

四、中国员工在建筑工地的安全培训

安全培训是雇主雇佣劳工期间应特别注意的问题。对在波兰工作的中国员工的安全培训和波兰籍员工的要求是相同的，培训应当以雇员能理解的语言进行，这点很重要。雇主应当记录培训情况，并以波兰语进行归档。

每一位雇员在开始工作之前都必须接受体检，并定期复查（在劳动医学的范围内）。当离开工作岗位一段时间之后，再次工作之前也需要应进行体检。

如果员工不具备执行工作所必需的资格或能力，或对工作中健康和安全的规定没有充分的了解，不得从事该项工作。雇主必须确保雇员在工作前接受了合格的健康安全培训，并在工作后保持定期的培训。根据员工的工作性质，员工必须在工作时间内参加相关健康和安全的定期培训，产生的费用由雇主承担。

员工应接受健康和安全的一般培训，以及根据职位进行针对培训。雇主必须确保员工熟悉工作中健康和安全的规定和原则，了解他们在岗位上所从事的工作。因此培训的内容随雇员的职位而变化。雇主也有义务就工作站的健康和安全问题发出详细的指示。每位员工必须以书面形式确认熟悉工作中健康和安全的规章制度。

五、对施工现场安全主管和监理人员权力的规定

根据波兰法律，现场经理是施工现场的主要安全协调员。现

场经理的法定权利和义务主要是根据波兰建筑法和根据该法颁布的条例的规定。

现场经理有义务在施工开始前制定好健康和安全计划，且应适当考虑到具体工作类型和施工工程的施工条件，包括施工和工业生产过程的实施。

场地管理人员还有义务在为建设工程计划或连续执行的特定阶段准备技术或组织基础时，以及在规划完成建筑工程或其特定阶段所需的时内协调促进健康和安全工作的执行情况。

现场经理应当发挥协调作用，确保健康和安全守则在施工过程中得到实施。

现场经理的其他职责范围包括：

（1）采取必要的措施，防止他人擅入施工现场；

（2）当发现潜在危险时，应立即暂停施工，并通知主管机关。

现场经理可以指派一名安全健康协调员，但本身仍将对健康和安全问题负责。需要注意的是，如果不同雇主的雇员同时在一个地点工作，雇主们有义务指派一位协调员负责监督和管理所有现场工作人员的健康和安全。

现场经理在职责上的过失可能会导致刑事责任。因此，如果现场经理未能在职业健康和安全范围内履行职责，从而使员工面临生命损失或严重身体伤害，可能会受到3年以下有期徒刑、罚款或限制人身自由等处罚。

如果某项工作违反劳动法（包括有关职业健康和安全问题的规定），违规行为直接威胁到员工或其他执行此工作活动的人员的生命或健康，国家劳动调查局有权暂停该项工作或活动。

施工现场检查员也可以享有类似的权力。依法规定，主管机关可以影响人身财产安全或自然环境状况的方式，出具暂停施工的决定。

第七节　典型案例

（一）基本情况

波兰籍 S 女士于 2004 年 6 月 18 日与 L 公司位于华沙的注册分支办事处签订了劳动合同，担任中东欧开发负责人。2005 年 3 月 1 日，S 女士与该公司签订了永久劳动合同，全职担任中东欧市场协调员。2006 年 1 月，S 女士怀孕，随后申请休产假。在此期间，该办事处由于公司决议而被关闭，迫使 S 女士解除劳动关系，丧失工作岗位。因此 S 女士将 L 公司告上法庭，要求恢复劳动关系，并支付失业期间的薪资。2008 年 2 月 5 日，华沙地方劳动法院根据以往判例，判决 L 公司恢复与 S 女士的劳动关系，并支付其失业期间的薪酬总计 20 614.68 兹罗提。

L 公司不服判决，提起上诉，以不能在岗位上工作为由要求解除与 S 女士签订的劳动合同，要求 S 女士支付缺勤期间造成的损失、法定利息以及诉讼产生的费用。经多次审判，波兰最高法院最终驳回 L 公司上诉，维持原判，诉讼费用也由 L 公司支付。

（二）法律分析

根据波兰《劳动法》第 177 条第 4 款的规定，雇主不能在雇员怀孕期间或产假期间终止劳动合同或提出终止劳动合同的通知，除非雇员由于特定原因满足终止劳动合同的情形，且代表该雇员的工会组织已确定该雇员同意解除。且 L 公司并不符合《劳动法》第 41 条当中规定的无须对劳动关系的终止进行通知情形，即：当公司处于破产或清算状态下，或符合第 38、39、41 条的规定时，无须对劳动关系的终止进行通知。

（三）管理建议

本案特点在于外国公司在波兰的分公司根据总公司决策行动而导致法律纠纷。如果 L 公司在关闭分支机构的过程中依法处理好与 S 女士的劳动关系，那么纠纷就不会发生。由此可见，外国公司在进行商业决策的时候，要充分考虑到波兰法律的特点，了解波兰法律与中国法律的不同点，特别是工会在劳动关系中不可回避的角色，同时关注当地雇员的善后问题，在开设、更换和关闭分支机构时提前做好与当地员工的沟通工作，预防此类法律风险，避免法律纠纷给公司形象和经济上带来不利影响。

第六章

波兰财税金融法律制度

第一节　波兰财税政策及法津制度

一、波兰财税体系概况

为实现与欧盟经济的一体化，波兰的税收体系日益与西欧趋同。目前，已建立了以所得税和增值税为核心的税收系统。除了各地在房产税等略有差异之外，波兰实行全国统一的税收制度。外国公司和外国人与波兰的法人和自然人一样同等纳税。波兰共有十多种税，包括直接税和间接税。直接税包括个人所得税、公司所得税、遗产与赠与税、民法交易税、农业税、森林税、房地产税、交通工具税、犬税、银行税、零售业流转税等，间接税包括增值税和消费税、博彩税等。

波兰的主要税务管理机构有税务所、财政审计室、税务厅和财政部。税务所在其管辖范围内监管税收，也对个别案件作出行政裁决；财政审计室负责执行税收和财政会计审计程序；税务厅负责监督税务机关，并有权审查税务所和财政审计室的行政裁决；财政部负责波兰全国的财政预算政策并监督全国税收体系。

波兰实行属地税法，根据企业在全球范围内的收入对其征收所得税。公司在波兰注册或其管理机构位于波兰境内即具有居民地位。外国公司在波兰的子公司视为居民并依据条例征税。对非居民公司的企业所得税征缴仅限于其产生于波兰的全部收入，波兰政府与第三国缔约避免双重税收协定另有规定的除外。对于非居民的专利权收入、利息、股息和资本收入，在绝大多数情况下，即使在波兰境内并无常设机构，波兰政府也可代扣所得税。波兰政府与包括几乎所有发达国家在内的 80 多个国家签订了避免双重征税的协定。

二、波兰财税政策及法律制度

波兰建立了较为完善的税收法律体系，税收领域的重要法律主要有：《税法》《纳税人和支付人证明和身份原则法》《法人所得税法》《自然人所得税法》《商品和服务税法》《消费税法》《印花税法》《商品粘贴消费税税法》、财政部长令《执行商品和服务税及消费税法部分规定》《地方税费法及其他部分法律修订》《企业部分公司债务重组法》、部长理事会令《关于给中小企业税收优惠帮助的条件细则》、部长会议令《关于在雇佣中提供部分税收优惠帮助的条件细则》。

（一）个人所得税

在波兰定居以及居留超过半年属于长期居住，属于按照居民个人纳税的主体，纳税税基为个人的全部收入，不在波兰长期居住的自然人为非居民个人范畴，只需缴纳有限所得税，即只就在波兰的收入缴纳个人所得税。无论是居民个人或者非居民个人，居住在国外获得的收入，若该收入来源于波兰，也要征税。

扣减项目，纳税人可以将捐给公共福利机构的款项从应纳税额中扣除，上限为应纳税收入的6%，抚育子女也可获得每年每名儿童1 120.4兹罗提的扣除。

自2009年1月1日起，个人所得税实行18%、32%两档税率。任何在波兰的纳税人都享有年免税额556.02兹罗提，具体规定见表6－1。

表6－1　　　　　　　　　　波兰个人所得税税率

个人所得税税基（兹罗提）		应付税款
下限	上限	
0	85 528	税基的18%减556.02兹罗提
85 528	以上	14 839.02兹罗提＋超过85 528兹罗提部分的32%

资料来源：中华人民共和国驻波兰经参处：《波兰主要税种介绍》，http：//pl. mofcom. gov. cn/article/ddfg/sshzhd/201407/20140700663126. shtml，最后访问日期2017年11月26日。

红利和参加法人利润分配的其他收入税率统一为19%。个人对遗产、礼物税和不动产税都要缴纳3%～20%的税，但要可以享有一定的免税额。

个人所得税缴纳方式为月度预付制，次月20日前计算支付上月税金，次年4月30日前结算。小企业经营者可以按照季度支付。

波兰雇主应该从其雇员的工资中扣除税金并将这些数据在第二个月的20天之内报告。收入和应付的税额应该最晚在第二年的4月30日提交，并标明收入来源及额外应付的税项。

扣减项目包括捐赠、波兰和欧盟国家社会保障缴费、残疾人士发生的费用以及因技术知识或对个人养老保险账户的贡献而产生的一些费用。

利息也可以在权责发生制的基础上扣除，同时也可以获得国外的税收减免，但是如果国外的收入来自于波兰，那么税收抵免的数额就不能超过国内的税收。

在波兰，外籍人士和本地人同样需要纳税。有关海外征税的信息，可在波兰克拉科夫的网站[①]上获取。

（二）企业所得税

1. 企业所得税介绍。

企业所得税[②]适用于在波兰进行商业经营的企业主体、在波兰注册的公司或总部设在波兰的公司[③]。扣除固定资产和无形资产的净收益，如果企业前一年的总收益超过 120 万欧元，则需要缴纳有 19% 的企业所得税，而那些年营收低于 120 万欧元的公司则需要缴纳 15% 的企业所得税。如果上一年度企业财务状况是亏损的，则 CIT 税可以进行减免。当然，在波兰税法当中，对企业也存在着各种各样的津贴和豁免政策，需要投资者结合实际情况设计合理的财务制度。

波兰对内外资企业实行统一的所得税，所有法人和具有法人资格的组织[④]（合伙企业除外，有限合伙企不在此例外范围，不

---

① 波兰税收（Tax in Poland），http：//www. krakow - info. com/taxes. htm? lien_externe_oui = Continue，2017 年 9 月 23 日最后访问。

② 波兰企业所得税（Corporate Income Tac inPoland），https：//www. paih. gov. pl/polish_ law/taxation/cit，2017 年 9 月 23 日最后访问。

③ 在当地法律规定当中，需要交纳企业所得税的主体为：有限责任公司、股份公司和其他法律实体；在设立过程中的企业；有限股份合伙公司在波兰共和国境内的注册办事处或管理委员会；没有法人资格的公司，在另一个国家有其注册的办事处或者管理委员会，如果依照另一个国家的税法，被视为法律实体，无论其收入在哪里，都要对其总收入进行征税；除了民事伙伴关系、一般合伙关系、专业伙伴关系和有限合伙关系之外，组织单位没有法律人格；税收资本集团（tax capital groups.）。

④ 在波兰，有办公室或管理委员会的纳税人在波兰的总收入中受制于 CIT。没有在波兰设立办公室或管理委员会的纳税人，只会受制在波兰获得的收入。合伙企业所得的收入分配给伙人，并与其他收入一起分配给合伙人。

受 CIT 的限制）都要按年度缴纳企业所得税。标准税率为 19%，但对有限纳税义务人，利息收入、版税收入以及无形服务收入所得税为 20%，股息收入所得税为 19%，见表 6 – 2：

表 6 – 2　　　　　　　　　企业所得税税率

CIT rate（企业所得税税率）	19%
Withholding tax（减免税收税率）	
Dividends（股息分红）	19%
Interest（利润）	20%
licence fees（许可证使用费）	20%
intangible services（无形服务价值）	20%
Branch profit tax（分支机构利润税率）	N/A

资料来源：Polish Investment and Trade Agency, https：//www. paih. gov. pl/polish_law/taxation/cit, November 26th, 2017 Visit.

税务年度与日历年度相同，除非公司章程另有规定，否则应按照税法要求按时向税务局提交企业的税务报告。如果公司在日历年下半年成立并选择日历年为标准税务年度，则公司可选择将第一个税务年度的时间扩展到 18 个月。

来自国外的波兰纳税人所获得的收入企业所得税征收比例为 19%，而且这一征收税额应计算在其波兰获得的收入中累积计算，除双方签订的有关条约中对此另有规定。

外国人在国外已经缴纳过的税收可以从波兰的企业所得税中扣除，但是扣除额不能超过根据波兰法律规定的数额。

具体而言，以下情况当中，在国外有红利来源的外国企业可以在波兰免除部分企业所得税：

第一，如果这些获取红利分配的外国企业之中，在一个欧盟成员国或在瑞士设有办事处，且波兰方至少占有 10% 的股份份额（如果在瑞士注册办公室则需至少控股 25%），且持续收取股息分红至少两年①。

第二，公司支付的费用和公司所收取的红利必须计算在他们从波兰和欧盟或瑞士取得的总收入中；

第三，外国法人清算所得的收入不符合豁免条件；

第四，如果外国企业的股息和分红从一个已经与波兰结束税收协定或者根本就不存在税收协定的国家（除了欧盟/欧洲经济区国家和瑞士）取得，而且这个外国法人在这个国家设立了办事机构，根据法律规定，如果该企业法人已在国外支付了所得税，则该外国法人应缴纳的企业所得税，可以得到扣除。但根据波兰法律，扣除金额不得超过企业所得税的应缴纳金额。

2. 资产的折旧与税收优惠。

波兰允许在某些情况下加速资产折旧。部分新资产使用的第一个税务年度可折旧30%。无形资产可在 2 ~ 5 年内分摊。在法律形式改变、合并、分立和分摊的情况下，固定资产的买方有义务继续卖方所采用的折旧原则（见表 6 - 3）。

表 6 - 3　　　　　　2014 年不同资产的折旧率和折旧方式

固定资产种类	直线折旧法		余额递减法	
	折旧期	折旧年率（%）	折旧期	折旧年率（%）
轿车：50 000 兹罗提	60 个月	20% （10 000 兹罗提）	不适用	
卡车：100 000 兹罗提	60 个月	20% （20 000 兹罗提）	30 个月	40%（40 000 兹罗提第一年）
电脑：5 000 兹罗提	3 年	30% （1 500 兹罗提）	18 个月	60%（3 000 兹罗提第一年）
建设机械：1 000 000 兹罗提	60 个月	20% （200 000 兹罗提）	30 个月	40%（400 000 兹罗提第一年）

波

兰

---

① 此处 2 年的期限也可能从股息支付日期之后开始计算。

续表

固定资产种类	直线折旧法		余额递减法	
	折旧期	折旧年率（％）	折旧期	折旧年率（％）
办公楼：10 000 000 兹罗提	40 年	2.5%（250 000 兹罗提）		

资料来源：Delottte，*Taxation and investment in Poland* 2014，https：//www2. deloitte. com/content/dam/Deloitte/pl/Documents/Books/pl_Taxation – Investment – in – Poland – 2014_ENG – CHI. pdf，November 26th，2017 Visit.

公司如果发生亏损，则损失可以结转至未来几年，但不得往前推算，不得以数年前收入抵消，法律允许在随后的纳税年度以收入抵消，在之后连续 5 个税收年度中进行抵消，但每年抵消额不得超过亏损额的一半。在公司合并情况下，只有继续存在的公司的税务亏损可以被利用，被收购公司的税收损失抵消将被取消，如果公司合并成立的是一家新公司，合并公司的亏损不能被抵消。

缴税方式为年度预付税金，每月 20 日前，纳税人将年初截至上个月的实际应缴所得税与同期预付税的差额汇至税务局指定账户。次年 3 月底前，纳税人与税务局进行多退少补的结算。税法同时提供简易方法，即纳税人每个月付年初计算税金的 1/12。

（三）增值税

波兰增值税是指在波兰境内生产的产品和提供服务的价外税，进口及欧盟内部产品也征收增值税。增值税系统包含范围广泛并且适用于各级供应链，包括了从生产到消费的各个环节。增值税由产品和服务的提供商负责缴纳。

在波兰开展有关增值税经营活动的实体必须进行增值税注册，时间不得晚于其开展第一次经营活动之前，前一年应税销售额不超过 50 000 兹罗提的纳税人可以免除增值税及其注册义务。

波兰

不论营业额高低，在波兰或者欧盟其他国家没有注册地址、固定商业或者居住地点的非固定纳税人都应该在波兰进行增值税注册，并有责任指定一个财务代表，财务代表与纳税人对其在波兰的纳税义务共同负责。

在波兰境内销售商品和提供服务须按月缴纳增值税。自2011年1月1日起，增值税有23%、8%、5%和0四种税率，其中23%为基本税率，其他几种税率为特殊商品和服务税率。根据税法规定，包括医疗、社会保健和教育等领域可以免征增值税。

波兰在2016年4月通过的造船法规定，对包括拖轮、破冰船在内的多类船舶的零部件生产给予增值税免征，造船业者可在19%的企业所得税和新设的1%的固定营业税之间选择。

（四）房地产税

该税为地方税，各地税负略有差异，按年收取，住宅较低，商用建筑物略高。2013年，住宅使用面积每平方米22.82兹罗提。新建或在建建筑，则按照总价值2%征收。乡议会有权减免房地产税①。

（五）农业税

农业税按公顷核算，兼顾土地等级。1公顷一级农用地一年税务年度按1.95公顷标准折算。目前对1公顷土地的农业税按2.5公担黑麦上一年度前三季度收购平均价核算。最低等级的土地免征农业税。山区可获得1~15年免征收农业税待遇。

---

① 根据波兰当地现行法律规定，自2007年1月1日起，父母、继父母、祖父母、子女、继子女、子女、子女、配偶、兄弟姐妹等直系亲属的继承、捐赠和贷款都已免税，但必须在事后30天内提出适当的纳税申报。

（六）林业税

林业税纳税人为森林所有人、占有人或者用益物权人，税额取决于森林面积和一定时期内木材的价格。

（七）印花税

波兰一系列民法活动须缴纳印花税。这些活动包括：销售协议、租借租赁协议、贷款协议、担保协议等。印花税征收的行为是政府管理行为，比如颁发许可、证件、代理协议和其他中央和地方的许可行为，税额在各政府有关文件中规定。印花税的税额是固定的，在1~3 000欧元。

（八）页岩气税

2014年7月，波兰众议院通过新法案，规定自2020年起在波兰的页岩气开采者须支付40%的原材料税。该法对石油和天然气开采者也作出类似规定，提高其向地方政府和国家环保和水文经济基金支付的勘探费，天然气由6兹罗提/1 000立方米增至24兹罗提/1 000立方米，石油由36兹罗提/吨增至50兹罗提/吨。

（九）银行税

2015年12月，众议院公共财政委员会提出法案，将银行税月税率从0.0325%提高到0.0366%。2016年1月，总统杜达签署了银行税法案。该法案规定，资产在40亿兹罗提以上的银行以及合作储蓄和信用社、资产在20亿兹罗提以上的保险机构、2亿兹罗提以上的贷款公司，于2016年2月起每年缴纳资产

0.44％的税收（月度税率为 0.0366％）。

（十）零售业流转税

2016 年 1 月底，财政部公布征收零售业流转税的法律草案，新税法涵盖所有连锁及独立零售商，实行阶梯制税率。月营业额低于 150 万兹罗提的商户免税，营业额超过 150 万低于 3 亿兹罗提的商户缴税税率为 0.7％，营业额超过 3 亿兹罗提商户缴税税率为 1.3％。周六日和法定节假日营业收入税率为 1.9％。营业额不包含药品，法案中商品定义不包含经过烹调的熟食。

（十一）特许权税

特许权税是指特许产品的生产、销售、进出口征收税，特许商品分为欧盟统一特许产品和非统一特许产品，欧盟统一特许产品是指根据欧盟法规定的产品，如烟酒类产品，非统一特许产品是指波兰法律单独规定的特许产品，如汽车等。

（十二）资本税

资本税的税率取决于合同的类型，增资的资本税是 2.5％，股权收购的资本税是 1％，贷款的资本税是 2％（股东贷款除外）。

（十三）特区的税收优惠政策

1994 年 10 月 20 日，波兰通过经济特区法案对经济特区进行法律规范，加入欧盟后又对此法进行了一系列的修正案。波兰16 个省设有 14 个经济特区，在经济特区投资可享受主要优惠政策为减免所得税，还可享受地方政府提供的房产税优惠（由当地政府决定），投资优惠根据投资金额、雇佣员工数、经济特区所在地经济发达程度而定，自投资完成 5 年后（中小企业 3 年），区内企业可以逐年享受税收抵扣，但优惠额度不超过地区补贴上限，经济特区内企业可以享受政策优惠的投资下限是 10 万欧元。经济特区对产业无特别限制，但贸易企业和物流企业不可享受经济特区政策。

另外，在经济特区投资的企业可以享受企业所得税减让，减让数额视投资规模和创造的就业岗位数量而定。

（十四）受控的外国公司税收

受控境外企业①（Controlled Foreign Corporation，CFC）是指那些在避税地或与波兰及欧盟没有税务信息交换协议的地区设立的，由波兰居民/公司直接或间接控制的外国公司。波兰自 2015 年 1 月开始，对受控境外企业的利润征收 19% 的所得税。

如果该境外企业的年收入不超过 25 万欧元，或该境外企业参与波兰、欧盟或欧洲经济区的实体经济达到一定程度，则该税收制度不适用于该实体。

波兰企业对其控股的外国公司赚取的利润征收 19% 的所得税。

三、中波间的税务协定

1988 年 6 月 7 日，中波签署《中华人民共和国政府和波兰人民共和国政府关于对所得避免双重征税和防止偷漏税的协定》，对避免双重征税和防止偷漏税领域进行了约定。

协定适用于缔约国一方或者同时为双方居民。协定适用于由

---

① 根据波兰法律，对外国公司的界定标准为：在避税天堂注册，或者在波兰共和国或欧盟尚未与之缔结关于税收信息交换的国际条约的所有国家，在其中至少一个国家有住所。

缔约国一方或其地方当局对所得征收的所有税收，不论其征收方式如何，也包括对来自转让动产或不动产的收益征收的税收以及对资本增值征收的税收。

协议对两国税收进行了约定，其中包括了中国的税收有：个人所得税、中外合资经营企业所得税、外国企业所得税、地方所得税；波兰的税收有：所得税、工资薪金税、平衡税、不动产税、农业税。

协定中对居民进行了限定，"缔约国一方居民"是指按照该国法律，由于住所、居所、总机构实际管理机构所在地，或者其他类似的标准，在该缔约国负有纳税义务的人。

关于不动产方面，缔约国一方居民从位于缔约国另一方的不动产取得的所得包括农业和林业所得，可以在该缔约国另一方征税。

关于营业利润方面，缔约国一方企业的利润应仅在该国征税，但该企业通过设在缔约国另一方的常设机构在该缔约国另一方进行营业的除外。如果该企业通过设在该缔约国另一方的常设机构在该缔约国另一方进行营业，其利润可以在该另一国征税，但应仅以属于该常设机构的利润为限。

关于海运和空运方面，以船舶或飞机经营国际运输业务所取得的利润，应仅在企业实际管理机构所在缔约国征税。

关于股息、利息、特许权使用费、财产收益等方面，缔约国一方居民公司支付给缔约国另一方居民的股息，可以在该缔约国另一方征税。

关于独立个人劳务方面，缔约国一方居民由于专业性劳务或者其他独立性活动取得的所得，应仅在该缔约国征税。

协定还对非独立个人劳务、董事费、艺术家和运动员、退休金、政府服务、教师和研究人员、学生、学徒和实习人员等方面产生的费用税收进行了约定。

为了在中国消除双重征税，需要注意以下事项：

中国居民从波兰取得的所得，按照本协定规定在波兰缴纳的税额，可以在对该居民征收的中国税收中抵免。但是，抵免额不应超过对该项所得按照中国税法和规章计算的中国税收数额。

从波兰取得的所得是波兰居民公司支付给中国居民公司的股息，同时该中国居民公司拥有支付股息公司股份不少于百分之十的，该项抵免应考虑支付该股息公司就该项所得缴纳的波兰税收。

为了在波兰消除双重征税，需要注意以下事项：

当波兰居民取得的所得按照本协定规定可以在中国征税时，除特殊情况外，波兰应对该项所得免税。

当波兰居民取得的所得，按照本协定规定，可以在中国征税时，波兰应允许从对该居民的所得征收的税额中扣除相等于在中国缴纳的税额。但是，该项扣除不应超过对从中国取得的该项所得扣除前计算的税额。

当按照本协定规定由波兰居民取得的所得在波兰免税时，波兰在计算该居民其余所得的税额时，可适用该项免税所得在没有免税的情况下所适用的税率。

协定还约定了无差别待遇，约定外国居民税负不得高于本国居民税负。

第二节　波兰金融政策及法律制度

一、波兰货币和外汇管理

波兰货币为兹罗提。波兰《外汇法》规定，兹罗提为可自由兑换货币。在金融机构、兑换点（KANTOR），兹罗提与美元、欧元等自由兑换货币可互相买卖。

2000 年 4 月 12 日，兹罗提汇率实行完全自由浮动，兹罗提汇率在市场自由形成，不再采取官定汇率、滚动贬值或浮动区间等形成机制。中央银行可以对外汇市场实行干预，2011 ~ 2016 年波兰兹罗提平均汇率见表 6 - 4。

表 6 - 4　　　　　　　2011 ~ 2016 年波兰兹罗提平均汇率

年份	兑欧元汇率	兑美元汇率
2011	1 欧元 = 4. 1198 兹罗提	1 美元 = 2. 9634 兹罗提
2012	1 欧元 = 4. 1850 兹罗提	1 美元 = 3. 2570 兹罗提
2013	1 欧元 = 4. 1975 兹罗提	1 美元 = 3. 1608 兹罗提
2014	1 欧元 = 4. 1852 兹罗提	1 美元 = 3. 1551 兹罗提
2015	1 欧元 = 4. 1839 兹罗提	1 美元 = 3. 7701 兹罗提
2016	1 欧元 = 4. 3637 兹罗提	1 美元 = 3. 9435 兹罗提

资料来源：波兰国家银行：http：//www. nbp. pl/，最后访问日期 2017 年 9 月 11 日。

根据波兰《外汇法》，在波兰注册的外国企业可以在波兰银行开设外汇账户，用于进出口和资本结算。外汇进出波兰需要申报。汇出无须缴纳特别税金。在波兰工作的外国人，其合法收入完税后可以全部转往国外。

如果外汇交易金额超过 1 万欧元或者等值的其他货币，无论居民还是非居民均需通过银行办理。银行对居民与非居民之间的涉及外汇交易的资金转移负有监督义务。

出入境时，个人携带 1 万欧元以下外币或者与之等值的兹罗提无须申报；若携带外币超过此限，须出示外汇申报单或银行出具的外汇携带证明，否则海关有权予以没收并罚款。个人在波兰银行开设外汇账户时须凭入境外汇申报单办理。

二、波兰银行

（一）中央银行

波兰国家银行（National Bank of Poland，NBP）是波兰的中央银行，执行《宪法》《国家银行法》《银行法》赋予的职权。上述三部法律确保了波兰国家银行相对于其他机构的独立性。波兰国家银行组织机构包括总裁、货币政策委员会和董事会。其三项主要职能是：发行货币、银行的银行、国家中央银行。主要职责是：稳定货币、管理外汇储备、确保金融体系安全。近年来，因波兰考虑加入欧元区，波兰国家银行正在努力使波兰符合欧元区国家的相关标准，并逐步成为国家经济研究中心。

（二）政策性银行

国民经济银行是波兰主要国有银行。该行的主要任务是：通过运作包括欧盟援助基金在内的公共基金，执行中央政府和地方政府的经济计划和地区发展项目。此外，该行也为地方政府和战略性企业提供银行业服务，并为个人客户提供定期存款服务。

（三）商业银行

波兰主要商业银行有波兰邮政储蓄银行、波兰援助银行、波兰出口发展银行、荷兰国际银行、波兰西部银行、千禧银行、华沙贸易银行、合作集团银行、波兰合作银行、花旗银行、汇丰银行。绝大多数银行是综合性银行，部分银行从事投资银行业务，提供咨询服务、股票和债券发行担保等。抵押银行发展较迅速。所有的大银行和越来越多的小银行提供网上银行服务。

（四）中资银行

中国银行和中国工商银行在波兰设立了分支机构。2012 年 6 月，中国银行（卢森堡）有限公司波兰分行在华沙开业，成为首家在波兰正式运营的中资银行，经营本外币存贷款、汇款、外汇买卖、贸易融资及保函等业务。2012 年 11 月，中国工商银行华沙分行在波兰开业，可提供账户管理、外汇汇款、国际结算、贸易融资、公司信贷等金融业务。

（五）银行担保基金

为确保存款安全，1994 年 12 月 14 日实施的《银行担保基金法》设立了银行担保基金，该基金是财团法人，其职能包括：（1）已参与存款担保计划的银行，如果破产，银行担保基金向其补偿银行账户上累计的资金直至银行担保基金法规定的数额；（2）如果银行出现偿付能力受损并进行独立改革，银行担保基金将给予财政援助；（3）支持濒危银行与有实力的银行合并；（4）收集和分析存款担保计划下各实体的信息，包括对银行业的分析和预测。但是，在未获得波兰金融监管局授予银行业经营许可证的存款不在银行担保基金的担保范围内。

（六）外国企业开户要求

外国企业在当地银行开立账户的要求根据企业性质有所不同。个人独资企业需提交以下文件：法人身份证明文件、营业执照原件、统计局批文原件和税务局批文原件、资格认证（任何从事种类，如律师、公证人员等）。

合伙企业需提交：法院登记注册证明文件、法人身份证明文件、统计局批文和税务局批文原件。

有限责任公司：法人身份证明文件、法院登记注册证明文件（3 个月内）统计局批文和税务局批文原件、公司章程。

（七）波兰融资条件

外资企业与当地企业享受同等待遇。融资的基本条件包括：经济活动是否需要特许、许可或者执照；公司注册证明；公司信用信息（如银行账号、纳税情况等）；其他确认公司合法经营的文件；项目可行性和风险评估；企业当前财政状况评估；融资必要性评估；贷款条件的确定等。

中资企业不能使用人民币在当地开展跨境贸易和投资合作，但汇丰银行、中国银行、中国工商银行等可提供人民币结算服务。

为外国企业转开保函，通常需要满足银行间建立代理行关系，保函开立行资信良好无不良记录，业务背景真实，提供反担保保函等条件。

（八）信用卡的使用

波兰信用卡使用比较普遍，银行发行各类支付卡。中国发行的 VISA 卡和万事达卡在波兰可以使用，部分商店也接受银联卡。使用中国发行的 VISA 卡和万事达卡时，不需要输入密码，仅需签字即可，但刷卡后需要选择币种，在美元和兹罗提之间进行选择，无论选择哪一种，均可以使用人民币购汇还款。

三、波兰保险

19 世纪 70 年代，从波兰颁布 1803 号皇家法令起开始逐步确立起现代保险业制度的雏形。直到 1927 年，波兰公众保险机构才得以在华沙设立。彼时，私人保险投资机构还大多集中在德国、法国、意大利等国。直到战后，波兰国内的保险市场在 PZUW 的规则基础上逐步完善起来，并在上一世纪后半叶获得了重生。1990 年 7 月 28 日颁布的波兰《保险法案》[①] 被视为波兰保险市场步入正轨的标志。

2003 年 5 月 22 日是波兰保险业发展的另一个关键时间，因为这一天波兰与保险相关的四个重要法律颁布：《保险行为法案》（Act on Insurance Activity）；《保险调解法案》（Act on Insurance Mediation）；《强制保险法案》（Act on Compulsory Insurance）；《保险监督和监察专员法案》（Act on Insurance Supervision and Insurance Ombudsman），这四个重要的法律出台，被认为创造了波兰保险市场与欧盟保险市场接轨的法律基础。

（一）波兰保险类型

一般来说，在波兰有四种主要的保险类型：车辆保险、人员保险、公众责任保险、财产保险。

（1）车辆保险。根据法律规定，所有车辆必须投保第三者责任险。有两种主要的政策可供选择：第三方和综合保险。如果因为人身伤害和法律费用而对你提出索赔，那么就需要第三方伤害保险。

全面的车辆保险包括本人的汽车造成的损害，以及人身伤害、财产损失、火灾和盗窃。

（2）人员保险。这种类型的保险包括雇主和雇员在生病、事故或疾病的情况下发生的救治费用。

---

① 该法案主要内容被认为后来波兰加入欧盟的金融性法律基础文件之一。相关信息可参考：Act on Insurance Activity dated 28 July 1990 – consolidated text of 1996, Journal of Laws No 11, item 62。

雇主必须为雇员提供事故或疾病保险。有各种各样的保险，如收入保护，创伤，生活和残疾。

（3）公众责任保险。这是一种强制性的保险形式，防止第三方对被保险人因过失、死亡、伤害、财产损失和财产损失的索赔，以及经济或财务损失。

（4）财产保险。这一保险包括你的财产和它的内容和/或股票，包括火灾、水和其他损失，如地震、闪电、风暴、爆炸、入室盗窃和盗窃。

波兰也有其他种类的保险，例如，个人保险，家庭保险，私人健康保险，人寿保险。

（二）波兰的保险市场

相关国内法律包括《保险和再保险活动法》《保险经纪人法》《强制保险，保险保障基金和机动车保险法》，此外波兰还需遵守欧盟相关法，欧盟保险市场最重要的是《框架指令之偿付能力指令二》。

波兰保险市场①是东欧最有发展前途的市场之一。截至2017年9月，波兰市场有80余家提供保险服务的机构，提供大约500种（类）保险服务业务。波兰保险市场是一个独立的市场。由于历史原因，波兰的保险类型只分为两类——互助险和商业险（mutual and commercial）。外国保险公司在波兰设立法定的分支机构后可以在波兰进行保险业活动。

外国公司只要在欧盟有分支机构就可以通过"服务自由规则"获准在波兰进行保险服务业务。但外国保险等金融机构的负责人在波兰会受到法律规定的监督，除了例外情况，外国保险机构本身的业务活动不受波兰财政部门监管。这一情况持续到

---

① See A euromoney Institutional Investor Company, EMIS, Poland Insuireance Sector 2016/2017 – an EMIS Insights Industry Report, www.emis.com, visiting at 2017.9.24.

2006 年 9 月 19 日，波兰融资市场监管法案生效，所有的融资性行为都纳入政府监管之下。

波兰市场为首的是国管 PZU 公司。波兰国家保险公司（PZU）的垄断地位，1994 年已被解除。1989 年以前，凡是新成立的公司，PZU 必须是股东。1990 年保险法颁布后，这条规定已被删除，新的保险经营者也就能更多地进入市场。PZU 在 2014 年之前，保险市场占品牌价值比重比约为 93%，目前是波兰境内最有实力的保险公司。这一品牌价值也确定了 PZU 在波兰保险市场"领头羊"的地位。PZU 在波兰有 414 家分支机构，有 9 千多名外部保险销售代理人员，约 3 100 个代理机构，1 400 家理赔中心，与 10 家银行有合作关系。但是在 2014 年之后，整个波兰保险市场的情况在逐渐的发生变化。最新消息称，波兰最大的保险公司 PZU 下属的两家大型企业决定缩减规模，将涉及波兰全境的所有分支机构，预计裁员 1 000 人。该公司高层表示，裁员计划是该公司 2016~2020 年改革战略的一部分。①

排在第二位的是 WARTA 公司，保费收入为 54 亿兹罗提，是华沙证券交易所上市的第一家保险公司。在市场的占比为 19%。WARTA 保险公司成立于 1920 年，是波兰第二大人寿保险公司，同时也是波兰第三大损害保险公司。2012 年 7 月，WARTA 保险公司由日本明治安田生命保险公司和德国第三大保险公司 Talanx 联手以 2.7 亿美元所收购。

为了更接近欧盟的标准，波兰议会于 1995 年 4 月对保险法又通过了进一步的修改。但否决了对加速保险市场开放步伐，以促进外国公司经营全面业务的提议。修改后的保险法对签发营业执照的标准，较以前控制得更严，但对被保险人的保障扩大了。新成立的国家保险监管局将接管财政部有关部门的工作。前者将监督保险公司的经营，后者继续签发营业执照。新

---

① 波兰最大保险公司 PZU 拟裁员 1 000 人：http://www.ccpit.org/Contents/Channel_4115/2017/0315/774660/content_774660.htm，最后访问时间 2017 年 6 月 28 日。

的法律规定了保险保证金，以使得破产公司的客户能够得到部分赔偿。

（三）用人单位保险缴纳介绍

用人单位和劳动者都有义务缴纳社会保险金。用人单位有权在劳动者工资总额的基础上增加 17.48% ~ 20.14%，为劳动者交纳相应社会保险提供资金，具体见表 6 – 5。

表 6 – 5 社会保险缴费比率

种类	工资占比（%）	用人单位承担比（%）	个人承担比（%）
退休保险	19.25	9.76	9.76
残疾保险	6	4.50	1.50
健康保险	9(扣除劳动者缴纳的退休保险，养老金保险和疾病保险)		9
意外保险	0.67 ~ 3.33	0.67 ~ 3.33	
疾病保险	2.45		2.45
劳动基金	2.45	2.45	
劳动者福利保证基金	0.10	0.10	
合计		17.48 ~ 20.14	22.71

资料来源：《波兰、匈牙利养老保险制度考察报告》，中国劳动保障科研网，http://www.calss.net.cn/n16/n31324/n64856/64897.html，最后访问日期 2017 年 9 月 21 日。

社会保险缴纳金支付的截止日期为次月的第 15 天。用人单位必须在开始出现雇佣关系或者社会保险责任起 7 天内注册劳动者。用人单位负责所有计算准备工作，进行减免，并在每个自然月向保险机构（波兰社会保险管理公司）支付缴纳金。

四、波兰证券

(一) 波兰的证券市场

波兰证券[1]市场在 20 世纪 90 年代初才开始起步，在整个东欧国家当中，是起步较早的国家。随着经济体制的转换，波兰经济面临着日益沉重的预算赤字财政压力[2]，这客观上为波兰证券市场起步提供了条件。

波兰资本市场的监督机构是波兰证券交易委员会（Poland Securities and Exchange Commission，PSEC）。该委员会具有相对的独立性。PSEC 设立两个副主席，9 个委员会成员。委员会成员的组成具有广泛的代表性。

PSEC 首要责任是规范和监督国内资本市场。具体包括：监督证券交易是否按照公平交易的竞争原则进行；确保证券市场合法顺利运转；保护投资者；与政府部门及波兰的银行和证券上市部门合作；普及波兰证券市场的运行法律规范；必要时可使用《波兰证券上市交易法》所允许的强制手段。

根据《证券上市交易法》，只要具有完全民事行为能力并在法律上充分享有公民权利者，就有资格买卖证券。但作为证券经理人，需要参加相应的考试，并达到一定的标准。

根据《证券上市交易法》规定，证券市场的投资基金运作情况，需要向 PSEC 汇报。包括业务活动，财务状况和日常信息。开放式基金应按照要求向证券市场参与者提供年报、中报和

---

① 参阅侯晓丽：《波兰资本市场综述》，《世界贸易组织动态与研究》2004 年第 4 期。
② 1991～1993 年，波兰政府外债分别为 253 亿美元、470 亿美元和 500 亿美元。内债占国内生产总值总额的 79.9%、86.3% 和 87.3%。波兰成为当时世界上欠债最多国家之一。

信息公告。

华沙证券交易所（WSE），是波兰唯一的证券交易市场，符合国际标准，是现代化的证券交易所，经营股票、债券交易、投资凭证、衍生工具和期货交易，是欧洲仅次于维也纳证券交易所的第二大证券交易市场，在股指期货交易量方面，华交所成为继欧洲期货交易所、纽约泛欧交易所、纳斯达克 OMX 集团之后的第四大交易所。

2010 年 9 月，华交所本身公开发行股票，成为上市公司。2012 年并购能源交易所，可进行天然气交易。截至 2016 年 5 月，共有 486 家企业在华交所上市，其中主板 389 家，副板 97 家。主板国内公司 343 家，市值为 5 083.58 亿兹罗提，外国公司 46 家，市值 4 893.76 亿兹罗提。

在波兰注册的外国公司参与证券交易（包括股权）与本土公司享受同等待遇。

（二）波兰证券领域的重要法律

《证券上市交易法》是该领域重要法律。1997 年 8 月通过，1998 年 1 月开始实施。该法的通过，使波兰证券市场高度监管具备了法律依据。该法律为波兰有价证券发行人进入国际资本市场提供了更便捷的条件。根据该法规定，上市公司在外国市场最多发行 25% 的股份。

根据波兰《证券上市交易法》第 5 条规定：证券只有在准予上市交易的情况下才能进行交易；证券交易只能通过经纪公司，或者是在有监督的市场上进行证券投资经纪业务的银行进行。

波兰《证券上市交易法》第 93 条规定：在符合 PSEC 的规定前提下，PSEC 才许可证券进行转让。否则，PSEC 将有权定性该交易非法。

（三）收购上市

根据波兰《证券法》，外国企业和波兰企业一样可以在波兰收购公司上市。上市的程序是：向波兰证券委员会提出上市申请报告，证券委员会组织专家对申请企业进行评估，通过专家评估后形成正式上市说明书，证券委员会成员对上市说明书进行审核，通过审核后，发表上市声明并进行公开招股，最后向证券交易所申请挂牌上市。根据波兰证券委员会专家介绍，企业申请上市程序一般需要 5~6 个月，最快的可在三周之内完成。

波兰股票市场对外国投资者开放。外国投资者购买在波兰证券交易所上市公司的股票，其购买量占上市公司股份 10% 以下的，不需向波兰证券委员会报告；购买量占上市公司股份 10% 以上的，每增加购买 5% 都必须向波兰证券委员会报告；购买量达到上市公司股份 25% 或 25% 以上的，需得到证券委员会的许可。

五、亚洲基础设施投资银行协定

为配合"一带一路"建设发展，解决资金问题，国家主席习近平在 2013 年 10 月 APEC 论坛期间提议成立亚洲基础设施投资银行（Asian Infrastructure Investment Bank，AIIB，以下简称"亚投行"），《亚洲基础设施银行协定》是亚投行成立和运行的基础文件，是主要法律依据，2015 年 6 月 29 日，57 个国家的代表在北京签署了《亚洲基础设施银行协定》，2015 年 12 月 25 日，包括缅甸、新加坡、文莱、澳大利亚、中国、蒙古、奥地利、英国、新西兰、卢森堡、韩国、格鲁吉亚、荷兰、德国、挪威、巴基斯坦、约旦等17个意向成员国已批准《协定》并向亚投行提交批准书，由于以上17国股份总和占比为50.1%，超过50%，从而达到生效条件，也就是至少有10个签署方批准且签署方初始认缴股本总额不少于总认缴股本的一半，亚洲基础设施投资银行宣告正式成立。

波兰驻华大使林誉平作为政府全权代表于2015年10月9日在北京签署《亚洲基础设施投资银行协定》，波兰成为第53个签署的成员。

第三节 波兰会计制度

一、管理和影响波兰记账规则的制度

在波兰进行投资，应注意其国内在会计审计制度方面的法律规定[①]。与会计审计有关的问题在波兰以下法律中有所涉及。

（一）1994年9月29日的会计法案

1994年9月29日的会计法案（以下简称"法案"）决定了基本原则：维护会计账簿；编制财务报表；财务报表的审核和发布。该"法案"由会计准则委员会发布。

一般而言，本法案适用于其注册办公室或行政场所等波兰境内的机构。如果不涉及该法案的某些特定问题，当事人可以采用

---

① 本部分资料结合波兰2016年12月生效的有关法律编写。

国家会计准则。在国家没有相关规定的情况下会计准则、国际会计准则（"国际会计准则"）可以使用。

（二）会计标准

如果在未涉及特殊的法定事项，经济实体可以使用国家会计准则（National Accounting Standards，NAS）和由会计准则委员会提供的类似性质的声明作为会计标准。然而，在 NAS 中没有规定的情况下，实体可以使用国际会计准则（International Accounting Standards，IAS）。

但 NAS 的一些内容必须由国家会计准则委员会颁布，包括以下十项内容，第一，现金流动；第二，收入税；第三，未完工建筑物税；第四，资产减值；第五，租赁出租和租用；第六，投资应计费用以及偶然费用；第七，会计准则（政策）的变化，价值的评估，错误的修正等①；第八，固定资产购置；第九，董事会报告；第十，公司合营协议项目。

此外，国家会计准则委员会已经发表了若干声明：对排放空气污染的权利（许可）；出于资产负债表评估的生产成本评定；评估由可再生能源产生的电力价值；与账簿管理相关的一些原则。这些内容也被视为国家会计准则委员会的权利范围。

（三）其他会计制度

在波兰，还有其他一些会计制度，如财政部长签发的各种规定指令和相关政府公告、会计标准委员会以国家会计准则的形式制定的相关会计标准规则。

---

① 原文为："Changes in accounting principles（policy），estimation of values，correction of errors，eventsafter the balance sheet date – booking and presentation."

（四）会计备案和审计备案要求

所有公司必须向法院档案提交其年度账目注册表。波兰会计标准与国际标准间无太大差异。从 2005 年 1 月 1 日起，所有华沙证交所的上市公司必须按照国际财务报告准则来准备合并财务报表。所有会计文件、记录和报告都必须以波兰语和兹罗提准备。公司必须执行会计法中规定的会计原则，以确保真实而公平地呈现经济和财务状况和财务业绩。相关活动，包括商业交易，必须纳入会计账簿中，并且根据业务性质在财务报表中公开。年度财务报表包括资产负债表、损益表、附加信息、补充资料及解释等。年中进行审计的公司必须提交现金流动报表和公司股本变动报表。连同年度财务报表，管理部门必须准备公司信息、公司在研发领域的预期发展和主要成就，同时还有公司目前的财务状况和预测。

股份公司、银行、保险公司和投资及养老基金的财务报表必须经过审计，其他公司在上一财政年度中，如符合下列三项条件中的两项，就必须进行审计：

（1）平均每年至少雇佣 50 人；

（2）年度售货和服务以及金融交易净营业额及收入总额至少 500 万欧元；

（3）会计年度末的固定资产负债表总额至少 250 万欧元。

（五）财务审计注意事项

根据波兰法律规定，外国公司可以在波兰境内设立分支机构，可以设立分公司，分公司不是一个法人，设立分支机构的营业范围不能超过该外国公司的营业范围。

外国公司在波兰设立分公司，必需遵守波兰的会计规则，使用波兰文单独记账。分公司必须进行会计核算，包括年度财务报表，包括资产负债表、净利润以及本年度雇员的人数。分公司的财务报告还需经由法院注册。然后法院对外公开其相关的财务报告。

外国公司可以在波兰设立代表处，代表处不是独立的法人实体，而被视作外国公司的组织和架构的一部分。设立代表处，需要在波兰经济部注册。

根据波兰的会计规定，代表处必须拥有独立的会计账簿。代表处也有进行会计核算的义务，包括报告资产负债表、净利润以及本年度员工的人数。除非代表处只是代表外国公司而未进行任何商业活动，否则所有的财务报告在符合法院所公布的法规的条件下，接受相关的审计。

二、主要的会计原则与要求

（一）会计原则

1. 首要的会计原则是在制作"资产负债表"和"损益表"时必须依照"法案"进行。

2. 与此同时，根据"法案"的规定，一旦持有账簿并且准备财务报告，经济体就必须适用"累计规则"（accrual rule）。

3. 鉴于上述要求，估算本财政年度的所有经济事件，经济体也有义务指出影响本财政年度结果的交易行为。在这个应适用"相互匹配规则"。根据这个规则，在本会计年度中产生的利润/损失均来自：销售产品服务，货物和金融业务的收入和相关的，已经发生的或者潜在可能要消耗的经济行为。

（二）会计审计要求

财务报表必须采用波兰语，货币单位为波兰兹罗提。财务报表必须包含：（1）资产负债表；（2）损益表；（3）现金流量表；（4）权益变动表；（5）财务报表附注。

所有股份制公司、有限责任公司、银行保险公司、合作社和国有企业在编制财务报表的同时还必须起草管理层报告，该报告主要内容包括：（1）报表期间以及期后影响企业经营的重大事件的描述；（2）企业将来的发展前景；（3）研发领域的主要成就；（4）企业预算和实际财务状况，包括各项财务指标；（5）企业发生的所有股权交易；（6）有关分公司的相关信息；（7）财务风险管理目标和方法；（8）公司治理的相关信息（只针对上市公司）；（9）财务报表的格式必须满足波兰会计准则的要求，在华沙证券交易所上市的企业有专门的报告要求。

以下类型的公司和企业需进行年度审计：

（1）银行，保险公司，投资基金，养老金基金，股份制企业，上市公司；

（2）公司满足以下至少两条：雇员人数超过50人；总资产超过250万欧元；销售额超过500万欧元；企业当年发生合并交易。

（3）所有按国际会计准则编制财务报告的企业。

三、会计业务外包

如果会计账簿不是在注册者办公地点制作，那么经济体的负责人必须：

（1）及时通知相关的税务机构该事宜，并且必须在15天内完成外部的会计账簿制作；

（2）必须确保委外的会计服务单位是在注册者的办公室内获取相关的账簿。

这样的情况会在账簿的保管地点与经济体的注册地点不一致时发生。换而言之，就是税务机构必须清楚地掌握账簿的真实保管地点。

根据"法案"的规定，经济体的负责人对账簿脱离办公室期间发生的事情负首要责任。

因为会计制度和税法之间在报告责任要求上的一些不一致，比如波兰国家银行[①]或者中央统计办公室[②]的不同要求，这会促使企业将会计账簿的制作工作进行委外。实践当中，准备税款返还、会计报表以及一些其他用波兰语书写的报告是一件极为耗时的工作。

为了满足客户的需求，会计事务办公室会提供一些较为复杂的服务内容：税务申报，记账以及其他一些报告文件的制作。

随着分工的细化以及计算机技术的发展，外包服务可以实现以下几种功能：

（1）在公司办公地点内实现成本的优化和管理；

（2）改善和控制公司的财务状况；

（3）削减与税收有关的风险；

（4）有助于公司集中注意力在其核心业务上。

因此，在实践当中，越来越多的经济实体开始在内部和外部使用电子化税务方案。

[①] Information on the reporting to the Central Bank：http：//nbp.pl/home.aspx？f＝/statystyka/sprawozdawczosc/bilans_platn/spr_bil_platn.html，最后访问时间 2017 年 9 月 23 日。

[②] Information on the reporting to the Central Statistical Office：www.stat.gov.pl，最后访问时间 2017 年 9 月 23 日。

第四节　波兰财税金融法律风险与防范

一、正确处理涉税事务

（一）违反税法后果严重

在波兰须按时足额缴纳税款，逾期缴税将承担高额罚款，甚至将面临刑事处罚。如果纳税人更正其税务清算、通知税务当局更正原因并于更正后 7 天内付清应纳税款，可降低处罚至标准罚息的 75%。

如果税务机关认定纳税人有违反税法的情况时，无论是轻微违法，还是一般违法，均可拘留该违法纳税人（个人纳税人）或者其代理人（公司纳税人）。

根据财务刑事法律规定，最高罚金可达 1 612.8 万兹罗提，如果触犯刑法，将被提起刑事诉讼。

（二）正确应对税务裁决

在波兰实行税务裁决，包括一般性裁决和个案裁决。一般性裁决的目的是确保税务机关所执行的税法是统一的；一般裁决适用于所有纳税人。个案裁决只在纳税人提出书面申请后作出，仅适用于该特定的纳税人。为了启动个案裁决程序，纳税人必须提出书面请求，列明实际事实或者策划的事件，以及纳税人的意见。

如纳税人对当地税务所或者财政审计室的裁决不服，则可向税务厅提出上诉，也可针对税务厅的裁决向区域行政法院提出上诉。纳税人还有权对区域行政法院的裁决上诉，要求最高行政法院进行审查。

（三）借助专业机构，防范税务风险

企业初到波兰开展业务，需要进行税务筹划，避免税务风险，节约税收成本，最好的方式是聘请当地的税务咨询机构，对企业在波兰开展业务涉及的税务问题提前进行筹划，提前预防可能出现的法律风险，由于税务工作是一个烦琐并且风险较高的业务，也可以请税务专业咨询机构协助企业在波兰进行报税工作，协助企业在波兰与地方税务机关建立一个融洽的关系，从而避免或减少税务风险。

二、企业在波兰报税的注意事项

（一）税务事务以书面为准

在波兰，所有和税收有关的事务往来原则上以书面形式为准。如果邮寄书面材料给税务机关，需注意提前邮寄，在波兰，税务机关的截止日期不以邮戳为准，而以税务机关收到书面材料的日期为准，因此要尽量提前邮寄，以免造成税收事务的延误。

（二）不要错过报税时间

申报缴税要及时，一般规定按月度和年度定期申报。企业所得税和个人所得税在每月 20 日前上缴，增值税每月 25 日前上缴，可以预交。年终清算时，企业所得税纳税人必须在下一个税务年度的前 3 个月内提交财务和税务报表；个人所得税报税材料应在次年 2 月前提交税务局，标明收入来源和额外应纳税项。

（三）地方政府资助中的税收减免

波兰近年来实行对外国投资者优惠政策，其中就包括了地方税减免，地方税减免属于政府资助范畴，主要指地方政府对外国投资者采取的一种优惠政策。波兰地方税主要有地产税、交通工具税，另外还有森林税、犬税等很小的税种，其中有意义的税收减免主要为地产税和交通工具税，这两项税的减免各地无统一标准，一般是地产税可免 5～10 年。减免地产税受益人为地产所有者，地产租用者不在此列。该项优惠为自动减免，即企业满足一定条件后将自动享受相关税费减免，但企业应履行通报义务。

（四）其他事项

企业自行到税务部门申报，税务部门核准后，企业采用银行转账或邮局汇款方式支付。

根据波兰的法律，企业委托会计师机构或企业自行聘会计制作企业资产负债表、损益表、现金流量表等财务报表，并根据企业实际收入和开支情况填写税务部门统一格式的税务申报表送所在地税务部门审核，确认无误后，企业按核准数缴纳税款。

需要提供的相关资料包括：企业资产负债表、损益表、现金流量表等财务报表和税务申报表。

外国公司在波兰设立的分公司，如果雇佣员工，也需要为员工申报所得税号码。

外国公司可在波兰建立分公司，分公司具备常设机构职能。外国公司以波兰分公司营业收入为基础按 19% 的标准税率缴纳企业所得税，分公司须保留全部数据的账簿。根据避免双重征税协定，在少数情况下，若分公司能够证明其在波兰的业务未达到常设机构地位，可不适用波兰的企业所得税法。

三、会计备案和审计备案要求和注意事项

充分利用当地资源，化解审计风险。遇到财务问题，要及时咨询当地的专业机构，也可以聘请当地的注册会计师事务所，对企业在波兰开展业务涉及的审计问题提前进行筹划，提前预防可能出现的法律风险。

四、保险购买要全面而准确的覆盖风险

企业在波兰开展业务，需要购买一定数量的保险，但要注意购买保险的适当性，既要避免全面购买保险而导致提高成本，也要避免漏买重要保险而导致重大风险无保险覆盖。购买保险要与企业在波兰开展的业务种类相匹配，如果是运输企业，则要考虑购买全面的车辆保险，包括车辆等财产损失、人身伤害等，特别要注意的是需要购买第三者责任保险；如果是建筑施工企业，则需要针对每个项目独立地进行保险购买，要考虑购买工程险、人员险等，如果是设计施工总承包项目，则需要考虑购买设计责任保险；如果是设备销售安装企业，要考虑购买运输险和安工险，运输险没有特别的要求，可以在国内的保险公司进行购买即可。而安装工程险则需要在波兰当地具有资质的保险公司

予以购买。

第五节　典型案例

一、案例一

（一）案例内容

重工企业 A 以生产设备为主营业务，其与波兰业主 B 签订了设备出口协议，将其生产的设备进口到波兰。该项目为欧盟贷款项目，在招标文件中明确要求商品报价需要含税。重工企业 A 在调查过程中发现，不能对波兰的进口税情况进行全部准确地掌握，进口税方面的风险较大。因此，重工企业 A 与招标人业主 B 进行了协商，在充分沟通后，招标人业主 B 同意进行不含税报价，重工企业 A 进行了不含税报价，并获得中标，最终，通过商务偏离条款的谈判，避免了因不了解波兰的税收制度而存在的风险。

（二）案例分析

关于设备出口到波兰并安装的项目涉及的税收问题，是出口企业要考虑的重要因素，此案例说明，在波兰的公开招标过程中，即使是欧盟贷款项目，仍然可能通过协商变更报价方式，规避企业对波兰当地税务不熟悉而造成的风险。

波

兰

二、案例二

(一) 案例内容

中国某企业，2013 年来波兰开办分公司。注册资金为 50 000 兹罗提，在 2013～2015 年间，公司筹备办公场地，招聘员工，开拓市场，所以前 3 年公司处在亏损状态。从 2016 年起公司开始盈利。2016 年底公司申请退税，但经税务部门调查显示，公司注册资金仅 5 万兹罗提，而公司人员工资支出，公司办公设备添置等支出远远高于实际注册资金，大量资金来历不明。所以基于以上事实，不予以退税。同时对不明资金来源增收 19% 所得税及追加欠款利息。致使该公司直接损失 20 多万兹罗提。

(二) 案例分析

在公司开设时，一定要对公司前期运作做出初步评估，要提前做税务筹划，要向当地律师事务所或会计师事务所咨询，不要轻易听从非专业咨询公司建议，或图前期节省资金而为后期发展留下隐患。本案就是前期注册资金太少，没有专业的发展预算，当遇到问题时又没有及时地咨询律师或会计师的建议，最终造成经济损失。如果前期预算过少，注册资本金较少，中期可以及时向法院提交申请扩充注册资金，也可以以股东个人名义借给公司资金，用来支付公日常开销。

三、案例三

（一）案例内容

某中国企业在波兰设立分公司 A，2015 年向波兰某贸易公司采购产品，然后销售到中国市场。货物出口离开欧盟后，按规定税务部门应退回该公司的增值税，但经税务部门调查发现，销售方即波兰某贸易公司 B 所开发票为虚假发票，B 公司没有向税务机关交付所得税和增值税，同时税务部门又找不到 B 公司和 B 公司法定代表人。鉴于以上情况，税务部门不但没有退回该 A 公司增值税，还责令 A 公司替销售方 B 公司补交所得税和增值税。A 公司损失惨重。

（二）案例分析

在波兰交易时一定认真核实对方出具的发票，同时，可以聘请律师事务所将对方的基本情况进行调查核实，检查对方是否在法院注册，是否按月向税务部门报税，同时要将双方的权利义务在合同中进行明确，如果出现问题，可以向对方追索。

四、案例四

（一）案例内容

2015 年工程总承包商 A 公司经过竞标从房地产开发公司拿

到某小区建筑合同，随后 A 公司把部分建筑项目包给工程建筑公司 B，B 公司由于人员不足，在施工阶段又把部分建筑工作转包给实际施工的公司 C。2016 年底工程完工，B 公司向所在地税务局申请退回 200 万兹罗提增值税，税务部门随即立刻立案侦查，调查报告指出，B 公司员工仅有 80 多人，除去管理和内勤人员，实际施工人员 50 多人，完全不符合完成整个小区的条件。B 公司随后出具证明，他们和 C 公司签署了分包合同。但经调查从 C 公司实际在册人员不足 10 人，其余都是乌克兰籍员工，C 公司为节省资金没有给乌克兰籍工人申请劳动许可和交社会保障金。所以 C 公司为非法经营。鉴于 C 公司的非法性，税务机关不承认 B 公司和 C 公司的合作关系，所以 B 公司支付给 C 公司的工程建筑款不能用于抵消公司成本，即 200 多万增值税不予退还 B 公司。经 B 公司聘请的咨询机构多方协调，C 公司同意向国家补交乌克兰工人的社会保障金，并承担劳动部门和社保部门的罚款，即 B 公司与 C 公司之间的合同理论上合理，目前正在协调税务部门具体罚款金额，200 多万兹罗提退税将逐步退还 B 公司。

（二）案例分析

此案涉及税务风险规避，在波兰进行的建筑工程项目，要选择合格的合作方，如果有条件的话，在签署合作合同前，可以请律师事务所做尽职调查并且出具法律评估报告，将合作方的公司经营状况，人员配置，资金流通等情况进行调查和评估，做到心中有数，杜绝与不了解对方情况的合作方草率地签署合作协议，千万不要被表面的繁荣所欺骗或存在侥幸心理。

第七章

波兰争议解决法律制度

第一节 波兰争议解决法律制度概述

波兰是大陆法系国家，同其他成文法国家一样，法律门类健全，具有较为完善稳定的诉讼、仲裁制度。一方面，波兰的民事诉讼程序无论是在历史上还是在现在都深受德国和奥地利的影响，民事诉讼程序主要规定在 1964 年的波兰《民事诉讼法》中，用其 1 000 多个条款对各类争议、非诉程序、强制执行和国内仲裁规则等进行了详细的规定。该法典自实施以来先后被修改了 170 多次。另一方面，在司法和法院制度上，其沿袭法国的传统模式，即由司法部负责法院的行政事务，由最高法院监督国家三级法院系统。

一、波兰诉讼制度概述

波兰不是联邦制国家，所以全国实行统一的法院制度和民事诉讼程序制度。虽然判例在波兰并不被视为法律的渊源，但是最高法院和上诉法院的判决通常都作为下级法院的判例，甚至出现判决中对于法律的解释和法律的规定相去甚远的情况。另外，波兰法院保留很多登记制度，比如公司或者土地的国家法院登记，以及房地产抵押登记。波兰民事诉讼处理各类民事主体之间的各种纠纷。

二、波兰仲裁制度概述

仲裁系解决贸易争议及其他依法可以提交仲裁裁决的争议的一种手段。波兰的仲裁制度主要规定在波兰《民事诉讼法》中，部分兼以波兰商会《仲裁规则》作为补充。两个相辅相成，共同构成了波兰较为完善的仲裁制度。

三、其他争议解决方式概述

（一）调解

在波兰，调解立法经历了一个独特的发展道路。立法者并未制定一部统一的调解法，而是在各单行法中分别规定调解程序。2005 年，波兰通过《民事诉讼法修正案》，在民事诉讼程序中引入新的调解程序。波兰采用辅助型调解模式，即一名中立调解员协助各方进行协商，通过谈判解决纠纷。立法者认为，目前波兰缺乏相应的调解实践经验，所以民诉法采用辅助型调解模式是合理的。新法主要从基本原则、程序、费用、效力等方面对调解进行规范。另外，2011 年 7 月，欧盟委员会确认波兰属于已经执行《欧盟调解指令》的 17 个成员国之一。

（二）和解

和解是由当事人双方直接进行磋商，以便取得一致意见。和解是一种最快速、简便的争议解决方式，无论是对于当事人哪一方，都不失为一种理想途径。在波兰，因为诉讼成本过高，诉讼效率较低，所以和解成了高效便捷的解决方式，也多被当事人双方采用。在双方争议解决中可以就案件达成和解协议，和解的效力由法院确定，如果法院认为协议内容违反了法律的强制性规定或者社会通常的规则，则不予承认。

第二节　诉讼制度

一、法院系统及审判制度

波兰是建立在民主基础上的共和国，实行三权分立，法院独立性高，但司法执行效率一般。波兰的法院制度是基于传统大陆法系而建立，其法院系统由行政法院、普通法院和最高法院组成。

（一）行政法院

波兰的行政法院有两种类型：省级行政法院和最高行政法院。行政法院有权撤销、废除和维持行政行为，但不能作出新的

波

兰

223

行政行为。其中省级行政法院处理对于行政主体的行政决策行为和市政单位作出的行政法律行为的投诉案件。

（二）普通法院

波兰普通法院的受理范围很宽泛，包括所有的民事案件，以及商事、劳动与社会保障、房屋登记、破产案件等。普通法院根据所处理的案件类型设立民事庭、商事司、就业司、国家法院登记处、破产司等机构。

普通法院分为地区法院、巡回法院和上诉法院：

1. 地区法院。

波兰总共有321个地区法院（在人数较多的城市通常会设立多个地区法院），作为一审法院其主要审理争议金额不超过75 000兹罗提的财产权纠纷（即涉及房地产或者个人财产，包括货币索赔）。

2. 巡回法院。

波兰设立了45个巡回法院，其作为对地区法院判决不服的上诉法院。巡回法院也处理一些一审案件，比如争议金额超过75 000兹罗提的，以及法律明确规定的特殊案件的受理（非专有权利、版权和其他知识产权、不正当竞争行为、决议解散公司等案件）。

3. 上诉法院。

波兰有11个上诉法院，上诉法院是巡回法院的二审法院。即对巡回法院的判决向上诉法院提起上诉。

（三）最高法院

最高法院对普通法院（还有军事法庭）的活动行使司法审查权，有权对二审法院作出的最终判决行使特别管辖权，即启动终审判决的再审程序。最高法院不审查案件事实的调查结果，因此，其不接收物证、证人证言以及类似的证据材料。

波兰总统有权任命最高法院的法官，并且选出最高法院的首席法官，首席法官任期为六年。

二、民事诉讼程序

（一）管辖①

1. 级别管辖。

在波兰的法院体系中，对民事争议案件，仅地区法院和巡回法院受理一审案件，上诉法院专门针对巡回法院的判决进行二审，而最高法院则主要起到司法监督的功能。

（1）地区法院。

地区法院审理本辖区内的所有案件，除非是地区法院对其自身所有的财产权的纠纷或者是法律另有规定的。

（2）巡回法院。

巡回法院多就地区法院的判决进行二审，对于其所管辖的一审案件包括以下几类：复制权和相关权利的保护，以及对发明、实用新型、外观设计、商标、地理标志、集成电路布图和其他权利的无形财产的保护；基于出版社的权利而产生的索赔；关于撤销、废止或者排除法人或者非法人组织单位的决议，承认其法律资格的；反不正当竞争案件；基于不合理判决而造成的损害的索赔案件。②

---

① 此处仅罗列与投资有关的争议法院管辖权。
② The Code of Civil Procedure（OJ of 1 December 1964），Article47.

2. 地域管辖。

波兰法院遵循原告就被告的原则，以财产所在地管辖为原则，对于以下特殊情况有另外规定：

（1）对于汇票或者支票的争议，应向支付地的法院起诉；对于数份汇票或者支票的纠纷必须向主要支付地法院或者商事纠纷的一般管辖法院进行起诉；

（2）劳动法规定的事项，可以向有一般管辖权的法院或者是工厂所在地的法院提起诉讼；

（3）配合执行案件的法院，由法警或者执行人员自行确定。[①]

3. 指定管辖。

指定管辖应按照如下规则进行处理：

（1）如果几家法院具有管辖权，原告应优先按照一般管辖权规则确定起诉法院；

（2）即使财产所在地位于不同司法区域，同样适用以财产所在地确定管辖法院的原则；

（3）在必须提起诉讼之前，如果按照法律不能够根据案件的情况来确定管辖法院，那么最高法院将组成合议庭来确定管辖法院；

（4）当事人可以在订立合同时，事先约定几个法院进行管辖或者限制未来原告在某些法院提起诉讼。[②]

（二）起诉

起诉向有管辖权的法院提出，如果法律有特殊规定，起诉状需要以官方规定的方式进行提交，比如：如果起诉状需要以电子信息的方式向专门的诉讼系统提交，那么相关诉讼文件应通过此方式进行提交，除非当地法院没有支持起诉的此种系统，则应将

---

① The Code of Civil Procedure（OJ of 1 December 1964），Article43.

② The Code of Civil Procedure（OJ of 1 December 1964），Article44-46.

诉讼文件带到法院。

每个起诉状都应包含：法院的名称、当事人的姓名或者名称、法定代表人或者代理人；确定的圣经；诉讼请求以及有证据证明事实；当事人或者其法定代表人或者代表的签字。当诉讼文书是第一次提交的话，还应注明当事人的居所地或者所在地，法定代表人和诉讼代理人，争议的案由，并且签名。不论是起诉还是上诉，都应当提供争议事项的标的额，除非标的额需要通过诉讼确定，或者金额并非争议事项的决定因素。可以用兹罗提来作为计量标的额价值的单位，但必须全部统一为兹罗提。起诉应当支付相应的诉讼费用，否则法院不会开始任何程序，如果相关诉求不被支持，则不会收取因此产生的费用。

正式受理案件前当事人需要为庭审程序做准备，准备的答辩状（筹备书）必须简洁明了，针对对方当事人主张的意见则应有证据的支撑，可以在庭审中出示证据或者附在起诉材料之后。①

在开庭审理前，未经被告同意，诉讼可以撤回，如果撤诉是放弃请求索赔的权利则直到判决之日均可撤回，诉讼被撤回后则不产生任何起诉的效果；在庭审之外申请撤回诉讼的，庭审会主席应当在两周内通知被告，此时撤回诉讼的效力取决于被告的同意，在此期间内当事人的陈述都视为无效；只有当案件的实际情况表明原告的撤诉是违反法律和社会行为规范或者是试图规避法律时，法院才可以对申请放弃索赔或者撤回诉讼进行限制。

（三）审理制度

1. 司法会议。

波兰的审理可通过司法会议（Judicial Meeting）进行，除非

---

① The Code of Civil Procedure（OJ of 1 December 1964），Article125 – 130.

法律另有规定，会议公开，并且会议对案件的实体进行审理和判断。法院可以在闭门会议审理时将案件提交给公众会议并且召开庭审。公众会议可以对外部团体组织、年满十八周岁的人民公开，而未被公开的会议则只能有被邀请的人旁听。

对于公众会议和闭门会议：如果案件的审理将威胁到公共秩序或公共道德，或者为保证机密信息不被披露，法院将负责组织全案或者部分案情闭门会议。当事人可以基于会议可能泄露商业秘密这一原因请求法院组织召开闭门会议，另外当事人也可以通过给出合理理由或者由于会议涉及家庭生活中的隐私问题来进行申请，法官可以决定全部或者部分闭门会议。在完成闭门程序时，法官需要宣布闭门原因和法律规定。

司法会议需要根据案件的实际情况指定一名会议主席负责，在会议开始前一周，通知当事人与会，会议中被诉方或者被通知到的人应当参加会议，在紧急情况时，通知时间可以减为 3 天。会议的通知应当注明被传达人的姓名和住址、会议法院和会议的具体地点与时间、当事人和标的物、会议召开的主要目的、缺席会议的后果等。会议按照司法程序规定，通常在法庭或者法院内部进行，除非必须在另一场所行使司法职权或者在法院外举行会议对于解决案件来说能够节省很大的诉讼成本。会议主席宣布开始、结束会议，在会议中组织投票、发问或者授权他人提问、宣布会议结论。在会议中，发言者发言粗鲁并且回避提问，法官认为不适当或者不必要的可以结束其发言。

司法会议形成议定书，议定书内容包括审理法院、地方和会议日期，并需注明法官、律师的姓名，对于当事人以及其法定代表人、代理人、会议上出现的干扰会议者按照会议情况明确记录。此外，议定书还应包括法律规定的引用，并且会议的判决（和解、放弃债权、承认诉讼、撤回、修正、延长或限制诉讼请求）。当事人可以要求更正或者补充议定书，法院判决应流程本案卷宗中。当事人可以在一周之内向法院提起上诉。[①]

2. 合议制度。

（1）除非法律另有规定，一审采取独任制进行案件审理；

（2）在一审中，以单一法官为主席和两名陪审法官共同认定案件的：确定存在或者终止雇佣关系，对无效通知的承认，要求恢复工作、恢复之前工作和报酬的，包括他们的损害索赔主张和无正当理由或者违法犯罪的警告和终止；违反就业平等原则和与之相关的赔偿请求；请求因精神损害而导致的补偿或者赔偿。[②]

3. 基本要求。

庭审期间应当任命一名主席，并在第一次庭审确定诉讼请求的同时，基于服务管理的需要指定一名法官报告员。

对被告一审诉状和传票的送达，应当要求被告根据程序要求采取相应的措施，比如履行应诉义务，要求被告提交其答辩意见和证据，为开庭做好准备；并且告知被告案件缺席判决的可能性，不参加庭审的后果；同时告知被告有权利委托律师或者选择法律顾问。被告也可以要求在第一次审判会议之前先行应诉，对本案作出答辩，在此种情况下，法官应当在接到此种请求后最迟两周内对其请求作出答复。法官可以私下听取当事人的意见。

为了保证诉讼程序正常有序地进行，应当明确当事人的要求，财产争议中决定案件的标的物的价值；为了证实向法院提出的要求的真实性，应当提交一些证据来进行证实。

对于邮政和电信服务、公共交通中的旅客和行李运输服务、电力、天然气和燃料油的供应服务、提供水或者污水清理服务、废物的出口、供暖服务等，如果是基于服务者违约或者侵权而引起的索赔案件，法律规定必须以正式的方式提起诉讼。

---

① The Code of Civil Procedure（OJ of 1 December 1964），Article148 – 163.

② The Code of Civil Procedure（OJ of 1 December 1964），Article187.

4. 反诉。

反诉的前提是要求反诉应当与原告的索赔或者扣减请求有关。可以在原案中提起反诉或者直接应诉，也可以单独提起诉讼，但请求不得迟于第一次开庭，或者在缺席案件中提起反诉。反申请应向法院提出与案件有主要关系的主张，如果反诉申请被同意的，那么在对于本案的上诉案件中，一审法院应当将包括反诉在内的全部案件均转交给二审法院进行审理。

5. 诉讼的驳回。

法院对于以下的诉讼有权利驳回：（1）司法途径是不可接受的；（2）违反了一事不再理原则；（3）当事人一方没有诉讼能力。

法院不得以公共行政当局或者行政法院要求来解决此案为由拒绝解决民事案件；由于当事人一方的法定代表人或者其企业的其他原因而导致司法能力不足，法院只能够在实在不能够解决的基础上驳回。

6. 判决的作出。

在开庭结束后，法官根据开庭审理的客观情况作出判决，法官的自由裁量权不能排除审理过程中变成应付的事实。如果在庭审结束后，一些重要的事项才被披露，那么庭审应被重新开启。如果只解决了部分请求或者主张，法官也可以作出判决；这同样适用于反诉。在有正当原则性理由的情况下，法官可以决定对争议请求作进一步听讯并作出初步裁决，或对其作出延期裁定。判决只能够由法官作出，法官在正式判决前应举行听证。判决结束后，法官将卷宗进行分类。

被告没有出现在指定的审判甚至出现不参加听证会议的，法院将缺席判决，除非被告已经提前作出解释，解释方式不作要求。缺席判决将于判决结束后的两周内送达给被告。

（四）上诉

上诉案件有三名法官共同审理，应公正的对待上诉的请求。

上诉请求包括：其所不服的全部或者部分的判决；对于上述陈述的总结；争议的原因；新的事实和理由，并且证明其在一审中不能够获得或者向一审法院提交后却不被采纳；要求变更或撤销对所需变更或撤销的选择的判决。上诉请求应当在判决后的两周内提交给作出判决的一审法院，一审法院接到上诉后，应立即将卷宗发给二审法院，被上诉人可以在提起上诉之日起两周内作出答辩。

二审开始后，法官通过其报告开始庭审过程，报告主要是对案件作出简洁的介绍，并对上诉意见和反诉申请做了特别阐述。

三、律师制度

（一）法律职位

在波兰，任何获得法学硕士学位的人皆可被称为法官或律师：法律职位的资质分为以下几种：

（1）检察官是国家的法律代表，但不涉及国库的问题，主要职责包括起诉、监督警方调查和在所有审讯中代表公共利益。

（2）国库律师。当一定规模的国家财产面临威胁时，作为国库的法律代表处理相关事务，同时必须在所有涉及国库的中央法院审讯中出席。

（3）出庭律师指的是1959年法律规定的从事涉及国有经济体以外的法律事务的律师，主要职责是提供法律帮助，准备法律意见，制作立法草案，在民事、行政、刑事诉讼中代表当事人出庭。

（4）法律顾问指的是1959年法律规定的专门从事涉及国有经济体法律事务的律师，主要职责与出庭律师相同。

（5）公证人的主要职责是包含民事公证和其他公证事务。

（6）执行官。公共长官（非官员），主要职责是执行法院对刑事案件的判决。

有的法律职位也会由其他专业的毕业生充当，例如经济和工程。此类职位需要经过特定的测试通过方可入职，因为这类职务在法院内涉及的案件都与其专业知识有关。

（7）税务顾问的主要职责是为个人税务提供建议，在税务诉讼中在法院和国家面前代表当事人，以及与税法有关的其他事务。

（8）专利律师的主要职责包括提供工业产权诉讼中的法律支持。

（二）执业准入

1. 行业协会制。

在波兰，律师从业采取法律协会制，出庭律师、法律顾问、公证人、执行专利律师和税务顾问在入行之前必须加入相应的法律协会（Bar Association），加入法律协会需要参加相应考试，内容涵盖了行业知识的几乎所有方面。

出庭律师和法律顾问有其各自的法律协会，分别为波兰律师委员会和国家顾问律师协会，两者皆是欧盟律师协会成员。两个协会之间的会员可以相互转换，可同时是两个协会的会员，但不能同时享有出庭律师和法律顾问两种身份。

法官和检察官没有相应的协会，司法部对其进行直接管理，法官由总统直接指派。

2. 协会培训。

律师在加入协会后需要接受培训，为期3年，包括理论和实践课，每位律师会有相应的导师进行指导，必须是相应协会的有经验的从业者，培训完成后还需要参加测试，历时4天，内容包括准备各类文件和简报，涉及刑法、民法或家庭法、经济法、行政法和道德等。公证人的培训时间稍短一些，为2.5年，涉及的内容也有所不同。

（三）属于任何律师协会的法律从业者

许多法律从业者从事的工作并没有严格的界定，有的从业者在公共行政领域（涉及一些高度法律化的流程）、警局（涉及对小型犯罪进行提起诉讼）、税务服务和相应政府部门内工作。此外，由于公司在法庭上可由雇员代表出庭，因此有的中小型企业不会雇用律师，而是依靠公司内部的懂法人员，他们并未加入任何律师协会。波兰法律允许获得法学硕士学位的任何人提供法律意见，因此很多获得学位的人在没有加入协会的前提下也会从事相关工作。

第三节　仲裁制度

一、波兰本国法律规定仲裁

（一）仲裁协议

1. 仲裁协议适用范围。

仲裁协议排除范围：波兰仲裁制度中将仲裁协议的有效范围限制在以当事人以自己的行为承担义务的范围之内，所产生的有关自己固有权利的争议。因此，主要排除以下两项：

（1）赡养费争议：因赡养义务是基于亲权关系所产生的具有人身专属性的义务，不具备可仲裁性，所以不适宜交由仲裁。

（2）由劳动关系产生的争议：劳动关系具备典型的人身依附关系性质，并非是基于平等原则形成，也不具备可仲裁性，不宜仲裁。

2. 社会主义经济单位与仲裁协议。

（1）一般情况：社会主义经济单位可以达成协议，将提交仲裁庭裁决的争议案件由部长会议作出决定。

（2）特殊情况：社会主义经济单位可以与住所在国外或位于国外的当事人达成将争议提交仲裁的协议。

3. 仲裁协议与诉讼。

波兰《民事诉讼法》第 697 条第 2 款规定："只要当事人受这样的协议约束，就不能请求法院处理该项争议。"也即在达成仲裁协议后，另向法院起诉的，法院不予受理。

此外，根据第 696 条规定："'法院'指在当事人未将争议提交仲裁时有权处理该争议的法院，'地区法院'指具有普通管辖权的地区法院。"

4. 仲裁协议要件及效力。

仲裁协议有效，必要具备两方面要件：首先必须是书面形式；其次是经双方当事人签字确认。仲裁协议应详细确定争议标的或产生争议的法律关系。该协议也可以指定仲裁员和首席仲裁员，规定仲裁员的人数以及指定仲裁员和首席仲裁员的方法。

除非双方有特别约定，仲裁协议生效后，对双方都有强制约束力。根据波兰《民事诉讼法》的规定，仲裁协议必须指定一个常设仲裁庭来解决纠纷，且仲裁协议须为书面形式。

（二）仲裁员制度

1. 仲裁员的产生。

（1）当事人指定。

除独任仲裁员和首席仲裁员应当从进入仲裁院的仲裁员名单

的人员中指定和提名外，仲裁员可以在仲裁协议中或者其他协议中由双方当事人自由指定；如果没有通过上述方式指定，已经指定仲裁员的一方当事人应将之通知另一方当事人，并要求他在接到通知后一周内通知其所做的选定。通知应由公证员转递或以挂号信寄送。仲裁员需具备完全民事行为能力、完整的公民权和荣誉权的自然人；已担任法官的，不能担任仲裁员。

（2）第三人指定。

按照仲裁协议约定，由第三人指定仲裁员时，双方当事人均可以要求其指定，并且第三人应当在接到要求后一周内完成指定，其指定应由公证员转递或以挂号信寄送的方式送达；在仲裁协议无另外规定的情况下，经由指定产生的仲裁员应选出首席仲裁员。

（3）法院指定。

另一方当事人接到通知以后，未能及时指定其仲裁员，或仲裁员对首席仲裁员的指定未取得一致意见，地区法院应一方当事人的申请应指定首席仲裁员，但仲裁协议另有规定时除外；前述规定在仲裁员或首席仲裁员应由第三人指定，或由于其他原因不能指定的情况下，同样适用。法院指定仲裁员的决定可以以不公开的方式作出，并且可以对此种决定不服。

2. 仲裁员的履职。

经由双方当事人在仲裁协议或其他协议中共同指定的仲裁员或首席仲裁员，在没有相反协议的情况下，如不愿履行其职责或者由于其他原因不能履职时，并且不能依照前述规定指定仲裁员或首席仲裁员时，仲裁协议可以有效停止。

如果仲裁员或首席仲裁员并非依照前述规定的方式指定，且其没有履行职责，同时一方当事人未应另一方当事人请求指定新的仲裁员，或仲裁员未选择新的首席仲裁员时。地区法院应一方当事人的请求应指定仲裁员或首席仲裁员，当事人对这种决定可以表示不服。

3. 仲裁员的回避制度。

一方当事人可以依据与要求法官回避相同的原因要求仲裁员或首席仲裁员回避，并且必须在得知对仲裁员的指定后一个星期内并于仲裁庭审理案件之前提出。但回避的原因发生在后或该当事人知道原因在后时除外。法院就仲裁员或者首席仲裁员是否回避的问题作出决定时，可以以不公开的方式进行，并且法院决定讯问时，应传唤被要求回避仲裁员或首席仲裁员。

4. 仲裁员费用。

仲裁员除有权就其职责要求报酬外，还有权要求给付其因履行职责而承担的费用；当事人如未就仲裁员报酬达成协议，地区法院应以不公开的方式对其报酬和履职其他费用作出决定，并且可以对该决定可以表示不服；对仲裁员上述费用的给付，当事人之间承担连带责任。

（三）仲裁程序与管辖法律

1. 仲裁程序。

仲裁院和仲裁庭应适用仲裁地生效法律的强制性程序规则，本规则的规定，以及仲裁协议或当事人之间其他协议的规定。当事人可以自行选择案件审理程序，但应当在仲裁开始之前决定；如果当事人未按照前述规定选择仲裁程序的，仲裁庭将自行决定适用程序。仲裁庭不受民事诉讼规定的约束，但是仲裁庭应对其作出裁决所必要的各种情况进行详细的调查。仲裁庭可以讯问双方当事人、证人和鉴定人，并使他们宣誓，但不得使用强制手段；如仲裁庭本身不能承担职责的履行，其可以请求履行地的地区法院的协助。

2. 管辖法律。

当事人可选择适用的法律。如果未选择，则根据与争议法律联系最密切法律原则适用法律；在各方当事人授权下，仲裁庭可适用公平原则审理案件。

（四）仲裁裁决

1. 仲裁裁决书的内容。

包括：（1）依据的仲裁协议；（2）提交仲裁的地点和时间；（3）当事人和仲裁员的表示；（4）对当事人请求的判决；（5）仲裁庭作出裁决所依据的理由；（6）全体仲裁员的签名。如仲裁员有拒绝或不能在裁决书上签名的，就在裁决上加以说明。

2. 和解情况下的裁决。

《民诉法》第711条规定："经国家法院确定其具有执行力之后，仲裁裁决及在仲裁庭达成的和解协议与国家法院的判决或在法院上达成的和解协议具有相等的法律效力。"

3. 裁决的效力。

（1）不允许对仲裁裁决提起上诉。

（2）经国家法院确定其具有执行力之后，仲裁裁决及在仲裁庭达成的和解协议与国家法院的判决或在法院上达成的和解协议具有相等的法律效力。

（3）有关仲裁裁决书及和解协议的执行力的决定以不公开的方式作出。如果仲裁庭提交的案件记录表明裁决书或和解协议的内容违反了法律规定或波兰人民共和国的社会生活原则，法院应拒绝作出这样的决定。

（4）对有关强制执行的决定可以表示不服。

4. 裁决的送达。

仲裁庭应将与原件同样签名的裁决副本送给双方当事人，并应取得收据或邮件收据。将裁决书副本送交当事人之后，仲裁庭应把裁决书原本、送交裁决书副本的证明及其他文件与案件记录一起送交法院。

二、波兰商会《仲裁规则》

波兰商会《仲裁规则》对《民事诉讼法》中关于仲裁部分进行了细化与额外的规定，其对于波兰的适用同《民事诉讼法》的地位，是波兰仲裁制度不可或缺的一部分。

（一）仲裁协议

波兰商会《仲裁规则》中对于仲裁协议适用的空间范围进行了细致的规定，另外通过一条注意性条款重申了对公平原则在仲裁协议中的地位，即仲裁协议如果违反公平原则，都是无效的。①

波兰商会《仲裁规则》第 5 条规定，波兰有关仲裁的规定适用于发生在波兰领土内的纠纷，以及发生在波兰境外但与波兰有实际联系的纠纷。仲裁地点由当事人双方共同指定，否则，由仲裁庭根据案情和双方的便利程度进行指定。

波兰商会《仲裁规则》第 3 条规定，除非双方当事人另有约定，华沙应作为仲裁地。如双方不能就仲裁地达成一致，经另一方当事人请求，仲裁庭可以确定另一个地点作为仲裁地；仲裁庭可以指令，其会议、开庭以及其他活动在仲裁院所在地或仲裁地之外进行。

（二）仲裁员制度

1. 任职资格及仲裁庭组成。

波兰商会《仲裁规则》第 13 条规定，仲裁庭应由三名仲裁

---

① Chamber of Commerce Arbitration Rules，Article24.

员组成，如果各方当事人约定仲裁庭由一人组成，或各方当事人未约定，而仲裁院院长团根据具体案件的情况做出这样的决定，则仲裁庭应由一人组成。

2. 仲裁员的指定。

波兰商会《仲裁规则》第 14 条对仲裁员指定的规定：

（1）仲裁庭由三名仲裁员组成的情况下，仲裁院秘书应要求当事人各指定一名仲裁员。同时，仲裁院秘书应向各方当事人发送一份仲裁院制订的仲裁员名册。各方当事人可以在名册之外指定仲裁员。各方当事人应在仲裁院秘书规定的期限内指定仲裁员。如果一方当事人未指定仲裁员，则应由仲裁院院长指定一名仲裁员。

（2）仲裁院秘书应要求各方当事人指定的仲裁员或仲裁院院长代一方当事人指定的仲裁员，在仲裁院秘书规定的期限内指定首席仲裁员。首席仲裁员应当从仲裁院制订的仲裁员名册中指定。如果仲裁员未指定首席仲裁员，则应由仲裁院院长指定。

（3）在仲裁庭由一名仲裁员构成的情况下，仲裁院秘书应要求各方当事人指定该名仲裁员。该名仲裁员应当从仲裁院制订的仲裁员名册中指定。同时，仲裁院秘书应向各方当事人发送该仲裁员名册。当事人应在仲裁院秘书规定的期限内指定一名仲裁员。如果各方未指定该仲裁员，则应由仲裁院院长指定。

3. 仲裁员履职。

在波兰商会《仲裁规则》中，对仲裁员拒绝履职的后果作了不一样的规定，其指出，在一名仲裁员拒绝履行其职责的情况下，为作出裁决，其余仲裁员可根据其自由裁量权继续进行仲裁程序。[1]

4. 仲裁员回避制度。

波兰商会《仲裁规则》第 17 条规定：如果存在使人有理由

---

[1]　Chamber of Commerce Arbitration Rules，Article19.

怀疑仲裁员公正性或独立性的情况，一方当事人可以请求该仲裁员回避。经仲裁院秘书调停后，任何一方当事人应向仲裁院院长团发出一份书面回避通知，并说明要求回避的理由。

当事人应在其知晓回避理由后 14 日内请求仲裁员回避。经过该期限后，当事人应被视为已放弃根据上述理由请求仲裁员回避的权利。仲裁院院长团应以决定的形式解决回避的问题，无须说明理由。

5. 仲裁员更换制度。

波兰商会《仲裁规则》第 18 条规定：在一名已被指定或提名的仲裁员死亡、辞职、被请求回避，或仲裁院院长团以决定的形式称其未以适当方式履行其职责的情况下，该仲裁员应当更换。由于新仲裁员的加入，仲裁庭应决定是否有必要重新进行全部或部分程序，结果应以决定的方式作出。

（三）仲裁程序

1. 适用语言。

波兰商会《仲裁规则》第 20 条规定：各方当事人可自由约定仲裁程序使用的语言：波兰语、英语、法语、德语或俄语。除非仲裁庭另行决定，否则在当事人未约定具体语言的情况下，仲裁程序应以波兰语进行。除非另有约定，否则当事人约定的或仲裁庭决定的语言应使用于仲裁程序中的开庭审理及任何书面陈述。如一方当事人或其代理人不知悉庭审程序所使用的语言，则首席仲裁员应为全部庭审程序指定一名翻译。如出庭证人不能以庭审程序所使用的语言提供证词，则首席仲裁员应为该部分庭审指定一名翻译。

2. 审理程序的额外规定。

波兰商会《仲裁规则》对《民事诉讼法》中仲裁制度作了进一步补充，翔实了审理程序。主要包括：

（1）庭前准备：仲裁院的仲裁程序开始于申诉书的提交。申诉书应连同必要数量的复印件提交仲裁院，使每一位答辩人和每一位仲裁员都有一份；申诉书应包括以下具体内容：裁程序各方当事人的称谓和地址；对仲裁请求及其理由的准确说明，并提供支持所述情形的证据；仲裁院权限的依据；除非仲裁协议另有约定，否则应说明仲裁程序的语言和适用法律，以及仲裁地；争议标的的价值。

（2）答辩程序：仲裁程序一经开始，仲裁院秘书应向被申请人交付申诉书，并应要求其在仲裁院秘书规定的期限内提交一份对申诉书的答复。仲裁院秘书应当通知申请人指定仲裁员的情况，并应要求被申请人根据本规则相应规定指定一名仲裁员。

（3）反请求与抵消请求：在第一次庭审结束之前，被申请人可以提出反请求，如果该请求与申请人的仲裁请求相关联，或该反请求可被抵消，对该等请求的决定权属于仲裁院。关于申诉书的规定应比照适用于反请求书。反请求书应由为解决申诉书而指定的仲裁庭处理。

（4）对于第三方加入仲裁程序的允许：只有在各方当事人达成协议，并且仲裁庭作出准许合并审理决定的情况下，第三方才可加入未结仲裁程序；仲裁院秘书应要求仲裁庭决定中指明的人在仲裁院秘书指定的期限内支付仲裁费。仲裁费的金额应在提交申诉书当日作为本文件附件的《波兰商会仲裁院活动收费表》中具体规定；如仲裁庭决定中指明的人未支付仲裁费，则应产生第三方不被允许加入仲裁程序的后果。第三方无权选择仲裁员。

（5）庭审其他规定：庭审不应公开进行；仲裁院秘书应通知各方当事人庭审的时间和地点；庭审应由首席仲裁员主持，独任仲裁员应当行使授予首席仲裁员的权力；经正当通知庭审，如一方当事人或其代理人缺席，则仲裁程序不应受到妨碍；经各方当事人同意，仲裁庭可不经庭审对案件做出决定；仲裁院院长团成员可出席庭审。

（6）庭审证据规定：仲裁庭应根据其自由裁量权就当事人提交证据的申请做出决定。具体而言，仲裁庭可以接纳文件证据，可以检查货物、其他财产或文件，并听取当事人意见、证人证言、专家意见以及主持宣誓。如需要在庭审地之外检查证据，则仲裁庭可授权一名仲裁员检查，或请求一有权国家法庭检查，或以其他适当的方式检查。仲裁院应根据在提交申诉书当日构成本文件附件的《波兰商会仲裁院活动收费表》，就仲裁庭所采取的调取证据行动收取预付款。

（四）合议与投票

如仲裁协议未约定需全体一致，裁决应以绝对多数票作出。如达不到绝对不多，则以首席仲裁员意见作为裁决结果。作出裁决时，如对争议标的全部或一部不能取得一致或多数，那么在此方面仲裁协议将停止执行。

如仲裁员有拒绝或不能在裁决书上签名的，就在裁决上加以说明。经多数仲裁员签名的裁决具有法律效力。

波兰商会《仲裁规则》第33条作了一些补充性的规定：

（1）仲裁庭的商议与投票不应有当事人参加。经仲裁庭同意，可有一名记录人员出席商议。

（2）仲裁庭的裁决应以多数票通过做出。如果一名仲裁员拒绝投票，则其他仲裁员可在其不参加投票的情况下解决案件。

（3）不同意多数意见的仲裁员，可通过在裁决中加入适当的注释，并书面说明反对意见理由的方式，提出反对意见。

（五）裁决时限

波兰商会《仲裁规则》第35条规定，裁决应在庭审结束后30日内，由仲裁庭经过商议做出。如果仲裁院院长团认为由于待决问题复杂而确有必要，可以根据职权，或根据仲裁庭的请求，将上述期限延长一段时间。

（六）仲裁中止

波兰商会《仲裁规则》第 28 条对仲裁中止情形作了规定，涉及仲裁中止后果、期间等。

在适当的情况下，仲裁庭可依职权中止仲裁程序。如仲裁程序中止事由一旦消失，仲裁庭应采取与被中止的仲裁程序有关的行动。

在确定提交对申诉书答复的期限届满后，仲裁程序可依当事人的请求中止。如果在做出中止决定之日起一年内未提出采取与仲裁程序相关行动的请求，则仲裁院院长团应当根据当事人的请求终止被中止的仲裁程序。

（七）仲裁裁决

裁决的效力。经多数仲裁员签名的裁决具有法律效力；此外，《仲裁规则》规定：裁决的原件及其所有复印件，均应有：仲裁庭全体成员的签字，或者至少仲裁庭两名成员的签字以及一份不签字理由的说明；仲裁院院长和秘书的签名；以及仲裁院印章。

《仲裁规则》第 38 条规定，如果在仲裁程序开始后各方当事人达成和解，仲裁庭可根据当事人的请求以仲裁裁决的形式记录该和解。

（八）《仲裁规则》中对仲裁更正补充的规定

1. 更正补充缘由。

仲裁院可以依职权更正不确切之处、文书或计算错误或者其他明显的打印错误。

2. 时限。

（1）更改：收到仲裁院寄出裁决两周之内，当事人可就上述更改提出请求。

（2）补充：在收到裁决书后 14 日内，当事人可以申请就仲裁程序中提出但在仲裁裁决中遗漏的部分作出补充裁决。如果仲裁庭认为补充裁决申请具有正当理由，其应最迟在当事人提交申请之后的 60 日内完善其裁决。

（3）仲裁院院长团如认为待决争议复杂，可依职权或仲裁庭申请，延长期限。

3. 完善裁决的决定应以裁决的形式作出，除非相关补充仅涉及费用。

三、撤销仲裁裁决之诉

（一）诉讼理由

依据下列原因，一方当事人可以请求撤销仲裁裁决：

（1）没有仲裁协议或仲裁协议无效或失效；

（2）当事人被剥夺了在仲裁庭上为其权利进行辩护的可能性；

（3）没有遵守当事人或法律规定确定的仲裁程序，尤其是有关仲裁庭的组成、表决、撤换及裁决书的规定；

（4）对当事人请求作出的判决是难以理解的，自相矛盾的，或违反法律规定或违反波兰共和国的社会生活原则；

（5）根据波兰《民事诉讼法》的规定，存在程序重新开始的原因。

此外，如果裁决超出了仲裁协议的范围，一方当事人可以请求撤销超出仲裁协议那部分的裁决。如果参加仲裁的当事人对于超出仲裁协议范围之外的请求的审理并未反对，就不能对超出仲裁协议范围以外部分的裁决请求撤销。

（二）时限

请求撤销裁决的诉讼应在收到裁决书后一个月之内向法院提出；当提起诉讼是依据程序重新开始的原因，那么按照重新开始程序的规定计算仲裁的时限。

（三）决定与执行

法庭可以以不公开的方式作出决定中止仲裁裁决的执行，也可以提供保证金为条件作出中止执行的决定。对法院作出的这种决定可以表示不服。

法院受到撤销仲裁裁决的诉讼理由的约束，但法院应依职权审查裁决是否违法或违反了波兰人民共和国的社会生活原则。

第四节　调解与和解

一、波兰调解制度

（一）基本原则

调解遵循自愿原则。在诉讼程序开始前进行，当事人申请调解或者事先在合同中约定了以调解来解决纠纷的，法院应当尊重当事人的选择并且积极配合当事人完成调解程序。另外民诉法明确规定，一方当事人在收到调解提议之后的 7 天之内可以通过拒绝参加调解停止调解程序。

调解注重保密原则。调解员不得披露调解过程中了解到的有关案件所有事实，除非各方当事人同意。当事人在调解程序中提到的调解方案、妥协陈述等声明都不能在日后的诉讼程序中使用。另外，民诉法还明确规定调解员享有就相关事实出庭作证的豁免权。尽管民诉法并没有对当事人的保密义务作出规定，但是民法规定当事人也必须遵守相应的保密义务，任何有违保密义务的行为都可能承担民事责任。

（二）调解类型

波兰民诉法规定了两种调解类型：法院外调解与法院附设调解。

法院外调解，就是指当事人基于调解启动协议，自主聘请调解员就争诉案件进行协商解决纠纷的过程。当事人可以自主决定是否参加、决定调解员人选，甚至可以协商调解的形式和内容。

法院附设调解程序，是民事诉讼新增的一种调解类型，与法院外调解适用基本相同的程序规范，仅有部分例外情形。法院不直接雇用调解员主持调解，而是确认并提供调解员名册让当事人选择。法院不对附设调解进行任何形式的资助。法院仅负责提议转介调解及审核调解协议。法院指示转介调解时，应确定一个最多不超过 1 个月的调解期限，双方当事人可以共同要求调解期限超过 1 个月。在调解过程中，双方当事人也可以共同要求延长调解期限。任何一方当事人在调解期限内不同意继续调解，法院应当及时排期审理案件。①

（三）调解程序的启动

启动调解源于当事人之间的协议或法院的转介调解指示。调解启动协议的签订时间没有严格限制，调解启动协议可以是当事人在纠纷发生之前签订，也可以在纠纷发生之后达成。民诉法并没有规定任何强制启动调解的情形。

一方当事人向另一方提出调解请求时调解程序正式启动，相关证据也须一并提交。如果存在以下几种情形，调解程序则不会启动：调解员在收到调解请求之日起 7 天内拒绝调解；新任调解员人选收到调解请求之后 1 周内拒绝调解，或当事人 1 周内未同意调解员人选；未达成调解启动协议或拒绝调解请求。调解请求应包括当事人的详细情况、具体争议事项及有关材料。

在附设调解程序中，法院可根据一方当事人申请或自主决定发布指令将案件转介调解。法院仅提议当事人参加调解，不强制要求当事人参加调解。一般而言，法院在首次庭审结束之前做出调解指示，首次庭审结束之后，法院可在双方当事人共同要求下作出调解指示。但是，家事调解中法院可在诉讼程序的任何阶段提议当事人调解。最终是否接受法院调解指示由双方当事人自主决定。

（四）调解员的任命

民诉法并未就调解员任命作出强制性程序规定，而仅对调解员资格作初步规定。具有完全民事行为能力的自然人可成为调解员人选，现任法官除外，退休法官仍可成为调解员人选。收到调解请求之后，一般专职调解员不能拒绝当事人调解请求，仅在利

---

① The Code of Civil Procedure（OJ of 1 December 1964），Article183.

益冲突等特殊情况下才能拒绝调解。

为保障附设调解程序的效率，在闭门会议期间作出转介调解指示或调解员人选协商未果的情况下，法院可提出调解员人选。为提高调解员遴选的效率，任命调解员之前法院都会询问当事人的意见。如果调解启动协议特别规定了调解员人选，法院应当尊重当事人的意见。

民诉法对家庭纠纷调解员的任职资格做出进一步要求，一般都需具有教育学、心理学、社会学或法学方面的教育背景。刑事案件或未成年人案件调解员的任命也有类似的教育背景要求，但调解员并不要求必须获得相应的学位。

（五）调解会议及调解报告

调解员应确定适当的调解会议的时间和地点。双方当事人共同认为无须专门召开调解会议进行调解，调解员则不必安排调解会议可直接调解。民诉法规定调解员应就相关调解事项向争诉案件的管辖法院提交调解报告并署名。该报告应当载明调解的具体时间和地点及当事人姓名、地址以及调解员等相关信息。当事人最终达成调解协议，调解员则须将调解协议内容一并附上，并且当事人也须署名。未就争诉案件达成调解协议的，调解员应在调解报告中记录当事人拒绝达成调解协议的原因。附设调解程序中，调解员则将相应调解报告提交给转介调解的法院。

（六）调解的费用

调解费用问题是影响当事人调解积极性的一个重要因素。波兰调解制度并没有采用免费调解形式。新民诉法规定调解员有获得调解服务报酬的权利，除非调解员同意免费调解。当事人应当承担调解的相关费用，即便已获得法院诉讼费豁免权或相关机构的法律援助，当事人也应承担相应费用。法院外调解费用由当事人与调解员之间协商决定。

2005 年 11 月 30 日，波兰司法部颁布新的诉讼费用条例明确规定附设调解程序的费用。一般调解费是争诉案件标的额的1%，但是，调解费总额应最低不低于 30 兹罗提，最高不高于1 000 兹罗提。标的额难以确定，调解费则根据实际调解会议次数计算。首次调解会议调解员可以收取 60 兹罗提，此后每次可收取 25 兹罗提。

当事人之间最终达成调解协议的，法院则向当事人退还 3/4 的诉讼费用。如果未能达成调解协议的，法院在日后诉讼程序中则需考虑调解程序的相关费用。当事人存在不当行为，则可能需要在最终诉讼费用中承担部分额外调解费用。

二、《欧盟调解指令》的基本内容

《欧盟调解指令》（以下简称《指令》）的宗旨在于便利争议双方利用替代性纠纷解决机制（ADR）来解决冲突，对使用调解手段解决纠纷的行为进行鼓励，并确保调解与司法程序之间的平衡，从而促成纠纷的妥善解决。

《指令》第 5 条规定，法院在面对诉讼案件时，可在已经对案情充分掌握并且合适的情形下，鼓励当事人用调解的方式解决纠纷。在调解过程中，法院可要求当事人参加信息交流会议。《指令》不影响要求强制使用调解或需根据申请或批准而使用调解的国内立法的有效性，无论前述调解的使用是在司法程序开始之前或之后，只要前述立法不妨碍当事人行使权利均可。

《指令》在立法说明中指出，调解程序应当由当事人起主导作用，当事人可以在任何时间出于其真实意志启动或终止该程序。但如果符合《指令》第 5 条所规定的情形，法院可以为调解程序预设一个期限，除此之外，法院不得对调解程序施加干涉。

调解协议因调解依托当事人的自主处分权，所以调解协议难以直接要求法院强制执行。因此，《指令》第6条规定，各成员国应当确保纠纷当事人能够对调解协议向所在国法院进行申请，并取得法院强制执行的权利。

为了更好地促成调解，让当事人在调解程序中能充分诚实地交换信息，有必要尊重调解的保密性。因此《指令》第7条规定，除非当事人各方均同意，否则各成员国应确保参与调解程序的相关主体，均不得被强制在民商事诉讼或者仲裁程序中进行作证，但考虑公共政策优先或者披露调解协议内容对于实施或者执行该协议确属必要的除外；前述内容不妨碍成员国制定更为严格的措施来保护调解的秘密性。例如，如果调解不成功，任何一方当事人不得在今后的诉讼、仲裁程序中援引对方曾在调解程序中发表过的、提出过的、建议过的对其不利的事实或观点，来作为己方请求、答辩的依据。

为了惩罚"躺在权利上睡觉的人"，《指令》对时效制度进行了规定，即各成员国应确保选择使用调解解决纠纷的当事人，不应基于诉讼时效已在调解期间内届满，而被排除在其后的诉讼或仲裁程序之外。① 从这点看，《指令》保护着人们使用调解的积极性。

三、波兰和解制度

协商和解应坚持的原则。一是协作原则。要求争议双方在互相谅解的基础上，本着实事求是相互协作的精神，弄清事实，从而分清责任，自愿达成协议，而不是一味地坚持己见，互不相

---

① EU Mediation Directive, Article8.

让。二是平等原则。争议中的任何一方不能凭借其某种强势地位，倚强凌弱，获取不平等的利益。①

第五节　中国与波兰之间司法裁决和仲裁裁决的承认和执行

就我国法律规定而言，对于外国司法裁决的承认与执行是一国的权利，而并非义务，所以外国司法裁决能够获得承认与执行应当是有基础权利来源的，这种权利的来源主要是我国与协助国所订立的国际条约或者是双方的互惠原则。而对于波兰来说，我国与波兰于 1987 年 9 月 5 日批准通过了《中华人民共和国和波兰人民共和国关于民事和刑事司法协助的协定》，该双边司法协助于 1988 年 2 月 13 日对双方缔约国生效，并且我国与波兰均为1958 年《承认及执行外国仲裁裁决公约》的缔约国。所以中波双方的司法协助的基础便是基于以上两份国际条约展开。

一、司法裁决的承认和执行

（一）刑事司法裁决的承认和执行

中波双方虽然已经缔结了关于刑事案件方面的司法协助的协定，但是并未涉及关于刑事司法裁决的承认与执行，仅就法院在刑事案件中有关赔偿请求的部分做出了规定即刑事附带民事诉讼。此外，中波双方也并未就引渡事项达成协议，故双方并非互

---

① The Code of Civil Procedure（OJ of 1 December 1964），Article184 – 186.

为引渡的主体。

中波双方对于刑事司法协助主要针对文书的送达和调查取证，即缔约双方应根据请求，在刑事方面相互代为送达司法文书和司法外文书，听取当事人、嫌疑犯的陈述，询问证人、被害人和鉴定人，进行鉴定、检查和司法勘验，以及收集其他证据。被请求的缔约一方可根据下列理由之一拒绝提供刑事司法协助：（1）如果被请求的缔约一方认为该项请求涉及的犯罪具有政治性质或为军事犯罪；（2）按照被请求的缔约一方的法律，该项请求涉及的行为并不构成犯罪；（3）该项请求涉及的嫌疑犯或罪犯是被请求的缔约一方国民，且不在提出请求的缔约一方境内。此外，对于缔约国一方的国民在另一方被当地法院裁判为犯罪，判决国应递送法院对缔约另一方国民所做的生效裁决的副本或案情摘要。

（二）民事司法裁决的承认和执行

在《中华人民共和国和波兰人民共和国关于民事和刑事司法协助的协定》中对中波双方的民事裁决的承认和执行作出了明确的规定，缔约一方就缔约另一方境内的法院对民事案件所做出的裁决、对刑事案件中有关赔偿请求所作出的裁决、主管机关对继承案件作出的裁决和仲裁庭作出的裁决在其本国境内承认和执行上述四种生效裁决，并且裁决的范围包含调解书。

缔约一方请求承认与执行裁决，应附下列文件：（1）与原本相符的裁决副本。如果副本中没有明确指出裁决已经生效和可以执行，则应附由法院出具的证明其已生效和可以执行的文件；（2）送达回证或证明裁决已经送达的其他文件；（3）法院证明败诉一方已经合法传唤，以及在其缺乏诉讼行为能力时已得到应有代理的文件；（4）请求书和前三项所指文件经证明无误的被请求的缔约一方文字或英文的译文。

请求承认和执行的主体为当事人个人或者双方法院经由本国

的中央机关（我国为司法部）直接通知，裁决一经承认或执行则在被请求国拥有同等的效力。但裁决具有以下情形将不予承认和执行：（1）按照将承认或执行裁决的缔约一方的法律，裁决是由无管辖权的法院作出的；（2）根据作出裁决的缔约一方的法律，该裁决尚未生效或不能执行；（3）根据作出裁决的缔约一方的法律，败诉一方当事人未经法院合法传唤；（4）当事人被剥夺了答辩的可能性，或在缺乏诉讼行为能力时被剥夺了应有的代理；（5）将承认或执行裁决的缔约一方境内的法院对于相同当事人之间就同一诉讼标的的案件已经作出了发生法律效力的裁决，或正在进行审理，或已承认了第三国法院对该案所做的发生法律效力的裁决；（6）裁决的承认或执行有损于将承认或执行裁决的缔约一方法律的基本原则或公共秩序。

二、仲裁裁决的承认和执行

中波双方对于承认与执行仲裁裁决的基础关系来源于双方均为《关于承认和执行外国仲裁裁决的公约》（《纽约公约》1958年6月10日）的缔约国，并在中波双方签订的《中华人民共和国和波兰人民共和国关于民事和刑事司法协助的协定》（1987年）第21条重申了《纽约公约》对此的基础地位。

（一）承认与执行仲裁裁决的范围

波兰加入时对《纽约公约》作出了商事保留，即波兰只承认和执行针对契约性和非契约性商事法律关系引起的争议所做出的裁决。所谓"契约性和非契约性商事法律关系"指的是由于合同、侵权或者根据有关法律规定而产生的经济上的权利义务关系，包括货物买卖合同、工程承包合同、合作经营等，但是不包括外国投资者与东道国政府之间的争端。另外中波双方还对《纽约公约》作出了互惠保留的声明，即仅限于承认和执行在另一个缔约国领土上作出的裁决。

（二）申请承认与执行仲裁裁决的所需文件

缔约一方申请承认与执行仲裁裁决，应向缔约另一方提供：原裁决的正本或其经公证的副本，仲裁协议的正本或其经公证的副本。如果前述的裁决或协定所用文字并非是被申请国的文字，申请承认及执行的裁决的缔约方应提供此项文字译本。译本应由其本国有资格的翻译人员翻译或经外交方式或领事人员进行认证。

（三）拒绝承认与执行仲裁裁决的情形

根据《纽约公约》第 5 条的规定，裁决有证据证明有下列情形之一时，可以依申请拒绝予以承认及执行：（1）订立协定的当事人依对其适用的法律为无行为能力的人；或该协定依当事人选择的准据法被判定为无效；或未指明准据法时，依裁决地所在国法律判定为无效的；（2）被申请方没有经过仲裁员或者仲裁程序的适当通知，或因其他原因，导致未出庭申辩的；（3）裁决超出仲裁协议规定的范围，但仲裁事项具有可分性，可以对范围内的内容予以承认与执行；（4）仲裁庭的组成不符合法定形式或者与仲裁双方约定的不符的；（5）未生效裁决或者裁决经裁定地的主管机关撤销。

如果有以下的情况，受申请执行国可以依职权拒绝承认及执行仲裁裁决：（1）依该国的法律，争议事项属于不能用仲裁事项进行解决的；（2）承认或执行裁决将会违反该国的公共政策或者公共秩序的。

第六节 争议解决的国际法机制

一、国际投资争端解决中心争议解决机制

国际投资争端解决中心（ICSID）是依据《解决国家与他国国民间投资争端公约》（又称《华盛顿公约》）而建立的世界上第一个专门解决国际投资争议的仲裁机构。它是一个通过调解和仲裁方式，专为解决政府与外国私人投资者之间争端提供便利而设立的机构。其宗旨是在国家和投资者之间培育一种相互信任的氛围，从而促进国外投资不断增加。提交该中心调解和仲裁完全是出于自愿，且争议的双方须为公约的成员国，争议主体为国家或国家机构或代理机构。

二、世界贸易组织争议解决机制

《关于争端解决规则与程序的谅解》（Understanding on Rules and Procedures Governing the Settlement of Disputes，DSU）协议运用司法管辖和外交磋商相结合的平衡体制，鼓励各方通过外交途径的友好磋商解决争议。在适用司法手段解决争端时，也保证在政治和外交的框架内进行。DSU 建立了争端解决机构（Dispute Settlement Body，DSB）来负责监督争端解决机制的有效顺利运行，这是 WTO 的一个创新，可以说是争端解决机制的基石。DSB 由 135 个成员方参加，它受总秘书处的领导。DSB 的主席采

用轮值制，由发达国家和发展中国家代表每年轮流担任。该机构负责 DSU 和各有关协议关于争端解决规定的执行，它有权设立专家组，通过专家小组的报告和上诉机构的报告，检查被裁决的国家用多长时间和何种方式执行裁决和建议，以及授权暂停适用协议下的减让和其他义务（即实施报复）。应争端一方的请求，DSB 可以成立专家组，对成员国的某一违法行为进行裁决，承担具体的任务，任务完成后即解散。专家组一般由 3 名或 5 名独立的人员组成。秘书处持有一份可担任专家组成员的名单，并负责任命专家组组成人员。专家组根据被授予的职权范围，在规定时间内，形成专家组报告，交 DSB 会议批准。DSB 建立了常设的上诉机构（Appellate Body），有 7 名成员，任期为 4 年，对某一案件由其中的 3 名进行审议。上诉机构的主要目的是保证判例的和谐性，负责处理争端各方对专家组报告的上诉，但上诉仅限于专家组报告中有关法律问题和专家组详述的法律解释。上诉机构可以维持、修改或撤销专家组的法律调查结果和结论，而且上诉机构的报告一经 DSB 通过，争端各方就必须无条件接受。中国与波兰均为 WTO 成员，发生的纠纷可以在此框架下予以解决。

第七节　争议解决风险与预防

一、风险分析

（一）争议解决周期长

在波兰的投资项目大多以能源及交通基础设施为主，而此类项目多采用各种类型的 PPP 模式运作，因此中国企业作为投资人身份与波兰政府将有着更为频繁的合作。但是，在项目谈判中，对投资协议中争议解决条款的沟通中方企业处于弱势地位，当地政府多会要求将以仲裁或者诉讼方式解决争议的管辖权约定在波兰本国，并且以波兰法作为准据法。但波兰的司法效率低下，诉讼周期极长，并且中方投资人对当地的语言和法律的陌生将会导致产生高昂的翻译费用以及律师费用，从而使得投资人在争议解决中处于被动地位。

（二）波兰非《华盛顿公约》

《华盛顿公约》在对中国企业境外投资项目利益保护方面的重要意义，将比以往任何阶段都更加凸显。但是，在波兰的投资项目中，波兰非《华盛顿公约》缔约国，中国企业在波兰的投资利益将无法获得《华盛顿公约》下投资争端解决机制的有力保护。另外，中波双方的投资协定也已失效。投资者利益将面临空前的风险。

二、防范措施

作为外国投资者，海外投资项目运作的全过程需要依法合规，避免出现违法违规的情形，从而降低在外诉讼风险。

应避免投资项目引发的相关争议纠纷在波兰本国的法院或者仲裁机构解决，虽然波兰本国法治体系较为健全，但是法律的公正依然取决于司法队伍的清廉。在与波兰合作方订立相关投资协议时，应当将争议的解决交由其他国际知名的仲裁机构解决，比如国际商会国际仲裁院（ICC）、香港国际仲裁中心（HKIAC）等，同时，在实体法的选择上，尽量选择熟悉的第三国法律。

发生风险或者纠纷的初期，应当积极与相对方进行沟通协议并及时将具体情况上报给国内总部，将纠纷及早解决，避免问题扩大，造成更大的影响。

灵活运用 ADR 的纠纷解决方式，争取以最小的成本获得最好的解决结果。

项目运作全过程，聘请律师、环境咨询师或者有关机构，对各专业领域提供专业的咨询服务，防患于未然。

鉴于波兰非《华盛顿公约》缔约国，中波两国投资协定也已到期，双方在签订投资协议时，要求波兰放弃主权豁免权将成为谈判的重点，以争取投资者权益的保护渠道。

第八节　典型案例

一、案例简介

波兰弗里古波尔股份有限公司（以下称"波兰公司"）与宁波甬昌工贸实业公司（以下称"宁波公司"）因买卖合同产生纠纷，经波兰各级法院审理后，波兰弗罗茨瓦夫上诉法院于 2009 年 4 月 8 日作出 I ACa 231/9 号终局判决，该判决于 2009 年 5 月 12 日生效。波兰公司于 2011 年 4 月 8 日向浙江省宁波市中级人民法院（以下称"宁波中院"）寄送申请承认与执行波兰法院判决的相关材料，之后于 2013 年 2 月 5 日补充提交了相关材料，该案正式立案。宁波中院受理并审查后，于 2014 年 3 月 12 日作出终审裁定，承认波兰弗罗茨瓦夫上诉法院的民事判决。

二、法律分析

在本案的处理过程中，宁波公司提出异议，认为判决的申请强制执行期限已过，且代理其参加波兰相关诉讼的律师并未获得授权。所以本案的争议焦点在于，波兰公司申请承认与执行的期限应当适用于哪国法律，宁波公司在波兰代理其开庭的律师的代理行为是否有效。

对于是否逾期的问题，宁波中院对此的观点是："波兰公司申请我国法院承认与执行判决，应当按照我国《民事诉讼法》的规定审查申请期限，依据《民事诉讼法》第二百三十九条的规定，申请执行的期间为二年。申请执行时效的中止、中断，适用法律有关诉讼时效中止、中断的规定。波兰公司第一次提出申请时，已经构成了时效中断的法律效果，申请期限重新计算，之后波兰公司在第一次申请未受理之日起两年内补充提交了立案材料，故第二次申请未超过法定期限。"对于此种观点有《民事诉讼法司法解释》第五百四十七条第一款"当事人申请承认和执行外国法院作出的发生法律效力的判决、裁定或者外国仲裁裁决的期间，适用《民事诉讼法》第二百三十九条的规定"予以支持。另外《民事诉讼法解释》第五百四十七条第二款"当事人仅申请承认而未同时申请执行的，申请执行的期间自人民法院对承认申请作出的裁定生效之日起重新计算"表明，申请承认与执行的期限是分开计算，执行程序的启动以承认程序的终结为前提，故应当自承认判决的裁定生效后才开始起算申请执行的期限。

对于律师代理行为的问题，在我国《法律适用法》第16条中规定："代理适用代理行为地法律，但被代理人与代理人的民事关系，适用代理关系发生地法律。当事人可以协议选择委托代理适用的法律。"即委托代理中，代理行为的效力应当适用代理行为地法律，故应适用波兰法。法院认为宁波公司在波兰诉讼期间均以授权书委托同一律师参与诉讼，该授权书对律师作出了概括授权，宁波甬昌公司亦领受了弗里古波尔公司支付的 54 521 美元和相关诉讼费用，故律师代理行为应为有效。

三、管理建议

对于涉外民商事纠纷，在我国《法律适用法》中对相关纠纷的法律适用问题作出了极为详细的规定。国内企业在涉外合同中，应当将《法律适用法》中允许意思自治的相关领域在合同协商洽谈过程中与相对方进行细致的沟通，以争取相关领域的法律能够适用中国法或者国内企业容易查明的外国法。

波兰其他法律制度

第一节　波兰环境保护法

一、波兰环境法律概述

　　波兰环境部①是波兰环境保护主管部门，其主要职责内容是依照波兰国内相关的环境保护立法和波兰加入的国际条约（包括多边条约和双变条约）对波兰"水资源"和"环境保护与有效利用"进行依法管控。

　　波兰基础环保法律包括《环境保护法》《水法》《废料法》《破坏臭氧层物质法》《防止环境损害和弥补法》等。②

　　在波兰复杂的法律体系中，除了波兰自身立法外，还有许多由欧盟规定转化而来的法律规定可以作为处理环境问题的依据。

---

　　①　环境保护部网址：www. mos. gov. pl 可查询该部门相关权限和工作流程。

　　②　涉及投资环境影响和评估的法律规范请查询：www. mos. gov. pl/kategoria/3134_ustawy.

因此，了解欧盟法对波兰（成员国）国内环保法律体系的影响，也是了解波兰环境法体系的重要内容。

二、欧盟立法与波兰环保关系

环境保护是欧盟一体化进程中的重要功能领域。自 20 世纪 70 年代起，欧盟意识到不断暴露的环境问题，并不是单一国家能够解决的问题，必须寻求在欧盟层面的统一解决方案。因此，经过探索实践，欧盟环境法可以分为"国家级环境法""欧盟级环境法""国际级环境法"三种类型①。

1993 年生效的《马斯特里赫特条约》使环境政策在欧盟中的法律地位得到进一步加强。条约同时规定"共同体政策必须结合有关环保要求来制定和实施"，使高水平的环境保护作为欧盟制定各项政策必须考虑的一条重要原则。② 同年生效的《有关自由获取环境信息的 90/313 指令》则规定："任何自然人和法人都有权以合理的代价要求获得有关环境的信息，不需要这个人证明他与这些信息有利害关系"。

在决策程序上，欧盟条约将"共决程序"和"有效多数"表决机制确定为环保问题投票表决的原则③。根据这一原则，有关环境法律的决策将由欧洲委员会（以下简称"欧委会"或"委员会"）提出建议，在经过欧洲议会和部长理事会以有效多数原则投票表决通过后即可成为共同体法律，这使得环保政策更加容易以法律的形式固定下来。关于管辖权划分，与其他一些共同政策领域一样，在欧盟层面主要包括立法、监督实施、协调、

---

① 国家级环境法是欧盟环境法和国内环境法的交叉；国际级环境法是欧盟环境法和国际环境法的交叉。

② 中国商务部欧洲司、中国驻欧盟使团经参处：《欧盟商务政策指南》，清华大学出版社 2006 年，第 100 页。

③ 在有关环境税收、城镇规划、能源供应等领域仍需要一致同意。

推动等。成员国则负责将法规（如指令）转换为国内法，并具体执行。

波兰自 2004 年 5 月 1 日正式加入欧盟以来，按照加入欧盟的谈判约定，在环境立法方面，波兰完全适用欧盟有关环保方面的法律。

欧盟法律中最重要的规则之一是"优先原则"[①]。该原则意味着在一般情况下波兰国内的法律问题，除了宪法规定的内容，成员国应该首先选择适用欧盟规则处理相关问题。在实践当中，"优先规则"并不是由欧盟相关机构通过成文法的形式在内容中进行制定的。"优先原则"它是由欧洲法院根据其法理学推演而来的。作为欧盟的成员国，波兰国内法院在实践当中均接受这一原则的"指导"，这使得欧洲的法律规范效力能够优先于国家法律之上，得以优先适用。

尽管在法理上存在"优先原则"这一理论，但对于具体的案件而言，法院如何适用法律还需要取决于具体的法律行为性质和特定的情况才能够做出判断。

需要注意的是，欧盟法律包括两个主要来源：初级法律（依照欧盟立法程序颁布的欧盟条约、其他国际条约）和二级法律（欧盟内部机构依照非立法程序出台的规章、指示、决定、不具约束力的建议和意见等）。这些二级法令也同样适用于成员国国内。

其中适用"二级法律"的程序与适用欧盟初级法律有这一点不同。"二级法律"并非如"初级法律"一样直接在成员国内部生效，而是通过成员国内部立法程序，将欧盟的"二级法"转化为具有执行力的国内法。根据欧盟成员国与欧盟达成的约定，欧盟成员国有义务将欧盟内部机构出台的指令或者决议在其国内法当中体现出来。因此，投资者应当注意，尽管可能某项法

---

① 在该原则语境下，欧盟相关的法律制度或者条令，相对于波兰国内对应法律而言。

律在波兰当地没有规定，且欧盟立法层面也不存成文的规定，但如果其"二级法律"当中存在此类指令、规则或者决议，那就意味着在波兰国内这一问题的解决，应当参考欧盟在该问题上的指令或者决议。

欧盟环境保护法律体系和制度较为复杂，成员国国内也有相应的多样化环境保护法律制度和体系。因此，中资企业进入波兰市场，如果其项目涉及环境问题，应当在明确基本的欧盟法律前提下，重点研究项目相关领域的环境法规定。尤其是特殊的环境保护制度要求，是中资企业进入波兰市场的必要步骤。

三、波兰主要环境法律介绍

目前掌握的资料当中，其国内成文法当中较为重要的法律为《环境保护法》《废料法》《水资源管理法》。这三部法律是目前波兰环境保护法律体系当中的主要法律制度。

（一）《环境保护法》

2001 年实行的环境保护法是波兰环境保护领域的基础性法律。在该法当中阐述了自然环境与经济之间的关系，明确了环境保护的重要意义。在该法当中将环境保护问题分为废弃物、空气、河流湖泊、土壤、自然保护区等重要问题都进行了纲领性的规定。同时，确定了环境保护的法律原则，设计了波兰环境保护的重要制度。

投资者应当注意，该法是环保领域最高的立法，具有原则性和指导性。在涉及具体的环境保护法律问题时，应该在研究《环境保护法》的基础上掌握具体的次级法规定。比如工程承包企业在具体施工过程中遇到的砍伐树木问题，应当参考当地关于森林树木保护的法律法规规定。

（二）《废料法》

根据波兰国内的环境保护立法规定，"无普遍使用性质的环境利用需要取得环保机关颁发的许可证"①。管理机关在颁发相关的许可证程序当中设置了相应的保护范围和环保标准。

按照法律要求，经济主体必须登记排放废弃物的等级、数量和种类，并每年按要求向中央政府在各省的特派员（Commissioner，一般为省督）进行环境保护方面的报告。中央驻各省的特派员有权力按照各经济主体提交的环境报告要求相应经济主体向法定的环保基金交纳相关的环保资金。

2001年修订后的《废料法》主要明确了"年产废料在1万~10万吨的企业应当在生产前2个月通知所在地的乡长"；"年产废料在10万吨以上的企业，在生产前2个月应当通知生产所在地的县长"；"对于生产中产生危险废料的项目，需要获得生产所在地的县长颁发的许可，而生产对环境特别有害的项目，需要获得生产所在地的省长颁发的许可"②。

（三）《水资源保护法》

作为波兰国内水利保护的另一重要法律——《水资源保护法》③，对污水的处理和废料排放到水体当中进行了限制和禁止性规定。同时，责成水资源的所有者关心生态状况，并在国家整体的生态恢复规划当中提供必要的合作。

---

①② 商务部国际贸易经济合作研究院、商务部投资促进事务局、中国驻波兰大使馆经济商务参赞处：《对外投资合作国别（地区）指南·波兰》，2016年版。

③ 《水资源保护法》具体法律规定内容请查阅 www；lex. pl/akt/－/akt/dz/－u－2001－115－1229。

（四）其他相关法律

环境保护其他方面的法律较为繁多，较为主要的包括《森林法》《1985 年内陆鱼法》《1995 年狩猎法》《2001 年海水鱼类法》等。

四、环境保护制度

（一）环境实际影响评价制度

1. EIA 制度介绍。

《关于就环境及环保、环保公共参与及环境影响评估提供信息的法案》（the Act on Making Available Information about the Environment and its Protection，the Public's Participation in Environmental Protection，as well as on Environmental Impact Assessments，简称"AEIA 法案"）中设计了波兰环境保护发当中最重要的制度体系，这一制度当中最核心的程序性制度是 An environmental impact assessment（EIA），在该法中规定了波兰国内需要进行环境评估的范围及评估程序。

具体而言，AEIA 法案当中规定了 EIA 的评估流程，需要进行 EIA 评估的项目类型，但在这部法案当中也明确说明"项目实施当中具体的法律依据是涉及一些议会立法和其他的次级法"。这对于有意于参与波兰投资而可能涉及环境问题的外国投资企业而言，在查明具体法律方面造成了一定的困难。整体而言，EIA 包含三个特殊原则性要求：第一，关于对环境产生影响方面的报告应经调查属实；第二，按照法律要求进行申请并要获得审批意见；第三，要确保民众必须参与整个过程。

2. 涉及 EIA 的项目范围。

按照 EIA 的程序性要求，所有涉及"建筑物建造"或者对环境可能造成影响的施工行为，包括改变土地用途和矿藏开发等施工行为。只要包含这些行为就应当进行 EIA 程序。

2010 年 9 月 9 日欧洲部长理事会通过的法令（Journal of Laws of 2010，No. 213，item 1397），对环境具有显著影响的三类项目包括：直接有重大影响的项目；存在潜在重大影响的项目以及对环境产生机构性变化的项目。

具体而言需要进行环境评估的项目范围包括：

第一，对环境有重大影响的项目；

第二，对环境有潜在重大影响，且环保部门提出评审要求的项目；

第三，对欧盟生态保护系统——"Natura 2000"保护区产生影响的项目；

第四，强制进行环保评审的项目。涉及制药、传统电厂、风电、有害废物回收处理等 43 个领域；

第五，对环境有潜在重大影响的项目。涉及传统的电厂、风电以及车辆机械组装等制造领域共计 92 种类型。

在项目的环保测评当中，地区的省长、市长、环保局局长、国家森林地区主管部门领导等均有权依法对其辖区内的环境保护问题在法律授权范围内做出决定。①

3. EIA 的法定程序。

第一，按照 EIA 制度规定对工程进行归类②。这是关键的步骤。在该步骤中根据项目投资者提供的信息，评审机构对该项目

---

① 外资企业如果了解 EIA 的内容，查询 EIA 涉及的类型以及进展程序的方式有以下几种：第一，从区域性的环境保护联合机构查询；第二，环保理事会总部网站，http://www.gdos.gov.pl/；第三，环保部网站，https://www.mos.gov.pl/；第四，当地政府当局相关部门。

② 参见欧盟议会网站，http://ec.europa.eu/environment/archives/eia/eia-guidelines/g-screening-fulltext.pdf。

进行定性分类。不同的分类结果可能对项目投资者的环保投入成本和环保审批时间成本造成不同的影响。

第二，在确定后的项目之中确定专家进行论证的范围①。在该步骤当中，专家的意见将是未来投资者提交报告的重要信息来源。EIA 将在这一阶段确定各种对环境影响的要素和影响范围。如果这一阶段的相关信息准备不充分，相关机构将会停止 EIA 的流程。

第三，向主管当局（部门）提交报告，报告当中应当体现有关环境的所有信息。

第四，对（企业）提供的报告进行专业论证。此阶段的报告论证主要是集中在对项目产生的环境影响进行评估。可靠的报告和科学正确的 EIA 管理流程将降低 EIA 的程序时间。

第五，申请获得官方环保机构和公众对该项目的环境问题的意见。

第六，给出最终决议和发给许可证。

4. EIA 环保报告的基本内容。

第一，项目描述。承包商应当对工程的各个方面进行描述，尤其是涉及使用的技术、材料和机械设备，对土地、水源和空气产生的可能影响。这些影响不仅是在工程施工的整个期间，也包含工程完工以后可能产生的环境影响。

第二，报告当中应当提供专家关于解决环境问题的建议。

第三，在未来保护环境方面采取的措施，减少或者消除对环境产生负面影响的计划。

第四，报告也应该说明该项目是不是需要专门划定一个区域以供施工建设。如果需要，要说明对这片土地的使用方式和要建设的工程结构。

① 参见欧盟议会网站，http://ec. europa. eu/environment/archives/eia/eia – guidelines/g – scoping – fulltext. pdf。

第五，施工是否会造成跨界影响。尤其是对波兰境外的环境造成影响。

第六，需要分析项目导致的社会利益冲突。

第七，一般情况下要用图表的形式说明对环境产生的影响和责任。如果是第一类（直接造成环境影响）的项目，比如铁路、高速公路、高压电线和石油运输管道等项目，还要附上沿线的地图。

5. 许可的有效期。

许可有效期一般为 5 年[①]。如果申请的项目在这期间完成了主要的工程步骤，但尚未完工，并且 EIA 最初评审的条件并没有发生实质改变的情况下，这个有效期是可以延长的。

需要注意的是，如果要申请有效期延长，必须在原有的许可失效之前向相关部门提出延期申请。

（二）民众参与保障机制

民众参与保障机制是波兰环境保护法律机制的一个重要设定。该机制贯穿各类环境问题的解决过程，表现形式为意见发表的权利和问题解决信息的知情权利。AEIA 当中最重要的机制就是公众参与。投资者和官方的环保机构都有义务根据环境保护法律充分保障民众参与 EIA 的权利。一般而言，通过以下方式来实现保障民众的参与：

第一，通知相关方参加 EIA 程序，并根据法律要求发起 EIA 程序。

第二，提供足够的信息，以保证民众能够从中足够了解该项目。在此基础上，应该提供足够的途径以使民众意见能够有效反馈。

---

① 在不同的资料中，有显示有效期为 6 年。本处选取 5 年为有效期限。根据实际情况和具体法律规定，如有不同有效期限规定，请参考具体法律规定。

波
兰

第三，规定一个 21 天的意见反馈期间，以督促民众能够及时提供意见。

（三）施工企业环境评审机制

波兰法律未对外国企业在波兰参与当地公共项目招投标予以限制。具体法律规定可参见《波兰建筑法》和《公共采购法》。按照波兰当前环境保护法律规定，投资者在波兰投资领域涉及建筑施工应取得建筑资质许可。项目投资者在向监管部门申请建筑许可之前，必须按照波兰环境保护法律规定先通过环境保护评审。这一过程当中，企业需要进行的全部评审问题，就是项目将来实施当中必须要满足的全部环境保护条件。但是只有体现在 2010 年 11 月 9 日欧盟部长理事会通过的可能对环境产生重大影响的工程内容规定清单当中的特定项目需要进行环境保护评议。[①]

（四）废弃物管理制度

根据《废弃物处理法》（2012 年 12 月 14 日），废弃物的拥有者负责妥善管理和/或持有废弃物的责任和义务。占有人可以通过将这些废弃物移交给有权管理废弃物的人（如持有废弃物处理相关许可证的主体），将自己从废弃物处理的法律责任中有效脱离出来。否则如果发生，处理废物管理的责任单位对废物处理不当或者未达标，则该废弃物的占有人将对此类不当行为承担严肃的法律责任，比如将废弃物储存（倾倒）的罚款用于废弃物的管理。

因此，无论在波兰计划进行何种业务，确保拥有政府合法授

---

① 蔡守秋：《国外加强环境法实施和执法能力建设的努力》，载于《环境法》（在线期刊），2003 年。

权资质的公司来提供适当的废弃物管理服务，是涉及环境保护的投资行为顺利进行重要的一步。

此外，法律对废弃物和工业副产品也进行了区分规定。根据法律对废弃物的定义，一些工业生产的副产品也被包含其中，被视为处于"废弃物状态"。对于一些在工业生产过程中产生的副产品，法律规定了一个"废弃物状态终结标准"，即当这些物品的存在条件达到某种标准时，其废弃物状态就解除了，使之在商业和技术上成为有价值的材料，而不需要对这类废弃物进行特殊管理。比如，在石油加工生产的过程中，产生的工业副产品被视为"废弃物"，但经过加工后的"废弃物"则成为施工领域中重要的沥青。

在废弃物管理当中，有两个制度需要注意。第一个是废弃物许可证制度。许可证制度在废气排放当中比较常见，在废弃物管理当中也有体现。比如，大量的废弃物管理业务活动需要政府颁发的许可证，如废弃物生产许可证、综合许可证、废弃物处理许可证和废弃物收集许可证等。第二个制度是包装和废弃物包装管理条例。一般来说，每一个进行生产的实体部门（个人或者企业），只要涉及在生产的过程或者产品使用包装，就应当确保采取措施保证这些过程或结果中使用的包装，能够在一定条件下回收使用。另一种可供生产实体选择是，上述关于包装处理的法律责任，同样也可以外包给一个具有相应资质的专业机构，一般称之为"恢复组织"（Recovery Organization）[1]，这样的机构专门处理废物的回收和再利用工作。从便利和务实的角度考虑，在实践当中波兰国内的企业对包装处理的方式，一般都喜欢选择委托给"恢复组织"进行。违反此类规定，政府主管部门就有权对相应的实体进行罚款。类似这样的包装和产品包装的规定，也适用于电器和电子设备的生产和进口。

---

[1]　该类组织拥有当地政府颁发的不同等级的处理废弃物资质，不同等级的资质对应处理不同等级废弃物的能力。

工程施工过程中，如果涉及此类包装处理问题，建议委托具有相应资质的恢复组织，进行谨慎处理。

（五）环境许可证制度

在波兰国内，环境许可证制度是绝对严禁违背的。如果投资者不按照当地法律要求，违反这一制度要求，将导致较为严重的行政处罚。

施工项目程如果产生以下结果则需要办理相关的许可证：

第一，行为将释放废气或者废弃物（包括颗粒、细微物质等）到空气中；

第二，将废水排放到水流中或土地上；

第三，产生废弃物。

凡涉及对环境产生上述（可能）影响的行为，都需要获得环境许可证——具体的许可情况，取决于拟进行的活动规模和/或此类活动的类型。一般而言，每一项活动都应取得单独的环境许可证，其有效期为 10 年。如果一个行为缺少必需的综合许可证的情况下，环境保护检查员有权勒令停止安装或者施工。

大型的工业设施施工的施工许可制度（"IPPC 制度"），可能需要一个将上述所有的排放许可结合起来的环境综合许可证，这个综合许可要包含向环境中排放主要污染物的所有许可。如果在同一个行政区域内，同一个主体执行同一类型的大型工业设施施工工作，可以只申办一个此类型的许可证。从程序上而言，综合许可证的颁发，需要一个相当复杂和冗长的程序审查过程，尤其是要进行公众咨询，程序较为复杂。许可证一旦经过审查颁发，理论上其效力是永久的，但根据当前的法律规定，许可证的持有者应当接受每 5 年一个周期的审查。

（六）二氧化碳排放管理制度

波兰环境法中，关于二氧化碳排放管理的法律制度[①]，主要是 2015 年 6 月 12 日通过的《关于温室气体排放限额交易系统的法案》。二氧化碳排放管理的范围包括能源、化学、纸张或运输等行业。根据上述法案的规定内容，在波兰当地进行活动的相关经济主体，必须申请温室气体排放许可。在这个二氧化碳排放许可证中规定了经济主体能够排放二氧化碳的最大量。

在规定的总体排放限量之内，主体可以自由排放二氧化碳。如果持有二氧化碳排放许可证的经济主体，其二氧化碳排放量未达到许可证许可的排放总量，在不超过全部排放限额的情况下，可以将剩余的二氧化碳排放量出售给其他二氧化碳排放量超量的企业。对于那些二氧化碳排放总量超出了许可证规定的经济排放主体，就要被监督机构处以相应的罚款。这个二氧化碳排放量的整个交易过程，应当受到政府的监督，这个监督权属于波兰环境部部长所有。

五、波兰的环境诉讼制度

在波兰没有单独成体系的环境诉讼制度。

环境问题的诉讼程序是标准行政程序的一部分，通常通过发布行政决定来解决。关于环境诉讼的行政程序是在 1960 年 6 月 14 日发布的行政程序法典中进行规定的。

就环境保护问题而言，行政机关在作出决定后，参与方有权

---

① 参阅王明远：《论碳排放权的准物权和发展权属性》，载于《中国法学》2010 年第 6 期。

依照波兰行政法上诉。就环境保护决议而言，行政决议的相对人对任何一个行政决议都有提出复议的权利，即便只是部分的适用这个行政决议。

一般来说，行政决议的相对人有14天的申请复议时间。如果对行政复议的结果不满意，继续上诉的第二次复议申请，应当在第一次行政复议做出后的一个月内提起。

一个符合程序规定的上诉应当通过合适的机关发起。一般而言，上诉应当通过做出该项决定的原机关发起，但是在特定情况下，比如第一审机关认为上诉是不合理的，该机关可以提出撤销原行政决定，并重新作出一个新的行政决定，也或者，他们可以修改原来的行政决议。否则，该上诉请求会被转到相应的上诉机构进行申诉。在处理行政复议的行政机关坚持其行政决定的情况下，行政复议的决定最终会成为最终结果。该行政复议机关最后的决定可以由行政复议相对人上诉到波兰地区行政法院。

除了上述常规的不服最终判决方式外，还有两种特殊的改变最终决定的形式。第一，重新提起诉讼。例如，当最终决定是基于违法或者犯罪行为的结果而做出的；第二，无效的判决。例如，如果最终决定是违反了有关管辖权的规定而发出的。

在行政相对人穷尽所有的申诉渠道之后，行政相对人有权向行政法院提起诉讼（作为一项法律规定，相对人有30天的时间对行政法院的判决提起上诉）。

行政法院的结构由地方区域（省）行政法院和最高行政法院组成，成立的目的是考虑由地方行政法院受理最高行政法院受理之外的所有行政诉讼的案件，以及最高行政法院指定由地方行政法院审理的案件，同时，地方区域行政法院也受理对地方行政法院判决不符，而提起上诉行政案件。对地方行政诉讼并作出的判决，可以通过上诉的方式向最高行政法院提出上诉。

请注意，任何由最高行政法院作出的判决都是终局判决。

六、波兰环境方面需要注意的法律风险

环境保护法律制度较为严格，且涉及环境方面问题较为繁多复杂。一方面尽量聘请当地环保专业机构应对环境保护管控的各种许可申办，另一方面要考虑到环境保护管理机制可能对工程进度、贸易成本等造成消极影响。

波兰加入了注重公众参与环保的《奥尔胡斯公约》（Convention on Access to Information, Public Participation in Decision - making and Access to Justice in Environmental Matters），因此，波兰环境保护法律机制强调公众参与制度在环境问题决策过程当中的重要性。强调公众参与波兰环境保护的程序权利的一个结果是激发了波兰民众和民间环保组织参与环境保护决策过程的热情。无论是公益项目还是盈利项目，都需要项目组织方邀请公众参与项目听证，发表其对项目实施的看法。如果公众对项目提出的问题不能得到有效解决，这一项目就得不到资金和政策支持。

在民众和民间环保组织当中有大量的环保技术方面专家，他们能够有效判断出项目对环境造成的直接影响和间接影响。即便是有些项目信息涉及企业商务秘密，但法律规定了企业必须公开其信息接受公众评估的范围，比如企业的污染物排放信息，就属于必须公开的信息。

欧盟关于环境保护方面的立法较为复杂。波兰作为欧盟成员国在环境保护的法律要求层面，对欧盟有着承诺性制度规定。我国国内经济主体对波兰进行投资或者经商进入波兰市场，尤其是参与能源、环境保护相关的项目经营，也应当重点关注与项目投资相关的欧盟法律规定。目前，中资企业在波兰当地进行投资或者项目施工过程中，遭遇的环境问题方面有不少经验。比如：在施工过程中处理因下雨积水形成的小池塘（法律认为是特殊水体）方式限制，处理小水塘中的青蛙也需要专业机构代为处理。在施工过程中，如果需要砍伐无论数量的树木，必须到相关机构进行审批，且必须在指定的时间才能进行砍伐。因为复杂的法律机构，以及公众参与力量的强大，导致环境保护问题可能出现在投资项目的任何一个阶段，可能以任何一种形式出现，因此，如果投资项目涉及环境保护问题，投资者应当慎重考虑在当地聘请专业的环境保护人员对环境保护问题潜在的风险进行规避。

第二节　波兰市场竞争法

一、波兰市场竞争法律概述

波兰 1993 年 4 月 16 日通过了《反不正当竞争法》，以取代 1926 年以取代波兰 1926 年的《反不正当竞争法》。新的《反不正当竞争法》是波兰市场反不正当行为的基础性法律文件。与世界范围内较为通行的规定一样，在该法中对不正当竞争的行为进行了界定，同时制定了相应的限制措施，以保证市场竞争的有序。

在反垄断方面，波兰第一部竞争法《国民经济反垄断行为法》早在 1987 年就已经出现。随着政治经济形势变化，1989 年波兰改变了长期中央计划经济体制，并在 1990 年颁布了新的《反垄断行为法》，将促进市场的自由竞争、打击垄断等不利于市场繁荣发展行为作为立法的主要目的。2000 年，波兰政府又制定了施行至今的《竞争和消费者保护权法》（以下简称《竞争法》）①，对波兰境内的市场和市场经济主体进行管控。该法明确了波兰市场内竞争

波

兰

---

① 截至目前，该法于 2007 年 2 月 16 日进行了一次修订。

和消费者保护体系的基本运行规则，构建了波兰的竞争法体系。

二、波兰竞争法相关机构及职能

1. 竞争和消费者保护局。

竞争和消费者保护局（the Office of Competition and Consumer Protection，OCCP）负责人为波兰执行竞争法规则的最高行政机关。竞争和消费者保护局负责人的主要职责是，当影响波兰限制竞争行为可能已经发生时，以及/或者当违反《欧盟运行条约》第101条和第102条的限制竞争行为可能已经发生，并影响到欧盟成员国之间贸易时，发起和进行反垄断调查。

竞争和消费者保护局是波兰竞争主管部门，属于波兰中央政府部门。竞争和消费者保护局主席由总理选任，并直接向总理负责，具有很高的管理地位，承担远超于其他国家竞争执法机构机关的职能。竞争和消费者保护局除了负责一般的市场竞争行为管理，还负责控制国家援助、行业调查和竞争文化推广等职能。

竞争和消费者保护办公室的9个部门中，有3个在竞争法规则执行方面比较活跃：

（1）竞争保护部门：负责竞争限制协议和滥用市场支配地位；

（2）市场分析部门：负责市场研究，主要为竞争和消费者保护办公室进行反垄断调查前期提供协助；

（3）合并控制部。

除了上述3个主要职能部门外，剩下的几个部门是：消费者利益保护部门；国家补助监控部门；市场监督部门（产品安全和燃料质量）；法务部门；贸易检查部门；预算和行政部门。

2. 竞争和消费者保护局职能。

第一，反垄断职能。制止限制竞争行为，包括禁止限制竞争协议、滥用市场支配地位等。该项职能是 OCCP 依职权自主启动机制。2011 年以限制竞争为由，不同意波兰最大的能源集团 PGE 收购波第四大能源企业 Energa。

第二，保护集体消费者权益职能。对于有损于集体消费者权益的行为，一经发现立即要求违法行为停止，宣布企业公布的类似合同无效。

第三，市场监督和一般产品安全监管职能。OCCP 接到举报或者依据一定的线索启动行政调查程序。对于违反波兰市场法律标准的产品生产商，OCCP 有权要求生产商禁止投放产品，强制召回产品和消除危险等。在根据波兰《一般产品安全法》的规定对相关企业进行罚款（最高 10 万兹罗提）的同时，OCCP 也有权要求相关的生产商强制承担相应的责任。

第四，监控国家援助行为职能。该职能是以《欧盟运行条约》第 108 条第 3 款之内容构建的——除了"微量援助"（de minimis aid)① 和集体豁免的援助，任何欧盟成员股都有义务向欧盟委员会申报国家援助计划。只有经过欧盟委员会批准的国家援助，成员国才能够正式实施。在批准之前，成员国在该项计划的执行上必须保持"静止"②。OCCP 主要在国家援助项目初审、申报、实施监督等方面实现这一职能。

在实践当中，OCCP"已经成为诸多政府机构在国家援助问题上的权威顾问，虽然 OCCP 的咨询意见不具备法律效力，但其观点和建议往往被相关政府部门采纳"③。

第五，行业调查（Sector Inquiries）职能。行业调查机制是波兰《竞争法》法律制度的重要组成部分。通过在国家和地方两个层面的特定行业调查，促使企业行为符合竞争法的规定。

第六，"促进竞争"职能。竞争推进是指竞争主管机关在经

---

① 微量援助包括：在之后连续三个日历年度内总价值不超过 20 万欧元的援助或者在道路交通领域总值不超过 10 万欧元的援助。

② 该条款被称为"静止条款"（Standstill Clause）。

③ 应品广：《中东欧国家竞争法研究——以波兰、捷克和匈牙利为例》上海人民出版社 2017 年 4 版，第 8 ~ 9 页。

济运行中营造竞争环境、提高竞争水平而采取的执法之外的各种措施。[①] OCCP 主动公布《竞争和消费者保护局的使命和愿景》向公众展示了 OCCP 清晰的市场定位和使命，推动竞争法制度在民众当中形象的树立。

三、对保护局行政决议的司法审查

波兰反垄断法院（Antimonopoly Court）是波兰特定处理垄断案件的法院。

波兰法律允许对 OCCP 负责人的决定进行司法审查。这一审查是由民事法庭而非行政法院进行的，更具体地说，是由位于华沙地区法院的特别部门——竞争与消费者保护局的第一审法院来进行审查。因此，OCCP 有权要么取消针对 OCCP 的决定所采取的行动，要么支持这一有争议的决定，要么通过改变 OCCP 的决定来认可 OCCP 采取的行动。华沙上诉法院受理针对 OCCP 决定提起的上诉。

四、波兰竞争法[②]

（一）违反波兰竞争法的行为

波兰《竞争法》意在保证实施市场经济的欧洲经济区可以有效运行。

---

① Report prepared by the Advocacy Working Group, IBN's Conference Naples, Italy, 2002, pp. 1, 5.

② 本节内容参考应品广：《波兰竞争法及其实施评介：一个转轨经济体的经验和启示》，载于《上海对外经贸大学学报》2014 年 4 期；应品广：《中东欧国家竞争法研究——以波兰、捷克和匈牙利为利》上海人民出版社 2017 年版。

《竞争法》第 6 条规定，任何目的或者效果为消除、限制或以其他方式侵犯相关市场的市场竞争的协议皆应禁止。第 6 条非穷尽地列出了禁止的行为，包括串通定价、生产、供应控制、分割市场、差别对待、滥用行为、排斥协议（包括联合抵制）、串通投标。

根据《竞争法》第 9 条的规定，一个或多个经营者滥用其在相关市场的支配地位应予禁止。滥用市场支配地位的行为尤其包括定价不公、限制生产/销售/科技进步、差别对待、搭售、阻碍竞争兴起和发展所必需的条件的形成、滥用合同（掠夺性定价等）和市场分割。

市场支配地位是指某经营者在相关市场内不依赖于其他竞争者、缔约方和消费者而具有的限制有效竞争的地位。当经营者的市场份额超过40%时，则推定其具有市场支配地位（《竞争法》第 4 条）。

《竞争法》第13条、第14条确立了基本的合并控制规则，主要适用于下列交易：一个或多个经营者取得对一个或多个经营者的直接或间接控制权；创设联合经营；两个或多个经营者合并。

收购另一个经营者的部分资产，且被收购资产在申报前的两个会计年度内在波兰产生的营业额超过 1 000 万欧元。

当一个集中的所有参与经营者在申报前一年的营业总额在世界范围内超过 10 亿欧元或者在波兰超过 5 000 万欧元时，合并前需要进行申报。一个交易符合上述两个营业额标准中的任何一个（以及外国人之间交易涉及波兰），即有义务申报。但是会有最低标准豁免（具体相关标准在《竞争法》中有规定）。

（二）违反竞争行为的限制规定

1. 限制竞争协议。

波兰竞争法禁止"具有排除、限制或者其他任何损害相关市场竞争的目的或效果的协议"①。从法律的角度来看，凡是具有排除市场竞争的"目的"或者"效果"都足以引起反竞争行为调查机制的启动。《竞争法》针对限制竞争协议进行了列举性规定。

依照该法的列举，主要的限制竞争协议包括：固定价格、限制产量、分割市场、附加交易条件、联合抵制和串通投招标。受欧盟竞争法的影响，波兰《竞争法》也设定了三种"豁免"——安全港豁免、符合竞争法条件的豁免和集体豁免。

第一，安全港豁免。对于达到安全港标准的协议，推定不具有影响竞争或者竞争影响结果可以忽略不计，从而不适用竞争法的限制规定。例如，在达成协议的竞争者之间共同市场份额不超过5%，则可以适用该项豁免规定。但是，"固定价格、限制生产或者销售、分割市场和串通招投标"四种协议属于典型的"核心卡特尔"（hard core cartel）②，其适用"本身违法原则"③，因此在任何情况下都不能使用豁免。

第二，符合竞争法条件的豁免。以下情况，可以适用该规则——协议能够改进产品的生产和销售或者促进技术和经济发展的；协议能够使购买者或者使用者公平分享协议带来的利益的；协议不会对相关企业施加并非是达成协议目标必不可少的阻碍；协议不会赋予这些企业在相关市场上限制竞争的可能性。④

第三，集体豁免。集体豁免是由波兰部长理事会通过发布规章方式授予集体豁免的。这一豁免制度具有突出的时间和范围限制。

---

① 参见波兰《竞争法》第6条第1款。

② "核心卡特尔"通常是指竞争者之间达成的反竞争协议、协同行为或安排，主要包括固定价格、串通投标、限制产销量和划分市场。核心卡特尔是国际社会公认的最严重的反竞争行为。

③ 该项行为本身属于法律明确禁止的，无论其带来的具体危害有多少，其特大的社会危害性在理论上并不存在争议。

④ 应品广：《中东欧国家竞争法研究——以波兰、捷克和匈牙利为利》，上海人民出版社2017年版，第603页。

2. 滥用市场支配地位。

《竞争法》规定"禁止一个企业或者多个企业在相关市场中滥用市场支配地位"①。同时，该法规定"市场份额占有超过40%的企业推定具有市场支配地位，但具体的案件要经过执法部门最终审查认定"②。

3. 经营者集中的管制措施。

限制竞争及滥用行为均直接被《竞争法》所禁止。限制竞争的行为要求无须竞争和消费者保护办公室作出决定即自动无效。

如果发现被禁止的限制竞争协议和滥用市场支配地位的情形，竞争和消费者保护办公室主席可以依职权发起（反垄断）调查程序。在调查过程中，如果竞争和消费者保护办公室主席认为有必要，可以要求所有的经营者（不仅仅是被调查的经营者）提供信息和文件。竞争和消费者保护办公室主席也可以让相关政府机构提供其持有的文件和相关信息。竞争和消费者保护办公室主席可以传唤证人、一个或多个专家，也可以要求科学机构发表意见。另外，竞争和消费者保护办公室可以举行行政听证会，传唤和询问当事人、证人和专家。在调查过程中，一个最有力的工具是竞争和消费者保护办公室有权未经宣告突击检查。

如果竞争和消费者保护办公室发现经营者有滥用行为，可以要求经营者停止该行为（或者宣布已放弃该做法），并可处处罚年度的上一会计年度该经营者营业额最高10%的罚款。另外，如果足以纠正限制竞争行为，也可以要求经营者承诺特定行为。

管理经营者的人员如果对经营者违反限制竞争协议禁止条款负有责任，也可以被处以最高200万兹罗提的罚款。

至于合并的控制，竞争和消费者保护办公室主席在对经营者

---

① 参见波兰《竞争法》第9条。
② 转引自应品广：《中东欧国家竞争法研究——以波兰、捷克和匈牙利为利》，上海人民出版社2014年版，第603页；Office of Competition and Consumer Protection, Activity Report 2011, Warsaw 2012, P. 12.

集中是否会限制竞争进行分析后，可以允许交易通过。在竞争和消费者保护办公室作出决定或者法定审查时限（1个月或5个月，加上办公室等待所需信息和文件的时间）届满前，交易各方不能完成交易。只有在经营者集中导致竞争受到重大限制，特别是因此产生具有市场支配地位的经营者或者加强经营者市场支配地位时，竞争和消费者保护办公室主席才可以禁止交易。当经营者集中引起对限制竞争的重大关注时，办公室也可以对交易各方提出必须完成的某种条件，才让交易通过审查。

如果未通过审查就实行合并，经营者可能被处以上一年度营业额最高10%的罚款。

任何"影响"或者"可能影响"市场竞争的集中行为都会受到《竞争法》的规制。常见情况有企业合并、控制权转移、资产购买、建立合资企业等。如果企业未经批准和授权行为事后被证明是违反竞争行为，则该企业将被处以"结构性制裁措施"①。2010年1月，波兰竞争与消费者保护局以价格垄断为由对本国Gorazdze公司等6家最大的水泥制造商处以4.11亿兹罗提罚款，这是波兰经济转轨20年来最高金额的反垄断处罚。② 在对"集中"的审查标准方面，波兰混合适用美国和欧盟相关标准，因此，执法部门对集中行为的处理情况一般为：同意、附条件同意、禁止交易和特别同意。③

4. 消费者集体权益保护。

波兰《竞争法》第24条规定："禁止损害集体消费者利益的行为"，特别是"通过标准格式合同损害集体消费者利益的行为、为向消费者提供可靠和完整信息的行为以及其他不公平的市场行为"。

---

① 结构性制裁：对企业的结构形式进行处罚，如强制拆分或者出售其股份。
② 佚名：《波兰反垄断机构发出最高罚款令》，载于《国际商报》，2010年1月5日第3版。
③ 参见应品广：《波兰竞争法及其实施评介：一个转轨经济体的经验和启示》，载于《上海对外经贸大学学报》2014年第7期。

五、违反竞争法的后果

（一）后果承担的主体

在波兰反对不公平竞争的法律框架与整个欧洲大陆的其他国家类似。更具体地说，波兰依据的法律文件是 1993 年 4 月通过的打击不正当竞争法案（Act on Combatting Unfair Competition，ACUC）。

ACUC 适用于企业对企业的关系。该法案将企业主体定义为任何一个自然人或法人。这意味着所有通过从事专业或有偿活动来参与商业活动的主体都适用该法案。

（二）违反竞争法行为及责任

任何行为只要该行为违反了法律或相关的行为规范，侵犯或威胁了另一企业主体的利益都可以被认为是一种不公平竞争的行为。

以下几种重要的侵权行为，这些行为可能导致"民事责任"的同时，也能够导致"刑事责任"的发生。这些行为包括：使用可能误导市场主体的贸易名称；使用误导性的地理标志，或者以某种方式标记产品或服务，使其与其产品或服务来源与其自身基本特征产生认识上的混淆而具备有误导性；仿造和生产伪劣商品；阻碍其他合法市场主体的市场准入；贿赂公职人员；误导和虚假性的广告行为；以与销售对象不同的产品或者服务的形式销售产品的；组织金字塔形式的传销组织活动。

1. 民事法律责任。

1993 年的《反不正当竞争法》是该领域的基础法律制度。在该法中对"不正当竞争行为"进行了界定——如果一个行为违反了法律规定或者公序良俗，且导致了其他企业或者消费者的合法权益（可能）受到侵害，这一行为就被认定为"不正当竞争行为"。这些不正当竞争行为出现于下些列的商业实践当中，经过法律的认定，一般而言都属于违法行为，包括但不限于：公司误导性命名、货物或者服务原产地虚假描述、侵害商业秘密、煽动终止或者故意不履行一个有效合同、假冒生产、妨碍竞争者进入市场或者行贿公共机关。一旦该行为被定性为"不正当竞争"，那么受影响方就可以提起多种形式的索赔，其中最为重要的两种索赔形式是要求不正当行为主体进行"金钱补偿"，同时也可以要求其"消除影响"。①

任何一个市场主体的合法权利遭受侵犯，都可以在波兰民事法庭进行诉讼，要求侵权人赔偿和停止其法律禁止的行为，清除该活动的影响，或者按法律规定发布公共声明（单次或者多次道歉），以弥补受侵犯主体所遭受的损失。没收非法所得，并且如果这个行为最终被判定为违法，出于社会公益的目的，为了支持波兰文化产业的发展，或者波兰文化遗产的保护，需要支付一定数量的金钱。

竞争和消费者保护办公室的负责人也在一定程度上有权参与对违反不公平竞争规则行为的处理。

值得注意的是，在不公平竞争诉讼中，最普遍提出的索赔要求是停止和消除不正当竞争行为的影响，因为一般认为这些诉求有是最容易得到支持的。

以上的申诉通常伴随着索赔要求，或者要求赔偿因为这种不合理行为造成的损害，以及官方正式的道歉。虽然要求赔偿需要能够证明对方实行了不公平竞争的行为是违法的，但要求返还不正当利益所得和道歉则不需要再证明对方的行为违法。

2. 刑事法律责任。

一些不正当竞争的行为，如披露交易秘密、伪造、传销、以

---

① 参阅王波：《波兰的知识产权保护》，载于《全球科技经济瞭望》2005 年第 8 期。

一种可能误导消费者的方式标记产品或服务，或散布不实或误导性的信息，都可能构成刑事犯罪。

对违反《反不正当竞争法》的不正当竞争行为人，可以被处以罚款、限制自由或者监禁。

第三节　波兰能源法

一、波兰能源法

波兰《可再生能源法》于 2015 年 3 月生效①。该法的生效对于在波兰国内能源产业的投资，尤其是电力能源的投资有重要的影响。该法的立法主要目的在于解决该国领域内投资再生能源的投资者，对国家财政补贴和政策支持的要求问题，通过立法形势稳定国家对该领域投资的支持，并避免可再生能源发电市场的价格异动行为发生。

新法提供对可再生能源的综合支持体系：2015 年底之前采用可再生能源发电的企业将继续获得原有补助机制的支持，现有企业也可以选择改用新的支持政策；2016 年新投资的相关企业则必须通过能源管理局的拍卖机制，通过"竞价签署合同"（CFD）获得支持。同时，对于 10 千瓦以下的微型发电企业则使用"上网电价补贴"（FIT）政策，提供保障电价。

新的《可再生能源法》包括六部分：第一部分，可再生能源及沼气发电和经济活动的定义和条件；第二部分，支持可再生

① 该法律内容分批次生效，其中"拍卖机制"于 2016 年 1 月 1 日生效。

能源发电的制度及措施；第三部分，发放针对可再生能源发电原产担保的规则；第四部分，国家可再生能源行动计划；第五部分，微小发电企业和培训中心许可认证条件；第六部分，可再生能源领域的合资项目和国际合作规则。

二、主管政府机构

（一）能源管理办公室

能源管理办公室[①]作为独立和中立主体（The Energy Regulatory Office，ERO）设立于 1997 年，负责波兰能源市场的有效运行。ERO 有权根据法律规范能源市场参与者的行为，也有权介入电力网络和没有竞争的能源领域。

（二）组织架构

ERO 的主席（President）是根据 1997 年 4 月 10 日的能源法法案而提名的。他通过公开和有竞争力的招聘方式选聘，最终由波兰总理任命。

ERO 的主席负责管理能源领域的同时，负有推进能源领域竞争的义务。他的权力清单在能源法第 23 条中有明确规定。

ERO 的局长（Director General）负责 ERO 的财政计划和财政实施，财务结算和公共采购。也同时收取特许权费用。

ERO 由 8 个部门组成：公共事务部、电力和热能市场部、天然气市场部、液体燃料市场部、再生资源市场部、能源效率和

---

① 波兰能源管理办公室，www. ure. gov. pl。供机能源管理信息的提构还有"波兰能源和分布研究协会"，参考信息网址为：www. ptpiree. com. pl。

生产部、市场发展和消费者问题处理部，以及法律事务部。ERO 其他机构是国际合作单位，功能定位是内部审计监管和机密情报保护。ERO 在波兰也有 8 个分支机构。

三、能源法主要原则

新的《可再生能源法》所包含的"一般通行规则""对现有可再生能源企业的管理规则""拍卖竞价规则"是新法当中需要关注的规则制度。[①]

（一）一般通行规则

新法第一次将对可再生能源企业的支持措施限定了时间和范围，即对于适格发电企业的主要补助措施自其发电时开始不超过 15 年，并且不超过 2035 年 12 月底。对于现存企业，该日期自第一次获得绿色证书日始算。绿色证书系统对现存企业继续适用，但拍卖政策也将作为其替代选择，对于新增投资，后者则为成为多数适用的标准补助政策。装机量在 10 千瓦以下的微小企业则可享受"上网电价补贴"（FIT）政策。

（二）针对现有可再生能源企业的规则

新法对现有相关企业的限制集中在"证书交易"的供需两方。供给方的绿色证书按照可再生能源的种类不同，有不同的限制条件，具体情况见表 8 – 1。

---

① 中华人民共和国驻波兰共和国大使馆经济商务参赞处：《波兰可再生能源法简介》，http://pl. mofcom. gov. cn/article/ztdy/201507/20150701031356. shtml，最后访问日期 2017 年 6 月 22 日。

表 8 – 1　　　　　　　　　　　　可再生能源种类与限制条件

可再生能源种类	限制条件
水电站	总装机量 > 5 兆瓦
生物质能发电	(1) 总量控制在 2011 ~ 2013 年水平； (2) 超出部分将会被削减 50% 的合格证书颁发量； (3) 2020 年年底，欧盟部长理事会有权对超过部分许可证书颁发的许可比例进行修正。

对需求方而言，2017 年开始将需求的比例增至 20%（欧盟部长理事会有权根据市场实际情况修正这一数字）。对于需求不足部分的替代费被设定为 300.03 兹罗提/兆瓦时（MWh）。同时，只有绿色证书的平均市场价格低于替代费用的 75%，能源管理局才承认证书的相关交易。

（三）拍卖机制规则

对装机量 10 千瓦以上的电站，拍卖机制将作为主要的激励措施。拍卖将至少每年组织一次。拍卖机制之下，政府在 15 年之内，对于特定数量和价值的可再生能源发电提供支持（补贴）。部长理事会每年公布可获得补贴的电能数量和价值。

新旧电站的竞拍资源库将各自独立，1 兆瓦以下和以上的竞拍资源库也各自独立，至少有 25% 的可再生能源电力将分配给装机量 1 兆瓦以下的电站。但是在一个竞拍资源库中的不同可再生能源技术将直接参与相互间的竞争。投标者将需提供发电总量、每兆瓦时的价格，且后者不得高于立法参考价格。参考价格将基于特定的可再生能源技术各自设定，并按照装机量不同而有差异，根据历史绿色证书的价格、市场电价等因素综合决定。

根据参数的不同，参考价格被分为以下几类：a. 海上风力发电价格；b. 陆上低于 1 兆瓦装机量的风力发电价格；c. 陆上高于 1 兆瓦装机量的风力发电价格；d. 五组沼气相关的发电价格；e. 三组与生物质能发电相关的价格。其他还有太阳能、水力、地热、生物降解垃圾发电等 18 组的发电参考价格。

成功的投资者将有义务在赢得竞拍后 48 个月内完成电站建设（太阳能电站为 24 个月、海上风电场为 72 个月）。

发电能力在 500 千瓦以上的中标投资者，将与 OREO[①] 公司签订差别合同（CFD）。差别合同将平衡市场的平均电价与中标价差别的问题，若市场电价高于中标价，受益人将被要求返还差额，发电电量将根据具体交易在市场上出售，或者在电力交易所出售。

发电能力在 500 千瓦以下的中标投资者，将与义务买家签订供电协议，供电直接以中标价结算。在此之后，义务买家再与 OREO 公司结算市场平均电价与给受益人的电价的差额。

每年 10 月 15 日之前能源管理局将公布下一年的义务买家名单。

获得支持的竞拍参与企业将必须至少供应投标电量 85% 的发电量。以 3 年为期进行监督，未达到该目标的企业将被施以罚款，罚款额度将参照短缺供应的电量（最多是 100% 承诺电量）和投标电价的一半计算。

四、能源领域执照申办流程

ERO 的官方网站上有专门的执照申办流程指南。波兰官方依据经营的内容发放多种不同类型的执照，例如：发电、配电、零售等领域的营业执照，燃料类型不同，如液体燃料、气态燃料、电、热等也颁发不同的执照。因此，不同的申请程序适用于不同的执照申办。但这些执照的申办流程有着以下的共同点：

① OREO 是波兰国库部专门结算拍卖机制下的企业供电设立的特殊目的公司。

第一，投资者首先要向 ERO 主席提交一份专用的申请单，同时提交的材料要包括所有必需的附件；

第二，需要提供一个正式的申请理由；

第三，依照波兰的行政法令和能源法规定启动审批程序。按照规定，申办程序应该在一个月内完成，特别复杂的程序在两个月内完成，但在特殊情况下这个规定期间可以得到延长；

第四，执照最终由 ERO 的主席以行政决议的方式签发；

第五，投资者有权对当局的行政决议提起申诉。申诉应向华沙的巡回法庭提出，该法庭是"竞争和消费者保护法庭"。提起申诉的期间为 2 周。

五、在波兰能源领域投资的法律问题

（一）动态的法律制度

波兰有关能源的律令已经更新和修订，比如 1997 年的能源法案已经修订了 83 次，并且最近 2015 年 Renewable Energy Sources（缩写"RES"）法案截至 2017 年 8 月也已经修改了至少 7 次。因此，投资者进入该领域时，务必详细了解该领域的法律状态。

（二）能源领域快速的发展

无论是在波兰还是在欧盟，都对 RES（可再生资源）燃料的需求不断提升。无论是再生能源的定义范围，技术标准，还是针对再生能源投资的限制规则，随着需求的不管提升，能源法的管理逻辑，也不得不随之调整为或宽泛或更加细致的政策，这也是这一领域法律不断修订的重要原因之一。投资者对波兰能源领域的投资应当注重中长期的规划，能够把握能源市场的走向和趋势，确保投资项目不因能源领域的法律修改而产生较大的风险。

（三）国家能源领域增强管控趋势

在波兰，最大的能源企业是国有企业。近几年的趋势是国家打算在该领域提升国家的控制能力。这意味着外资在波兰进行能源领域的投资，可能面临着来自波兰国家（国有资本）的挑战。根据目前的信息判断，波兰本身的能源市场容量有限，且属于国际化开放程度较高的市场。能源领域当中来自欧盟和美国的资本力量较为强大，且波兰政府已经显示出加强能源领域的控制力度，因此，在具体的法律政策当中对外资进入波兰能源领域设置了一些限制性规定，比如提高对外资能源领域投资的资格标准审查，这些可能会提高投资者投资能源领域的时间和现金成本。

但这一风险是无法做出确定性判断的。随着中国"一带一路"倡议的实施和推广，波兰政府也呈现出欢迎合作的态度。2017 年 4 月 12 日，中国工业和信息化部部长苗圩在华沙与波兰能源部部长克里什托夫就加强中波新能源汽车领域合作举行会谈，并共同签署了《中华人民共和国工业和信息化部与波兰共和国能源部关于电动交通（电动汽车）领域开展合作的谅解备忘录》。

波兰于 2014 年出台法案，列出了针对可再生能源的新长期补贴，旨在削减客户成本，实现欧盟的气候目标。根据法案，波兰将削减对大型生物质电站以及海上风电产业的补贴，转而支持微型发电、光伏发电与陆上风电。但有分析意见认为，波能源领域缺乏连贯的政策，这种状况既影响小企业发展也不利于国家发展，而是给大集团带来更多的利益。波兰能源目前主要来自硬煤和褐煤，但鉴于欧盟的气候政策，这种局面难以长期维系。[①] 因此，目前虽然有证据表明波兰政府有意加强政府在能源领域的控制能力，但比较难于确定未来政府的政策受到外界影响会在法律层面产生有多大的改变。这需要投资者保持该领域立法和政策的最新动态。

第四节 波兰知识产权法

一、波兰知识产权法概述

波兰知识产权法规定的知识产权种类，主要包括专利、版权、商标、数据保护和不公平竞争等内容。《工业知识产权保护法案》《著作权和相关权利法》《私人数据保护法》《反不正当竞争法案》是组成波兰知识产权保护法律体系的几个基础性法律。波兰知识产权保护法深受欧盟法的影响，这意味着在此基础上波兰相关的法律都受到欧盟法的影响。波兰同时也是《与贸易有关的知识产权协定》（Agreement on Trade – Related Aspects of Intellectual Property Rights，TRIPs）和世界知识产权组（World Intellectual Property Organization，WIPO）的成员。相关的国际条约在波兰国内也具有执行效力。

波兰知识产权法完全参照欧盟有关知识产权指令和WTO贸易协定的规定。

在国家层面，知识产权保护的最重要的法律是1993年4月

---

① 波兰能源政策缺乏长远规划：http://www.mofcom.gov.cn/article/i/jyjl/m/201703/20170302537259.shtml，最后访问日期2017年9月29日。

《对保护知识和商业秘密的反不正当竞争法案》；1994 年 2 月《关于著作权和保护创造性作品和相关权利的相关权利》；2000 年 6 月《工业产权法对发明、实用新型、工业设计、商标、地理标志和半导体产品的产权保护》；2001 年 7 月《对数据库的保护》以及《波兰民法典》。

二、知识产权相关法律

1. 《欧盟在线权利法》。

欧盟委员会发布了《欧盟在线权利法》，在公民加入和使用在线网络和服务时，该法为保护其基本权利和原则而制定。《欧盟在线权利法》本身并没有强制执行力，但其所描述的特定权利和原则在根据其作出的法律文书的基础上是可强制执行的。

2. 《版权及相关权利法》。

1994 年 2 月 4 日《版权及相关权利法》，该法规定了对版权的保护、版权的期限，并预先保护创作者以及侵犯他们有权享有的权利的情况。此外，第 74.1 条指出，计算机程序应作为文学作品受保护。对计算机程序的保护应涵盖其所有形式的表达。

该法案还包括关于侵犯版权的刑事责任和处罚的规定。篡夺作者身份，未经授权散布他人的作品，未经授权复制他人的作品都属于侵犯版权的所有行为。

3. 《工业产权法》。

《工业产权法》2000 年 6 月 30 日规定了侵犯工业产权的刑事责任，这些责任包括篡夺作者身份、利用作者身份对另一方进行误导、提交其他人的发明申请专利、用假冒或他人已注册商标标记商品等。

4. 《刑法典》。

《刑法典》（1997 年 6 月 6 日）第三十三章规定了破坏信息

保护犯罪的刑事责任的基础，第三十五章规定了侵犯财产罪（包括对专用计算机软件犯罪行为的处罚）。

5.《关于保护数据库法》。

《关于保护数据库法》（2001 年 7 月 27 日），该法界定了关于数据库法律保护的规则。

6.《电信法》。

《电信法》（2004 年 7 月 16 日）。电信企业在国防、国家安全以及安全和公共秩序方面的义务已在该法第八节以及附加条例中予以说明。

7.《关于执行公共任务的实体信息化法案》。

《关于执行公共任务的实体信息化法案》（2005 年 2 月 17 日）。该法案规定了建立最起码的信息标准，保证开放性，用于执行公共任务以及公共登记册的远程信息系统的要求，与公共实体以电子形式交换信息的规则，以及通过电子格式交换信息的范围，包括公共实体和非公共实体之间的电子文件。

8.《关于付款服务的法案》。

《关于付款服务的法案》（2011 年 8 月 19 日），该法案管制电子货币公共机构，规范了发行和回购事宜。

9.《打击不公平竞争法》。

《打击不公平竞争法》（1993 年 4 月 16 日），该法第 11 条引入了商业秘密的概念，商业秘密是指未公开的公司技术、组织信息或公司已采取必要行动保持其保密性的其他具有经济价值的信息。根据该法案，如果第三方信息是商业秘密或从未经授权人那里购买的第三方信息，当它威胁或损害另一商业实体的利益时，任何披露或传播都被视为不正当竞争行为。

10.《关于保护分类信息的法律》。

《关于保护分类信息的法律》（2010 年 8 月 5 日）规定了保护构成国家秘密的信息规则以及官方信息，未经授权披露可能对波兰共和国造成损害，从其利益的角度看或被视为不利。无论其形式或处理方式如何，信息都受到保护。

三、波兰知识产权类型

（一）专利权

2000 年《工业产权法案》是波兰在专利方面的基本立法。依照该法规定，一个发明创造只能授予一个期限为 20 年的专利权。[1] 在波兰境内专利权是独占性的获得，其他主体未经允许不能出于经济和专业的目的使用。一个可能获得专利授权的发明创造要具备 4 个基本特征：明显的技术特征、新颖性、独创性和工业实用性。

经过波兰专利局审查的专利申请将被授予专利权证书。专利证书的申请文件需要载明专利的发明细节以及所属的重要组成元素。并且在专利说明书中对这一专利发明的生产原材料有清楚的说明。

但以下三种情形不授予专利：第一，有悖于公序良俗的发明创造；第二，动、植物品种，以及动、植物品种繁育的纯生物学方法，外科或治疗方法或兽医治疗方法，以及用于人类或者兽医学的诊断方法；第三，"优先权"适用的依据是"申请在先"原则。除了专利申请外，实用新型和工业设计的申请适用独立的注册程序。

发明或者实用新型的注册费用为 500 兹罗提。[2] 不在波兰境内居住的公司和自然人只能通过波兰专利律师进行专利申请。同

---

① 自注册之日起，专利有效期为 20 年，之后每次可延长 10 年，工业设计有效期 25 年，地理标志和原产地的名称无期限保护。

② 该数据仅供参考，具体费用以实际为准。

时，欧洲专利局根据《欧洲专利公约》颁发的专利，在波兰也会受到相应的保护。

（二）著作权

1994 年《著作权和相关权利法》是版权方面的基础法律。波兰知识产权保护版权，尤其是与版权相关的文化作品，科学和艺术作品。如果一个作品具备独特的创作特征，并且具备固定的形式就受到著作权法的保护，而不去更多地考虑作品的价值和意义。在作者逝世后 70 年内版权都属于作者，而后版权的归属视情况而定。该法包含了实施版权保护的高效的程序。如果侵犯作者版权已构成犯罪的，除了进行索赔，也可能对其进行高达 5 年的监禁。此外，在波兰著作权的获得不需要完成其他任何正式的申请。

在波兰，著作权被分为"人身权利"和"经济权利"两部分。[①]

一般而言，著作权包括以下权利内容：（1）发表权，即决定作品是否公之于众的权利；（2）署名权，即表明作者身份，在作品上署名的权利；（3）修改权，即修改或者授权他人修改作品的权利；（4）保护作品完整权，即保护作品不受歪曲、篡改的权利；（5）复制权，即以印刷、复印、拓印、录音、录像、翻录、翻拍等方式将作品制作一份或者多份的权利；（6）发行权，即以出售或者赠与方式向公众提供作品的原件或者复制件的权利；（7）出租权，即有偿许可他人临时使用电影作品和以类似摄制电影的方法创作的作品、计算机软件的权利，计算机软件不是出租的主要标的的除外；（8）展览权，即公开陈列美术作品、摄影作品的原件或者复制件的权利；（9）表演权，即公开

---

① 将权利内容分为两部分的说法还存在争议，此处选取"两分法"仅出于便于介绍目的。

表演作品，以及用各种手段公开播送作品的表演的权利；（10）放映权，即通过放映机、幻灯机等技术设备公开再现美术、摄影、电影和以类似摄制电影的方法创作的作品等的权利；（11）广播权，即以无线方式公开广播或者传播作品，以有线传播或者转播的方式向公众传播广播的作品，以及通过扩音器或者其他传送符号、声音、图像的类似工具向公众传播广播的作品的权利；（12）信息网络传播权，即以有线或者无线方式向公众提供作品，使公众可以在其个人选定的时间和地点获得作品的权利；（13）摄制权，即以摄制电影或者以类似摄制电影的方法将作品固定在载体上的权利；（14）改编权，即改变作品，创作出具有独创性的新作品的权利；（15）翻译权，即将作品从一种语言文字转换成另一种语言文字的权利；（16）汇编权，即将作品或者作品的片段通过选择或者编排，汇集成新作品的权利；（17）其他，应当由著作权人享有的权利。

在上述权利内容当中，著作人身权，又称著作"精神权利"，指作者对其作品所享有的各种与人身相联系或者密不可分而又无直接财产内容的权利，是作者通过创作表现个人风格的作品而依法享有获得名誉、声望和维护作品完整性的权利。该权利由作者终身享有，不可转让、剥夺和限制。

而"经济权利"可以通过许可或者协议转让，但版权协议受到特殊的法律规则调整，因此，《波兰合同法》的一些原则不适用于该类协议。版权所有人可能允许其他方在获得许可或者通过合同转让相应的经济权利来使用其作品。

经济权利受限于被允许使用规则，特别是特殊使用条款和版权保护的排除等规则。因此，该法案明确区分了"个人允许使用"和"公共允许使用"两种情况。

除非法律或者合同有相反的规定，对于受雇佣创作的作品，其著作权归雇主所有。创作者依据雇主的指令实践创作的作品，属于受雇佣者的职务成果。

波兰的著作权保护法律与欧盟的相关法律有一致性。欧盟内部本身并无相关的法令直接对波兰国内法产生影响，但诸如2001/29/EC 法令①所规定的内容，有关特定领域内的著作权问题规制，对波兰国内的著作权法有着显著而重要的影响。②

值得注意的是，计算机软件在波兰不被视为专利发明，而将之纳入版权（著作权）法律当中进行保护。同时，波兰法律保护创造性作品，条件是它们构成了人类的创造力或个性的表现。但波兰法律框架的一个重要特点是，缺乏一个目的在于保护作品权利的，任何形式申请的法律义务。比如在作品上设置一个ⓒ或者写明"版权所有"。

（三）商标权

2000 年《波兰工业产权法案》是商标权领域的基本法律。在该法案中，商标可以是任何形式的存在，比如一个单词，一个组合图像，一组抽象的元素等，只要能够形象的代表一家企业、组织，能够有效将该企业、组织与其他企业、组织识别。因此，取得注册的两个基本条件是：商标必须与相关企业有关联，同时，与商标使用的商品之间也应该有显著的联系。商标权可以转让或者继承。此外，在波兰国内获得商标注册的所有人，也可以在欧盟的内部市场协调局进行商标注册，或者在国际保护的世界知识产权组织进行商标注册。

但对于侵犯第三方人身和财产权利、有悖于法律和公序良俗的、会造成消费者迷惑，特别是在商品性质、质量以及原产地方面（可能）造成误导的商标不予批准注册。

作为商标权保护内容，商标所有人一旦获得国家承认的商标

---

① 欧盟第 2001/29/EC 号《关于协调信息社会中版权和相关权的指令》（Directive 2001/29/EC of the European Parliament and of the Council of 22 May 2001 on the harmonization of certain aspects of copyright and related rights in the information society，简称《欧盟版权指令》）。

② 刘颖：《版权法上技术措施的范围》，载于《法学评论》2017 年第 3 期。

权，就获得了在波兰国内该商标的独享权利，无论是出于经济上的还是专业的目的。商标所有权人有权利要求相类似或者同一类市场上当中的商品生产者和经营者，停止该（近似）商标的使用。在一定前提下，还可以对侵犯其商标权利的主体进行索赔。

商标注册需要一个特定的程序。波兰专利局是商标注册的主管部门。申请者需要向波兰专利局提交一份申请报告，在该报告中，要详细对商标进行说明，并同时说明该商标拟使用的相关产品和所属市场。一份申请报告只能申请注册一个商标。商标注册成功后享有 10 年期的保护期间，这一期间在届满时可以通过法定程序延长。如果商标注册后，连续 5 年不使用就丧失该商标的保护权。

与之同时有效的是欧盟的商标保护制度。欧盟商标保护制度是基于 Ec. No. 207/2009 法令[①]（2009 年 2 月 26 日《关于货物交易标志》）建立的。根据欧盟成员国入盟谈判成果和欧盟内部相关规定，欧盟法在商标管理上的规定，同样适用于欧盟内部成员国。[②]

外国主体在波兰注册商标，必须通过波兰政府制定的代理机构[③]来完成。

（四）数据信息

1. 个人数据信息。

1997 年波兰《私人数据保护法案》是数据保护领域规制的基本立法。这一法案是以欧盟个人数据保护制度框架为基础修改而

[①] 该法令由欧盟内部市场协调办公室（Office for Harmonization in the internal Market）制定颁布。

[②] Council Regulation（EC）No. 207/2009 of 26 February 2009 on the Community trade mark（Codified version）（Text with EEA relevance），http：//www. ciplawyer. com/article. asp？ articleid = 1509，最后访问日期 2017 年 6 月 27 日。

[③] 代理机构名录查询：www. rzecznikpatentowy. org. pl。

成的。根据这一立法规定，"个人数据信息"被定义为"任何可以识别一个人，或者与识别个人身份信息有关的任何形式的信息"。①《私人数据保护法》禁止他人使用个人信息，但在该法中规定了一种情况的例外：当事人允许或者为了履行当事人作为一方的合同，在这种例外情况下，个人信息数据等内容允许收集和使用。

私人数据管理者有义务将这些数据提交到数据保护署（the Date Protection Authority）现有的一个数据管理系统。可供选择的是，私人信息管理者可以指定一个数据保护官员去保管这些信息数据，并保持一个私人数据归档记录。这些数据管理官员必须是在数据保护署注册的人员。

波兰私人数据信息可以在"欧洲经济区"（The European Economic Association，EEA）内部成员国之间自由流动。如果这些私人数据要使用到 EEA 成员国外部，必须要得到信息所有人的一个书面授权。另外，作为一种例外的规定，如果信息管理者按照欧盟委员会的标准合同实施条款要求，或者遵守波兰国家数据保护局关于合作规则的规定，信息管理者也可以使用这些信息。②

在欧盟内部，通过制定《通用数据保护规则》（General Data Protection Regulation）来进行相应的保护。

---

① 1995 年 10 月 24 日，欧盟通过了《个人数据保护指令》（EU Data Protection Directive），该项指令几乎包括了所有关于个人数据的处理，包括个人数据处理的形式，有关个人数据的收集、记录、储存、修改、使用或销毁，以及网络上个人数据的收集、记录、搜寻、散布等。根据该指令，资料控制者的义务主要有：保证资料的品质、资料处理合法、敏感资料的禁止处理与告知当事人等。资料当事人则享有接触权利与反对权利，并有权更正删除或封存其个人资料。此外，该指令还规定欧盟各国必须根据该指令调整或制定本国的个人数据保护法。1998 年 10 月，欧盟制定的有关电子商务的《专有数据保密法》开始生效。1999 年初，欧盟委员会制定了《Internet 上个人隐私权保护的一般原则》，强调立法"既尊重个人的权利，同时保障在信息高速公路上信息交换的保密性，保障这类数据的自由流动"的同时，确立了有关个人数据保护的一般原则。

② 参考《欧洲议会和欧盟理事会关于对有关电子通讯网络通用服务和用户权利的 2002/22/EC 号指令，及有关电子通讯方面的个人数据处理和隐私保护的 2002/58/EC 号指令，以及有关负责消费者保护法律执法方面的国家有关机构间合作的（EC）No 2006/2004 号条例进行修订的指令》。

2. 数据库。

在波兰知识产权保护法律当中，"数据库"是根据指定的系统或方法收集的数据集或任何其他的材料和信息元素，但要受到法律保护需要有一个必要的前提——这些搜集的信息元素是单独可用的。

保护范围不仅包括电子数据库，还包括所有数据的集合和汇编，而不考虑数据是这些数据信息的组织形式或者使用方式。

数据集的生产者拥有数据库的权利，而不需要经过任何正式的形式进行确认。当然，数据库的相关权利也可以转让。

3. 互联网域名。

在波兰对网络域名的保护并不存在一个单独的法律。一个互联网域名服务于互联网中的一个特殊的电脑终端。注册和使用一个网络域名可能会侵犯那些商标和公平竞争规则中受到特殊保护的权利。

四、知识产权保护程序性规定

（一）专利申请制度

1. 权利的获取。

2000 年 6 月 30 日颁布的《工业产权法》规定了授予专利的程序。如果发明的产生是创造者根据其雇佣关系或履行不同协议的职责而作出的，发明专利权由发明人以及雇主或订购方获得。

2. 申请程序。

专利申请的国家程序是指申请人通过波兰共和国专利局提交的申请保护其所申报的研究方案。对医药产品或植物保护产品、实用新型、工业设计、地理标志和定标系统的拓扑图等专利，专利代理人或相当于专利代理人的跨境服务人时，以代理当事人在专利局和其提交审查的有关事项以及保护发明的事务。如果专利权申请人是自然人，代理人也可以是该当事人的共同所有人，或父母、配偶、兄弟姐妹或子女以及与其拥有领养关系的人。

3. 费用与时间。

在波兰提交发明申请的基本费用为 550 兹罗提[①]。在申请人向专利局提交发明申请大约 18 个月后公布该申请，提交日期是申请人采取进一步行动的优先权日，确立该日期的目的是使专利权在国外获得优先保护。

4. 异议期间。

在专利局公布专利权有效并授予专利权利的决定时，任何人都可以在宣布授予该权利之日起 6 个月内提出异议。如果被授权方认为反对是没有根据的，则可将此争议提交争端解决程序解决。否则，专利局可颁布废除授予这项专利权的决定，同时停止诉讼。

5. 争议的可诉性。

争议诉讼具有可抗辩的特点，因为这些在专利局审查的案件是由有关争议事项的理事会进行裁决的。在诉讼程序中，在审查案件之后提出的动议和发生的争议无权获得审理案件机构关于案件案情的裁决，但可以向华沙行政法院提出上诉。

在 2000 年 6 月 30 日《工业产权法》规定的范围外，专利局进行的诉讼程序适用 1964 年颁布的《民事诉讼法》。

6. 专利权期间。

经批准授予专利权的专利权人支付了专利保护费后，专利局将公布其专利号并将其登记到专利注册簿或实用新型登记册，并通过专利局的新闻和专利文件予以公告。以这种方式授予的专利保护只在波兰域内有效。专利的有效期自向专利局提交发明申请

[①] 该数据仅供参考，具体费用应根据实际确定。

之日起 20 年，该专利是可转让和继承的。

（二）商标注册制度

1. 商标申请注意事项。

商标注册[①]的程序也在 2000 年 6 月 30 日颁布的《工业产权法》中制定了标准化程序。为了保有商标权，应向专利局提出申请。申请书中应描述商标以及商标的特征。授予保护权的申请可以由申请人亲自提交或通过专业代理人提交，专业代理人可以是专利代理人、律师代理人、法律顾问，或者符合法律规定执行跨国服务的专利代理人。申请费也必须与申请文件一起提交。专利局将对该申请进行全面审查，除其他因素外，还需评估商标在销售中是否拥有区分所示产品和其他产品的功能，是否已成为通用语言的一部分词语，是否侵犯第三方的权利等。

2. 商标申请程序规定。

依据《工业产权法》规定，注册波兰商标时，申请人应向波兰工业产权局提出下列材料：（1）申请人公司的《营业执照副本》复印件一份；（2）商标图样（清晰黑白稿 JPG 格式）一份；（3）申请人名称、地址的精确的中英文翻译一份；（4）产品国际分类及产品项目表。申请人在申请波兰商标前，可以向波兰工业产权局提交欲注册的商标名称及图形，申请预先查询。波兰工业产权局在收到商标注册申请后，商标审查员会首先将对商标申请进行形式审查，通过形式审查的，给予受理通知书。形式审查结束后，将对商标的显著性和与在先注册或申请商标的相似性情况进行审查。审查期间有可能会发出官方修改通知书或驳回通知书，申请人需在规定期限内进行答复，否则将视为放弃商标

---

① 《波兰知识产权制度介绍》，北京市保护知识产权网，http://new.beijing12330.com/zscq/ztzl/qyfw/ydyl/_ 148284/148704/2017042009371655806.pdf，最后访问日期 2017 年 9 月 10 日。

申请。顺利通过所有审查后，将对申请予以注册，并把商标信息公布在商标公报上。任何人可以在 6 个月的公告期内对该商标申请提出异议。如第三方异议提出，申请人将对此提出答辩意见，不做异议答辩或异议理由成立的，将撤销商标。符合波兰商标授予条件的申请，波兰商标局将通知申请人领取商标注册证书。波兰商标注册有效期为自申请日起 10 年，续展有效期也为 10 年。

五、知识产权保护与索赔

侵犯版权和工业产权需要在民事和刑事案件中承担责任。刑事责任包括：对盗用作者名义的惩罚、非法处理受保护的作品、删除 DRM 保护机制、仿造和伪造保护标志，或从产品中移除原始设计。

在民法中，权利人可以对侵权人使用各种各样的权利要求，包括要求停止非法活动，恢复符合法律的地位，偿还不当收益。如果侵权人故意或过失侵权行为，权利人也可以根据波兰《民法典》中概述的法律框架，或根据违反的权利而获得适当的金钱赔偿。

此外，保护知识产权的法律设想了一些程序上的法律措施，以实现诉求和主张；包括动议进行证据保全和索赔，以及海关对侵犯知识产权产品的进口或运输的保护。侵犯知识产权的权利可以在普通法院和仲裁院提起诉讼或者仲裁索赔。

相关领域主要法律法规

一、环境保护领域立法

1. 《环境保护法》，（The Act of 27 April 2001. Environmental Protection Law，2001 年 4 月 27 日）

2. 《地质和采矿法案》（Geological and mining law，Journal of Laws 2011 No.163，item 981，2011 年 6 月 9 日）

3. 《废物处理法》，（Waste Disposal Act，2012 年 12 月 14 日）

4. 《自然保护法案》，（Nature Conservation Act，2004 年 4 月 16 日）

5. 《关于森林保护和增加森林资源的总体原则》（1991 年 9 月 28 日）

6. 《环境保护检查法》（1991 年 7 月 20 日）

7. 《关于温室气体排放限额交易系统的法案》（2015 年 6 月 12 日）

8. 《关于环境保护和公众参与环境保护和环境影响评估的信息》（2008 年 10 月 3 日）

9. 《采取行动防止环境破坏和补救措施法案》（2007 年 4 月 13 日）

10. 《关于出版环境及其保护、公众参与环境保护和环境影响评估的信息法案》（2008 年 10 月 3 日）

11. 《关丁防止环境损害和环境损害补偿法》（2007 年 4 月 13 日）

12. 《空间规划和管理法》(2003 年 3 月 27 日)

13. 《矿业建设招标内阁令》,(Regulation of the Cabinet of Ministers of 10 January 2012 regarding the tender for the establishment of mining, Journal of Laws 2012, item 101, 2012 年 1 月 10 日)

14. 《环保部关于地下废物存储管理规则》,(Regulation of the Ministry of Environment of 28 December 2011 regarding underground waste storage, Journal of Laws 2011 No. 298, item 1771, 2011 年 12 月 28 日)

15. 《环保部关于水文地质文件管理的规定》,(Regulation of the Ministry of Environment of 23 December 2011 regarding hydrological and geological – engineering documentation, Journal of Laws 2011 No. 291, item 1714, 2011 年 12 月 23 日)

16. 《环保部关于地质矿物存储的管理规定》(Regulation of the Ministry of Environment of 22 December 2011 regarding geological documentation of mineral storage, Journal of Laws 2011 No. 291, item 1712, 2011 年 12 月 22 日)

17. 《环保部关于地质信息调研收费的管理规定》(Regulation of the Ministry of Environment of 20 December 2011 regarding access to geological information with remuneration, Journal of Laws 2011 No. 292, item 1724, 2011 年 12 月 20 日)

18. 《环保部关于地质调研工作的详细内容规定》,(Regulation of the Ministry of Environment of 20 December 2011 regarding detailed requirements concerning geological work projects, including work which requires concessions, Journal of Laws 2011 No. 288, item 1696, 2011 年 12 月 20 日)

19. 《环保部关于农业土地登记规定》,(Regulation of the Ministry of Environment of 15 December 2011 regarding agricultural land registration, Journal of Laws 2011 No. 286, item 1685, 2011 年 12 月 15 日)

波

兰

20.《内阁关于矿山招标法管理规定》，（Regulation of the Cabinet of Ministers of 10 January 2012 regarding the tender for the establishment of mining, Journal of Laws 2012, item 101, 2012 年 1 月 10 日）

21.《环保部关于地理信息收集和共享规定》，（Regulation of the Ministry of Environment of 15 December 2011 regarding gathering and sharing geological information, Journal of Laws 2011 No. 282, item 1657, 2011 年 12 月 15 日）

22.《环境安全法》，（Act of 27 April 2001. Environment safety law Journal of Laws 2008 No. 25, item 150, 2001 年 4 月 27 日）

23.《环保部关于空气环境质量评估的管理规定》，（Regulation of the Ministry of Environment of 13 September 2012 concerning evaluation of substances levels in the air, Journal of Laws 2012, item 1032, 2012 年 9 月 13 日）

24.《环保部关于区域空气质量评估的规定》（Regulation of the Ministry of Environment of 2 August 2012 concerning areas which are subject to air evaluation, Journal of Laws 2011 No. 95, item 914, 2012 年 8 月 2 日）

25.《环保部关于设施排放标准的管理规定》，（Regulation of the Ministry of Environment of 22 April 2011 concerning emission standards from installations, Journal of Laws 2011 No. 95, item 558, 2011 年 4 月 22 日）

26.《环保部关于向空气中排放废气和粉尘的管理规定》（Regulation of the Ministry of Environment of 2 July 2010 concerning cases in which introducing gases or dusts into the air does not require any permits, Journal of Laws 2010, No. 130, item 881, 2010 年 7 月 2 日）

27.《环境部关于环境中噪音可接受标准的管理规定》，（Regulation of the Ministry of Environment of 14 June 2007 concerning acceptable noise levels in the environment, Journal of Laws 2007 No. 120, item 826, 2007 年 6 月 14 日)

28.《水法》, (Act of 18 July 2001. Water law, Journal of Laws 2012, item 145, 2001 年 6 月 18 日)

29.《环保部关于向水体资源中排放物质的优先清单》, (Regulation of the Ministry of Environment of 10 November 2011 regarding the list of priority substances in the field of water policy, Journal of Laws 2011 No. 254, item 1528, 2011 年 11 月 10 日)

30.《环保部关于水资源的分级，生态潜质和水体表面的化学状态》, (Regulation of the Ministry of Environment of 9 November 2011 regarding ecological state classification, ecological potential and chemical state of the bodies of surface waters, Journal of Laws 2011 No. 258, item 1549, 2011 年 11 月 9 日)

31.《环保部关于向水体或者土壤中排放有害物质对水体造成负面影响的管理规定》, (Regulation of the Ministry of Environment of 28 January 2009 changing the regulation concerning the conditions to be met when discharging sewage to waters or to the soil and on substances of particular adverse impact on the water environment, Journal of Laws 2009 No. 27, item 169, 2009 年 1 月 28 日)

32.《环保部关于向水体排放有害物质办理相关许可的规定》, (Regulation of the Ministry of Environment of 15 December 2008 changing the regulation concerning substances of particular adverse impact on the water environment the introduction of which in industrial sewage to sewage devices requires a water – legal permit, Journal of Laws 2008 No. 229, item 1538, 2008 年 12 月 15 日)

33.《环保部关于允许向水体排放有害物质许可的管理规定》, (Regulation of the Ministry of Environment of 27 July 2004 regarding acceptable masses of substances which may be discharged in industrial sewage, Journal of Laws 2004 No. 180, item 1867, 2004

年7月27日)

34.《集中供水和废水集中处理法》，（Act of 7 June 2001 on the Collective Water Supply and Collective Wastewater Disposal, Journal of Laws 2006 No. 123，item 858，2001年6月7日）

35.《环保部关于向供应商向水体排放有害物质的义务和条件的管理规定》，（Regulation of the Ministry of Construction of 14 July 2006 regarding the manner of performing the obligation of industrial sewage supplier and on conditions of discharging sewage to sewerage systems，Journal of Laws No. 136，item 964，2006年7月14日）

36.《废弃物处理法案》，（Act of 27 April 2001 on waste, Journal of Laws 2010 No. 185，item 1243，2001年4月27日）

37.《环保部关于认定废弃物无害的标准规则》，（Regulation of the Ministry of Environment of 13 May 2004 regarding conditions in which it is assumed that waste is not hazardous，Journal of Laws 2004 No. 128，item 1347，2004年5月13日）

38.《环保部关于有害物质通过公路运输的方法和范围管理规则》，（Regulation of the Ministry of Environment of 19 December 2002 regarding the extent and method of using regulations with regard to transporting hazardous goods by road to transporting hazardous waste Journal of Laws 2002 No 236，item 1986，2002年12月19日）

39.《矿产废弃物法》，（Act of 10 July 2008 on mining waste, Journal of Laws 2008 No. 138，item 865，2008年7月10日）

40.《环境部关于认定矿业废弃物无害标准的规定》，（Regulation of the Ministry of Environment of 15 July 2011 regarding the criteria of classifying mining waste as neutral waste，Journal of Laws 2011 No. 175，item 1048，2011年7月15日）

41.《环保部关于废弃物提取进行检测办法的构建规则》，（Regulation of the Ministry of Environment of 18 April 2011 regarding monitoring of the extraction waste disposal establishment，Journal of

Laws 2011 No. 92，item 535，2011 年 4 月 18 日）

42.《环保部关于生产中产生废弃物标准的详细分类规定》，（Regulation of the Ministry of Environment of 5 April 2011 regarding detailed classification of facilities neutralizing production waste，Journal of Laws 2011 No. 86，item 477，2001 年 4 月 5 日）

43.《环境及环保信息条款，公众在环境保护及环境影响评价中参与法案》，（Act of 3 October 2008 on the provision of information on the environment and its protection，public participation in environmental protection and environmental impact assessments，Journal of Laws of 2008 No. 199，item 1227，2008 年 10 月 3 日）

44.《内阁关于可能造成环境影响的外资项目管理规定》，（Regulation of the Cabinet of Ministers of 09 November 2010 on investment projects which may significantly affect the environment Journal of Laws 2010 No. 213，item 1397，2010 年 11 月 9 日）

45.《环境损害及恢复法案》，（Act of 13 April 2007 on prevention of damages to the environment and their repair，Journal of Laws 2007 No. 75，item 493，2007 年 4 月 13 日）

46.《环保部关于环境损害的评估规定》，（Regulation of the Ministry of Environment of 30 April 2008 regarding criteria for evaluation of the occurrence of damage in the environment，Journal of Laws 2008 No. 82，item 501，2008 年 4 月 30 日）

47.《环境安全法案》，（Act of 16 April 2004 on environment safety Journal of Laws 2009 No. 151，item 1220，2004 年 4 月 16 日）

48.《农业和森林土地法》，（Act of 3 February 1995 on agricultural and forest lands Journal of Laws 2004 No. 121，item 1266，1995 年 2 月 3 日）

49.《环境保护监察法》，（Act of 20 July 1991 on the Inspectorate of Environmental Protection Journal of Laws 2007 No. 44，item 287，1991 年 7 月 20 日）

50. 《环保部关于重大事故及环境监察主要负责人的报告义务规定》，（Regulation of the Ministry of Environment of 30 December 2002 regarding serious accidents and the obligation of reporting them to the Chief Inspectorate of Environmental Protection，Journal of Laws 2003 No. 5，item 58，2002 年 12 月 30 日）

51. 《化学物质及混合物管理法》，（Act of 25 February 2011 on chemical substances and their mixtures Journal of Laws 2011 No. 63，item 322，2011 年 2 月 25 日）

52. 《工程建设法》，（Act of 7 July 1994. Construction law. Journal of Laws 2010 No. 243，item 1623，1994 年 7 月 7 日）

53. 《空间规划发展法》，（Act of 27 March 2003 on spatial planning and development，Journal of Laws 2012，item 647，2003 年 3 月 27 日）

二、竞争法领域法律

1. 《反不正当竞争法》（Act on Unfair Competition，1993 年 4 月 16 日）

2. 《国家扶持法案》（State Aid Law of 30 April 2004，2004 年 4 月 30 日）

3. 《竞争和消费者保护权法》（The Law on Competition and Consumer Protection of 16 February 2007，2007 年 2 月 16 日）

三、能源法领域法律

1. 《能源法》（The Energy Law Act of 10 April of 1997（with later amendments），1997 年 4 月 10 日（2016 年修订））

2. 《可再生能源法案》（the Act of 20 February 2015 on renewable energy sources（the RES Act），2015 年 2 月 20 日）

四、知识产权领域法律

1. 《版权及相关权利法》（Act No. 83 of February 4，1994，

on Copyright and Neighboring Rights（as amended up to October 21，2010），1994 年 2 月 4 日）

2.《工业产权法》（2015 年 7 月 24 进行修订）（Act of June 30，2000，on Industrial Property（as amended up to Act of July 24，2015），2000 年 6 月 30 日）

3.《电信法》（The Telecommunications Act of 16 July 2004，2004 年 7 月 16 日）

4.《个人数据保护法》（Personal Data Protection Act 1997，1997 年 8 月 29 日）

5.《保护数据库法》（Act of July 27，2001，on the Protection of Databases（2001），2001 年 7 月 27 日）

6.《民法典》（The Act of April 23，1964 of the Civil Code，1964 年 4 月 23 日）

7.《议会关于与国防安全相关的发明与实用新型法令》，（Council of Ministers Decree of July 23，2002，on Inventions and Utility Models relating to Defense or Security of the State（2002），2002 年 7 月 23 日）

8.《关于商标的注册管理的总理法令》，（Prime Ministerial Decree of July 8，2002，on the Filing and Processing of Trade Marks，2002 年 7 月 8 日）

9.《2003 年 6 月 26 日保护植物多样性的法案》（2017 年 6 月 8 日进一步修改），（Act of June 26，2003，on the Legal Protection of Plant Varieties（as amended up to Act of June 8，2017）（2017），2017 年 6 月 8 日）

10.《版权及其相邻权修订案》，（Act of June 9，2000，on Amendments to Act on Copyright and Neighboring Rights（2000），2000 年 6 月 9 日）

相关服务机构

（一）中枢机构

1. 总统府，www. prezydent. pl

2. 总理府，www. kprm. gov. pl

（二）各部委、局

1. 数字化部，mc. gov. pl

2. 农业和农村发展部，www. minrol. gov. pl

3. 发展部，www. mr. gov. pl

4. 环境部，www. mos. gov. pl

5. 文化和国家遗产部，www. mkidn. gov. pl

6. 财政部，www. mf. gov. pl

7. 外交部，www. msz. gov. pl

8. 卫生部，www. mz. gov. pl

9. 内务部，www. mswia. gov. pl

10. 司法部，www. ms. gov. pl

11. 家庭、劳动和社会政策部，www. mpips. gov. pl，

12. 国防部，www. mon. gov. pl

13. 教育部，www. men. gov. pl

14. 科学和高等教育部，www. nauka. gov. pl

15. 体育和旅游部，www. msport. gov. pl

16. 国库部，www. msp. gov. pl

17. 基础设施和建设部，www. mib. gov. pl

18. 海洋经济与内河航运部，www. mgm. gov. pl

19. 能源部，www. mg. gov. pl

20. 波兰金融监管委员会，www. knf. gov. pl

21. 波兰投资与贸易局，www. paih. gov. pl

22. 波兰国家计量总局，www. gum. gov. pl

23. 波兰专利局，www. uprp. pl

24. 波兰能源管制局，www. ure. gov. pl

25. 国家公路和高速公路总局，www. gddkia. gov. pl

26. 铁路交通局，www. utk. gov. pl

27. 公路交通监管总局，www. gitd. gov. pl

28. 大地测量和制图总局，www. gugik. gov. pl

29. 建筑监督总局，www. gunb. gov. pl

30. 民用航空局，www. ulc. gov. pl

31. 波兰电信局，www. uke. gov. pl

32. 国家档案局，www. archiwa. gov. pl

33. 农业社会保障基金会，www. krus. gov. pl

34. 兽医监督总局，www. wetgiw. gov. pl

35. 国家消防总局，www. kgpsp. gov. pl

36. 波兰国家警察总局，www. policja. pl

37. 边防总局，www. sg. gov. pl

38. 外国人事务局，www. udsc. gov. pl

39. 公共采购局，www. uzp. gov. pl

40. 国家采矿局，www. wug. gov. pl

41. 环境保护监督局，www. gios. gov. pl

42. 国家原子能机构，www. paa. gov. pl

43. 药品监督管理总局，www. gif. gov. pl

44. 卫生监督总局，www. gis. gov. pl

45. 国内安全局，www. abw. gov. pl

46. 国家情报局，www. aw. gov. pl

47. 中央统计局，www. stat. gov. pl

波

兰

48. 竞争和消费者保护局, www.uokik.gov.pl

49. 农业重建和现代化局, www.arimr.gov.pl

50. 农业市场局, www.arr.gov.pl

51. 农业财产局, www.anr.gov.pl

52. 工业发展局, www.parp.gov.pl

53. 波兰科学院, www.pan.pl

54. 波兰认可中心, www.pca.gov.pl

55. 波兰标准化委员会, www.pkn.pl

56. 社会保险局, www.zus.pl

（三）商会

1. 波兰国家商会, www.kig.pl

2. 波兰农业协会, www.krir.pl/

3. 波兰银行协会, www.zbp.pl

4. 外国投资工商业协会, www.iphiz.com.pl/

5. 进出口商会, www.igei.pl

6. 波兰进出口及合作商会, www.pcc.org.pl

7. 波兰化学工业商会, www.pipc.org.pl/

8. 建筑设计商会, www.ipb.org.pl/

9. 波兰钢铁工业商会, www.piks.atomnet.pl/

10. 波兰国防工业商会, www.przemysl–obronny.pl/

11. 波兰警报系统商会, www.pisa.org.pl

12. 波兰电子和通信业商会, www.kigeit.org.pl/

13. 波兰信息和通信业商会, www.piit.org.pl/

14. 波兰电子通信业商会, www.pike.org.pl

15. 波兰电力能源业商会, www.sep.com.pl

16. 波兰液体燃料协会, www.paliwa.pl

17. 波兰石油工业贸易组织, www.popihn.pl

18. 波兰海洋经济协会, www.kigm.pl

19. 波兰工商业采矿协会, www.giph.com.pl/

20. 波兰冶金工业协会，www. hiph. com. pl/

21. 波兰铸造业商会，www. oig. com. pl/

22. 波兰学校和办公用品行业协会，www. ipbbs. org. pl/

23. 波兰印刷业协会，www. izbadruku. org. pl/

24. 波兰制药和医疗产品协会，www. polfarmed. pl

25. 波兰药房商会，www. igap. pl

26. 波兰琥珀商会，www. amberchamber. org. pl

27. 波兰纺织服装协会，www. textiles. pl

28. 波兰皮革业商会，www. pips. pl

29. 波兰内衣业商会，www. pib. org. pl

30. 波兰汽车工业商会，www. pim. org. pl/

31. 波兰城市交通协会，www. igkm. com. pl/

32. 波兰公路工程商会，www. oigd. com. pl/

33. 波兰汽车运输商会，www. pigtsis. pl/

34. 波兰国际公路货运协会，www. zmpd. pl

35. 波兰铁路设备和服务协会，www. izba – kolei. org. pl/

36. 波兰供水业商会，www. igwp. org. pl/

37. 波兰木材工业协会，www. przemysldrzewny. pl

38. 波兰家具制造业协会，www. oigpm. org. pl，www. meble. org. pl

39. 波兰木工机械、装置和工具协会，www. droma. com

40. 波兰能源传送和分布协会，www. ptpiree. com. pl

附录三

政 府 机 构

序号	各部委名称	官方网站
中枢机构	总统府	www. prezydent. pl
	总理府	www. kprm. gov. pl
1	文化与国家遗产部	www. mkidn. gov. pl
2	发展部	www. mr. gov. pl
3	科学与高等教育部	www. nauka. gov. pl
4	内务与行政部	www. mswia. gov. pl
5	国防部	www. mon. gov. pl
6	外交部	www. msz. gov. pl
7	财政部	www. mf. gov. pl
8	司法部	www. ms. gov. pl
9	国库部	www. msp. gov. pl
10	教育部	www. men. gov. pl
11	环境部	www. mos. gov. pl
12	家庭、劳动与社会政策部	www. mpips. gov. pl
13	农业与农村发展部	www. minrol. gov. pl
14	基础设施与建设部	www. mib. gov. pl
15	卫生部	www. mz. gov. pl
16	海洋经济与内河航运部	www. mgm. gov. pl
17	数字化部	www. mc. gov. pl
18	体育与旅游部	www. msport. gov. pl
19	能源部	www. me. gov. pl
20	欧洲一体化委员会	www. ukie. gov. pl
21	波兰保险和养老基金监管委员会	www. knuife. gov. pl

续表

序号	各部委名称	官方网站
22	波兰金融监管委员会	www. kpwig. gov. pl
23	波兰信息和外国投资局	www. paiz. gov. pl
24	波兰国家计量总局	www. gum. gov. pl
25	波兰专利局	www. uprp. pl
26	波兰能源管制局	www. ure. gov. pl
27	国家公路和高速公路总局	www. gddkia. gov. pl
28	铁路交通局	www. utk. gov. pl
29	公路交通监管总局	www. gitd. gov. pl
30	大地测量和制图总局	www. gugik. gov. pl
31	建筑监督总局	www. gunb. gov. pl
32	民用航空局	www. ulc. gov. pl
33	波兰电信局	www. uke. gov. pl
34	国家档案局	www. archiwa. gov. pl
35	农业社会保障基金会	www. krus. gov. pl
36	兽医监督总局	www. wetgiw. gov. pl
37	国家消防总局	www. kgpsp. gov. pl
38	波兰国家警察总局	www. policja. pl
39	边防总局	www. sg. gov. pl
40	外国人事务局	www. udsc. gov. pl
41	公共采购局	www. uzp. gov. pl
42	国家采矿局	www. wug. gov. pl
43	环境保护监督局	www. gios. gov. pl
44	国家原子能机构	www. paa. gov. pl
45	药品监督管理总局	www. gif. gov. pl
46	卫生监督总局	www. gis. gov. pl
47	国内安全局	www. abw. gov. pl
48	国家情报局	www. aw. gov. pl
49	中央统计局	www. stat. gov. pl
50	竞争和消费者保护局	www. uokik. gov. pl
51	农业重建和现代化局	www. arimr. gov. pl

波
兰

续表

序号	各部委名称	官方网站
52	农业市场局	www. arr. gov. pl
53	农业财产局	www. anr. gov. pl
54	工业发展局	www. parp. gov. pl
55	波兰科学院	www. pan. pl
56	波兰认可中心	www. pca. gov. pl
57	波兰标准化委员会	www. pkn. pl
58	社会保险局	www. zus. pl
59	劳动和社会政策部	www. mg. gov. pl
60	波兰外国投资局	www. paiz. gov. pl
61	波兰企业发展局	www. parp. gov. pl
62	经济促进司	—
63	贸易保护措施司	—

中 介 机 构

1. Allen & Overy LLP 律师事务所

联系人：Jacek Michalski

电话：0048 22 4926100

E – mail：jacek. michalski@ allenovery. com

2. Baker & McKenzie 律师事务所

官方网站：http：//www. bakermckenzie. com/Poland/

3. Chajec Don – Siemion & Żyto（CDZ）律师事务所

电话：0048 22 3700707 或 8200790

官方网站：www. cdz. com. pl

4. Clifford Chance 律师事务所

官方网站：

www. cliffordchance. com/people_and_places/places/europe/po-
land. html#/people_and_places/places/europe/poland/warsaw

5. CMS Cameron McKenna 律师事务所

官方网站：http：//www. cms – cmck. com/Poland

6. DENTON 律师事务所

联系人：波兰管理合伙人 Arkadiusz Krasnod？bski

电话：0048 22 2425663

官方网站：http：//www. dentons. com/en/global – presence/
central – and – eastern – europe/poland/warsaw. aspx

7. Domanski Zakrzewski Palinka 律师事务所

电话：0048 22 55776 00

E – mail： dzp@ dzp. pl

官方网站：http：//www. dzp. pl/

8. Drzewiecki, Tomaszek & Partners 律师事务所

官方网站：http：//www. dt. com. pl/

9. Greenberg Traurig 律师事务所

官方网站：http：//www. gtlaw. com/Locations/Warsaw

10. Hogan Lovells 律师事务所

官方网站：http：//www. hoganlovells. com/warsaw/

11. K&L Gates 律师事务所

联系人：中国事务团队主管 Joanna Lagowska

电话：0048 22 6534264

E – mail：Joanna. Lagowska@ klgates. com

官方网站：http：//www. klgates. com/joanna – lagowska/

12. Prawo i księgowość jingsh Poland 律师事务所

电话：0048 53 6597888

地址：Al. Jana Pawła II 70/14，00 – 175 Warsaw

13. Sołtysiński Kawecki & Szlęzak 律师事务所

电话：0048 22 6087000

E – mail：office@ skslegal. pl

官方网站：http：//www. skslegal. pl/

14. Weil, Gotshal & Manges 律师事务所

官方网站：http：//www. weil. com/locations/warsaw

后　记

感谢国务院国有资产监督管理委员会的指导与支持，经济科学出版社社长吕萍，财经分社社长于海汛、副社长孙丽丽的帮助与支持。

感谢上海波兰投资贸易局驻华办事处首席代表尤德良博士为本书编写提供的信息和修改意见；波兰 K&L Gates 律师事务所中国事务团队，特别是团队主管 Joanna Lagowska 女士为本书提供的案例、波兰社会、法律等信息及参考意见；京师波兰法律与财会事务所曲岩律师为本书第六章和第八章提供的信息资料；公司律师 Agnieszka. Dabrowska 女士为本书第三章和第五章提供的资料与案例；上海振华重工股份有限公司和中国水电建设集团国际工程有限公司为本书提供的案例及参考意见；以及中国海外工程有限公司法律合规部周胤全、韩念祖，中铁北京工程局有限公司法律合规部苑涛为本书提供的资料翻译、编写支持等工作。

本书写作分工：第一章徐朗（中国海外工程有限公司法律合规部部长）、靳蕊晔（中国海外工程有限公司法律合规部副部长）。第二章赵萌琦（中国中铁股份有限公司法律顾问）。第三章靳蕊晔（中国海外工程有限公司法律合规部副部长）。第四章齐广卿（中铁国际集团有限公司法律合规部副部长）。第五章王军民（中国海外工程有限公司原总法律顾问）。第六章韦令余（中铁隧道局集团法律合规部副部长）。第七章吴茵（中国中铁股份有限公司法律顾问）；杨旭潮（中铁四局集团一公司法律合规部副部长）。第八章马阳阳（中铁隧道集团海外公司法律顾问）。